HELGA WESSEL

Zweckmäßigkeit als Handlungsprinzip in der deutschen Regierungs- und Verwaltungslehre der frühen Neuzeit

AF814036

Schriften zur Verfassungsgeschichte

Band 28

Zweckmäßigkeit als Handlungsprinzip in der deutschen Regierungs- und Verwaltungslehre der frühen Neuzeit

Von

Dr. Helga Wessel

DUNCKER & HUMBLOT / BERLIN

Alle Rechte vorbehalten
© 1978 Duncker & Humblot, Berlin 41
Gedruckt 1978 bei Buchdruckerei Bruno Luck, Berlin 65
Printed in Germany
ISBN 3 428 04186 0

Inhaltsübersicht

Abkürzungsverzeichnis

a.a.O.	am angegebenen Ort
Anm.	Anmerkung
AöR	Archiv des öffentlichen Rechts
Ax.	Axioma
Bd.	Band
BVerfG	Bundesverfassungsgericht
BVerfGE	Entscheidungen des Bundesverfassungsgerichts
Cap., cap.	Capitel
ders.	derselbe
Diss.	Dissertation
DÖV	Die öffentliche Verwaltung
DVBl	Deutsches Verwaltungsblatt
etc.	et cetera
f.	folgende (Seite)
ff.	folgende (Seiten)
HRG	Handwörterbuch zur deutschen Rechtsgeschichte
Hrsg., hrsg.	Herausgeber, herausgegeben
HZ	Historische Zeitschrift
Jahrb. d. Ak. gemeinn. Wiss.	Jahrbücher der Akademie gemeinnütziger Wissenschaften zu Erfurt
Jahrb. f. Nat. Ök. u. Stat.	Jahrbücher für Nationalökonomik und Statistik
Lib., lib.	Liber
MiÖG	Mitteilungen des Instituts für österreichische Geschichtsforschung
NF.	Neue Folge
NJW	Neue Juristische Wochenschrift
NPL	Neue Politische Literatur
OVG	Oberverwaltungsgericht
Part.	Partitio
S.	Seite
Sp.	Spalte
u. ä.	und ähnlich
Verw Arch	Verwaltungsarchiv
VG	Verwaltungsgericht
vgl.	vergleiche
VVDStRL	Veröffentlichungen der Vereinigung der deutschen Staatsrechtslehrer
WeltaG	Welt als Geschichte
z. B.	zum Beispiel
ZÖR	Österreichische Zeitschrift für öffentliches Recht
ZRG	Zeitschrift der Savigny-Stiftung für Rechtsgeschichte (wenn nicht anders vermerkt, Germanistische Abteilung)
Zs f Rechtsphil	Zeitschrift für Rechtsphilosophie
ZVerThürG	Zeitschrift des Vereins für Thüringische Geschichte

Einleitung

Für das Handeln der Hoheitsträger im modernen Staat ist die Zweckmäßigkeit ein zentrales Prinzip.

Dabei ist zum einen an die Zweckmäßigkeit als allgemeines Rationalprinzip zu denken, für das die Erzielung größtmöglicher Erfolge bei vergleichsweise geringstem Aufwand charakteristisch ist. Für die öffentliche Verwaltung stellt Zweckmäßigkeit in diesem Sinne einen ihre Tätigkeit geradezu wesensmäßig bestimmenden Maßstab dar[1]. Insoweit werden Begriffe wie Effektivität, Effizienz, Rationalität und optimale Funktionswahrnehmung sinngleich verwandt für das, was „Zweckmäßigkeit" meint[2]. Zum anderen erfährt die Zweckmäßigkeit — dann mit dem „Opportunitätsprinzip" in Beziehung zu setzen — eine besondere Ausprägung im Bereich der Ermessensspielräume und der Tätigkeit der gesetzesungebundenen Verwaltung[3].

In beiderlei Hinsicht versteht die Verwaltungsrechtslehre herkömmlicherweise Zweckmäßigkeit als ein negativ zu umschreibendes Handlungsprinzip insofern, als es gekennzeichnet sein soll durch fehlende rechtliche Determinierung. Das Dogma von der außerrechtlichen Natur der Zweckmäßigkeit geht zurück auf Formulierungen wie diejenige Rudolph von Jherings: „Auf dem Gegensatz der beiden Ideen: der ihrer Natur nach gebundenen Gerechtigkeit und der ihrer Natur nach freien Zweckmäßigkeit beruht der innere Gegensatz zwischen der Rechtspflege und der Verwaltung (Regierung)[4]."

In neuerer Zeit mehren sich allerdings Angriffe auf die bei diesem Verständnis von Zweckmäßigkeit entstehenden „rechtsfreien Räume"[5].

---

[1] Vgl. etwa *Herbert Krüger*, Allgemeine Staatslehre, 2. Auflage 1966, S. 733, 735; *Reinhold Zippelius*, Allgemeine Staatslehre, 5. Auflage 1975, S. 270.

[2] *Walter Leisner*, Effizienz als Rechtsprinzip, 1971, S. 6 f.; *Hans Henning Lohmann*, Die Zweckmäßigkeit der Ermessensausübung als verwaltungsrechtliches Rechtsprinzip, 1972, S. 15 f.; je mit weiteren Nachweisen.

[3] Vgl. etwa *Franz Mayer*, Das Opportunitätsprinzip in der Verwaltung, 1963, S. 9; *Lohmann*, S. 19 ff.

[4] *Rudolph von Jhering*, Zweck im Recht I, 3. Auflage 1893, S. 388.

[5] Siehe vor allem *Hans Heinrich Rupp*, Grundfragen der heutigen Verwaltungsrechtslehre, 1965; auch *Ferdinand O. Kopp*, Die Grenzen der richterlichen Nachprüfung wertender Entscheidungen der Verwaltung, in: DÖV 1966, S. 317 ff., 320; *Fritz Czermak*, Was ist Verwaltungsermessen?, in: DÖV 1966, S. 750 ff., 752 f.

Bekanntlich erscheint es einer erstarkenden Ansicht in der Verwaltungsrechtslehre unstatthaft, die Ausfüllung der dem Ermessen der Verwaltung überlassenen Bereiche nicht als Rechtsanwendung zu qualifizieren. Sie wendet sich gegen die überkommene Auffassung[6], daß die Einräumung von Ermessen einhergehen solle mit der Freistellung von gesetzgeberischen Gedanken, daß der Verwaltungsbeamte den Gesetzeswillen darum auch nicht erforschen könne und brauche, sondern durch seinen eigenen Rechtserzeugungswillen ersetzen müsse.

Schon seit geraumer Zeit hat das Bundesverfassungsgericht gegen das herkömmliche Verständnis des Ermessens als einer autonom auszuübenden Wahlfreiheit Einwände erhoben für den Fall, daß Grundrechte tangiert sind[7]. Die Problematik wurde zunächst bei der Überprüfung von Ermessenstätigkeiten der eingreifenden Verwaltung angesprochen. Es ist bezeichnend, daß sie gelöst wurde durch die ausdrückliche Postulierung einer strengen Bindung der Ermessensausübung an die Ziele des Gesetzes[8]. Das entspricht der schon längst geübten Praxis der Gerichte, Sinn und Zweck der die Verwaltung zum Ermessen ermächtigenden gesetzlichen Bestimmung möglichst weitgehend zur Beurteilung des Verwaltungshandelns heranzuziehen[9].

Häberle[10] hat in seiner Untersuchung über das „öffentliche Interesse" die Bedeutung dieser Zweckformel ausführlich dargelegt und gezeigt, daß die Gerichte sich ihrer in vielfältiger Weise zur Verrechtlichung des Verwaltungsermessens bedienen. Billigt man aber der Ausrichtung am Gesetzeszweck rechtliche Relevanz zu, so ist damit ohne weiteres ein Aspekt der „Zweckmäßigkeit" der Ermessensausübung betroffen: Bedeutet doch Zweckmäßigkeit seinem Wortsinne nach nichts anderes als das einem Zweck „angemessene". Angesichts dessen erscheint die immer wieder anzutreffende undifferenzierte Behauptung, der Richter dürfe die Zweckmäßigkeit eines Verwaltungshandelns nicht nachprüfen, als Ausfluß eines gewissen Mangels an begrifflicher Klarheit[11].

Auch die herrschende Lehre ist sich eines Zusammenhangs zwischen dem Zweck der Ermessensnorm und der Richtigkeit der behördlichen Entscheidung selbstverständlich durchaus bewußt. Insbesondere für die Konstruktion der sogenannten „immanenten Ermessensschranken" ist

---

[6] *Walter Jellinek,* Gesetz, Gesetzesanwendung und Zweckmäßigkeitserwägung, 1913, S. 190; zusammenfassend etwa *Franz Mayer,* S. 17; *Rupp,* S. 195; *Lohmann,* S. 2 f.

[7] BVerfGE 8, 274 ff., 325; 18, 353 ff., 363.

[8] BVerfG a.a.O.

[9] *Peter Häberle,* Öffentliches Interesse als juristisches Problem, 1970, S. 633 ff. mit Nachweisen.

[10] Siehe Fußnote 9.

[11] Vgl. *Lohmann,* S. 22; *Häberle,* Öffentliches Interesse, S. 684.

der Rückgriff auf den Zweck der Ermächtigung unentbehrlich geworden[12]. Darüber hinaus scheint die Auffassung Raum zu gewinnen, daß die „Ermessensschranken“ nicht einen Freiheitsraum der Verwaltung von außen her begrenzen, sondern gesetzliche Richtlinien der Ermessensausübung darstellen[13]. Aus dieser Sicht bietet es sich in der Tat an, Ermessen im materiellen Sinne dann anzunehmen, wenn und soweit das Gesetz keine anderen Maßstäbe gibt als den Zweck, das Grundprinzip der vom Staat geregelten Materie[14]. Auch die Überschreitung dieser Zweckgrenze muß dann aber ohne weiteres als Gesetzesverletzung gelten.

Es dürfte auf die Erkenntnis des Zusammenspiels zwischen Gesetzesbindung und Zweckmäßigkeit zurückzuführen sein, daß sich in der Behauptung eines Gegensatzes zwischen Ermessen und Rechtsanwendung neuerdings eine gewisse Vorsicht beobachten läßt[15]. Es darf vermutet werden, daß sich die Diskussion über kurz oder lang auf die Frage konzentrieren wird, ob als „Zweck“ des Verwaltungshandelns im Ermessensbereich nur der gesetzliche Zweck in Frage kommt oder ob (und unter welchen Voraussetzungen) die Behörde daneben autoritativ von ihr selbst gesetzte Zwecke verfolgen darf[16]. Auf der einen Seite geht es um eine vom Gesetzeszweck determinierte, „objektive“ Zweckmäßigkeit, auf der anderen um eine an verwaltungseigenen Belangen ausgerichtete, „subjektive“ Zweckmäßigkeit, welche in aller Regel außerrechtlichen Motivationen offenstehen wird[17].

Es ist erst in letzter Zeit wieder unterstrichen worden, daß der Kern des Verwaltungsermessens in einer Zweck-Mittel-Wahl bestehe[18]: Das „wählende Verhalten“ der Verwaltung beziehe sich auf die Bestimmung von Kausalfaktoren einerseits und die Ingangsetzung eines Kausalprozesses andererseits. Damit ist hervorgehoben, daß vor jedes

---

[12] Vgl. *Lohmann*, S. 41 ff.

[13] Vgl. mit Nachweisen *Lohmann*, S. 45 f.; *Häberle*, Öffentliches Interesse, S. 695.

[14] Vgl. schon *Ulrich Scheuner*, Zur Frage der Grenzen der Nachprüfung des Ermessens durch die Gerichte, in: Verw Arch Bd. 33 (1928), S. 68 ff., besonders S. 83 f.; *Horst Ehmke*, ‚Ermessen‘ und ‚unbestimmter Rechtsbegriff‘ im Verwaltungsrecht, 1960, S. 21 f.; *Häberle*, Öffentliches Interesse, S. 633, Fußnote 60.

[15] Vgl. etwa *Peter Badura*, Auftrag und Grenzen der Verwaltung im sozialen Rechtsstaat, in: DÖV 1968, S. 446 ff., 452 f.; *Horst Joachim Müller*, Das Ermessen in der Rechtsprechung des Bundesverfassungsgerichts, in: DÖV 1969, S. 119 ff., 122; *Lohmann*, S. 46.

[16] Vgl. *Lohmann*, S. 53 ff.

[17] Siehe auch *Fritz Ossenbühl*, Verwaltungsvorschriften und Grundgesetz, 1968, S. 322 f.; für den Spezialfall der Nebenbestimmungen zu Verwaltungsakten *Harald Dombrowski*, Mißbrauch der Verwaltungsmacht, 1967, S. 27 ff.

[18] *Walter Schmidt*, Abschied vom „unbestimmten Rechtsbegriff“, in: NJW 1975, S. 1753 ff.

Verwaltungshandeln im Ermessensbereich die Frage nach dem Zweck des Tätigwerdens zu setzen ist. Als Grundproblem bleibt die Überlegung, ob es statthaft ist, daß die Verwaltung sich selbst die Zwecke setzt — sei es auch nur in Form einer Auswahl unter mehreren vom Gesetz nicht falsifizierten Zwecken. Nur wenn und soweit die in einem Rechtssatz enthaltene Ermächtigung die Verwaltung nicht an einen bestimmten Zweck bindet, kann der erste und oft ausschlaggebende Schritt zum Tätigwerden — die Zielwahl — im alleinigen Verantwortungsbereich der Verwaltung liegen.

Fragestellungen dieser Art beschränken sich nicht mehr auf das Gebiet der eingreifenden Verwaltung. Längst herrscht die Überzeugung, daß die wachsende Angewiesenheit des Bürgers auf „Daseinsvorsorge" im weitesten Sinn es unmöglich macht, die sozial- und verwaltungsstaatlichen Elemente unserer Verfassung in strukturellem Gegensatz zu den rechtsstaatlichen Gewährleistungen zu sehen, daß grundrechtliche Freiheit als soziale Freiheit nicht zu verwirklichen ist ohne leistungsstaatliches Zutun[19]. Diese Erkenntnis hat den Blick geschärft für die Gefahr, daß nicht nur Eingriffe, sondern auch Leistungen des Staates Beeinträchtigungen eines Grundrechts zur Folge haben können[20]. Die Konsequenz ist von der Rechtsprechung — zuerst für besonders „grundrechtssensible" Bereiche[21] — bereits gezogen worden: Auch für Leistungen des Staates gelte der allgemeine Grundsatz, daß es nicht dem Ermessen der Exekutive überlassen bleiben dürfe, die Grenzen grundrechtlich geschützter Bereiche nach ihren Vorstellungen vom öffentlichen Wohl zu bestimmen. Voraussetzungen und Bedingungen der Leistungen habe darum der Gesetzgeber selbst festzulegen[22]. Losgelöst von dem in der Praxis fließenden Abgrenzungsmerkmal des „Eingriffs" müsse die Entscheidung aller grundsätzlichen Fragen, die den Bürger unmittelbar beträfen, dem demokratisch legitimierten Parlament vorbehalten sein[23]. Noch weiter gehen auch insoweit die unter der Führung von Rupp[24] sich erhebenden Stimmen, die den Grundsatz vom Vorbehalt des Gesetzes generell auf die leistende Verwaltung erstrecken wollen. Die Gewichtigkeit des Problems liegt auf der Hand, da doch die

---

[19] Siehe etwa *Peter Häberle*, Grundrechte im Leistungsstaat, in: VVDStRL 30 (1972), S. 43 ff., 104; BVerfG DÖV 1976, S. 50.

[20] Vgl. *Ingo von Münch*, Verwaltung und Verwaltungsrecht im demokratischen und sozialen Rechtsstaat, in: Erichsen / Martens, Allgemeines Verwaltungsrecht, 1975, S. 1 ff., S. 20 f.

[21] z. B. für die Pressefreiheit: OVG Berlin, NJW 1975, S. 1938; vgl. auch VG Berlin, DÖV 1974, S. 100 ff.

[22] OVG Berlin, NJW 1975, S. 1940.

[23] BVerfG DÖV 1976, S. 50.

[24] *Rupp*, S. 143; vgl. auch *Dietrich Jesch*, Gesetz und Verwaltung, 2. Auflage 1968, S. 225; *Hamann / Lenz*, Das Grundgesetz für die Bundesrepublik Deutschland vom 23. Mai 1949, 3. Auflage 1970, Art. 20 Anm. B 9 b.

Leistungsverwaltung schon seit langem mit dem Makel belegt ist, „Lücke des Rechtsstaats“ zu sein[25].

Auch zur Verrechtlichung dieses Bereichs — der sich in der Wirklichkeit des Rechtslebens einer hinreichend genauen gesetzlichen Durchnormierung entziehen mag — könnte vielleicht ein klarerer Begriff von dem Prinzip der Zweckmäßigkeit dienlich sein.

Möglicherweise wäre in dieser Hinsicht schon einiges gewonnen, wenn stärker ins Bewußtsein gerückt würde, daß eine jede Verwaltungsbehörde sich auszurichten hat an der Erfüllung der Aufgaben, die ihr aufgegeben sind[26]. Aus dieser Bindung der Verwaltung an die ihr rechtlich zugewiesenen Aufgaben läßt sich nämlich der Satz herleiten, daß auch die noch so freie Verwaltung mindestens in einer Form Recht anwenden muß: indem sie nämlich zu prüfen hat, ob sie mit ihrem Handeln innerhalb ihrer Zwecke bleibt[27]. Jedenfalls dürfte nicht nur das Zuwiderhandeln gegen[28], sondern ebenso das Hinaushandeln der Verwaltung über dieses Zweckmaß der Rechtsordnung auch dort widersprechen, wo die Verwaltung (nach herkömmlicher Ansicht) keiner besonderen Befugnis bedarf[29].

Von daher könnte sich auch der Blick schärfen für die Zusammenhänge zwischen den der einzelnen Verwaltungsbehörde gesetzten Aufgaben und den Aufgaben des Staates als solchen: Die Zwecke des Verwaltungshandelns erhielten vermutlich klarere Konturen, wenn sie als Teilzwecke eines größeren Ganzen gesehen würden.

Es drängt sich damit die Frage auf, ob die Zweckmäßigkeit als allgemeines Handlungsprinzip der Inhaber hoheitlicher Gewalt außerhalb des von Rechtsnormen umgrenzten Bereichs nicht in stärkerem Maße mit Inhalt zu füllen wäre durch Auslegung des Begriffs im Lichte der Grundentscheidungen der Verfassung. Auch insoweit bietet es sich an, dort, wo von Zweckmäßigkeit die Rede ist, die Frage nicht zu versäumen, um welchen Zweck es sich denn handele. Daß über „Zweckmäßigkeit“ nicht zu urteilen ist ohne Berücksichtigung des Zwecks, liegt an sich auf der Hand. Schließlich definierte schon Jhering: „Für das Zweckmäßige ist ... der Zweck das Maßgebende, er wird als gesetzt gedacht, das Zweckmäßige hat ihn nur zu vermitteln, zu verwirklichen, d. h. das richtige Mittel zu suchen[30].“ Speziell für die leistende Ver-

---

[25] *Ernst Forsthoff*, Lehrbuch des Verwaltungsrechts I, 10. Auflage 1973, S. 130.

[26] *Franz Mayer*, S. 24.

[27] Vgl. *Franz Mayer*, S. 25.

[28] Vgl. *Wolff / Bachof*, Verwaltungsrecht I, 9. Auflage 1974, S. 181.

[29] *Franz Mayer*, S. 27.

[30] *von Jhering*, S. 13.

waltung, in deren Bereich sich eine Determinierung durch Gesetze und ihre Zwecke vielleicht nicht durchweg einführen läßt, bietet sich unter rechtsstaatlichen Gesichtspunkten doch eine Bindung an die Zwecke des Staates an. Obwohl aber die gängigste Definition dessen, was „Verwaltung" ist, in ihrem Kern lautet: „Tätigkeit des Staates zur Verwirklichung seiner Zwecke unter seiner Rechtsordnung[31]", ist bislang kaum die Möglichkeit in Betracht gezogen worden, ein konkretes Verwaltungshandeln daraufhin zu untersuchen, wie es sich zu den Zwecken des Staates in Beziehung setzen lasse. Das ist allerdings schon deshalb wenig verwunderlich, weil an eindeutigen Aussagen über Zwecke des Staates überhaupt Mangel herrscht[32]. Es erscheint darum nicht abwegig, wenn zuweilen als erste Voraussetzung für ein erneuertes Verständnis des öffentlichen Rechts eine Besinnung auf die Staatsziele gefordert wird[33].

Indes verbindet sich mit der Unsicherheit über die Staatsziele die Unsicherheit über die Kompetenz, Ziele zu setzen. Zwar bietet sich die Verfassung mit der Formel vom sozialen Rechtsstaat als Ausgangspunkt jeder Diskussion über die Staatszwecke an, doch ist unverkennbar, daß die mit dieser Formel dem Staat gesetzte Aufgabe durch das Abstecken von Unter-Zielen konkretisiert und aktualisiert werden muß. Nun ist das Setzen dieser Zwecke eine ursprünglich „politische" Aufgabe, Funktion des „Regierens" schlechthin[34]. Allerdings bedeutet das nicht ohne weiteres, daß diese Funktion auch von dem „Regierung" genannten Staatsorgan wahrzunehmen wäre, sind doch die in der Regierungsgewalt zusammengefaßten Befugnisse und Aufgaben nach den Grundsätzen des parlamentarischen Regierungssystems und des Gesetzesvorbehalts zwischen Parlament und Regierung aufgeteilt. Wer im Einzelfall die Befugnis hat, der staatlichen Gemeinschaft ein Ziel zu setzen,

---

[31] Zurückgehend auf *Otto Mayer*, Deutsches Verwaltungsrecht I, 1895, S. 13; vgl. auch etwa BVerfGE 10, S. 20 ff., 48: Behörden sind „in den Organismus der Staatsverwaltung eingeordnete organisatorische Einheiten von Personen und sächlichen Mitteln, die ... dazu berufen sind, unter öffentlicher Autorität für die Erreichung der Zwecke des Staates oder von ihm geförderter Zwecke tätig zu sein".

[32] Zur Diskussion um die Zielbestimmung „Sozialstaat" vgl. etwa *Hans Peters*, Geschichtliche Entwicklung und Grundfragen der Verfassung, 1969, S. 200 ff.; *Ulrich Scheuner*, Staatszielbestimmungen, in: Festschrift für Ernst Forsthoff zum 70. Geburtstag, 1972, S. 325 ff.

[33] Siehe z. B. *Wilhelm Hennis*, Zum Problem der deutschen Staatsanschauung, in: Die Entstehung des modernen souveränen Staates (Hrsg. Hanns Hubert Hofmann), 1967, S. 73 ff., 75; *ders.*, Politik und praktische Philosophie, 1963, S. 56 ff.; *Klaus Hespe*, Zur Entwicklung der Staatszwecklehre in der deutschen Staatsrechtswissenschaft des 19. Jahrhunderts, 1964, S. 9 ff.; *Hans Maier*, Die ältere deutsche Staats- und Verwaltungslehre (Polizeiwissenschaft), 1966, S. 313.

[34] Vgl. etwa *Peter Badura*, Stichwort „Regierung", in: Evangelisches Staatslexikon, 2. Auflage 1975, Sp. 2167; *Nicolai Hartmann*, Teleologisches Denken, 1951, S. 98.

ist eine Frage, auf die in der Verfassungswirklichkeit noch keine eindeutige Beantwortung gefunden ist. Eine große Rolle spielt sie in der heute allenthalben geführten Diskussion über die Kompetenzen zur „politischen Planung“[35].

Eine weitere Schwierigkeit, die Rolle der „Zweckmäßigkeit“ auf der Ebene der Regierung zu erfassen, erwächst daraus, daß auch die Ausrichtung der staatlichen Angelegenheiten am — vorausgesetzten? — Zweckmaß als Wesensbestandteil des „Politischen“ gilt. Politik im Sinne von „Staatskunst“ wird etwa definiert als „alle auf Zweckmäßigkeitserwägungen beruhende Tätigkeit in öffentlichen Dingen“[36]; Staatsraison ist von Meinecke umschrieben als „die Erwägung dessen, was zweckmäßig, nützlich und heilvoll ist, was der Staat tun muß, um das Optimum seiner Existenz jeweils zu erreichen“[37]. Offen bleibt in diesen Aussagen, welcher Zweck für das Zweckmäßige maßgebend sein mag. Die Frage taucht auf, ob und inwieweit im Verfassungsstaat eine Bindung des „Politikers“ als Teil des Staatsorgans „Regierung“ an einen fremdbestimmten (legislativ gesetzten?) Zweck denkmöglich und praktikabel ist. Erneut stellt sich hier die Problematik einer rechtlichen Determinierung durch die Grundentscheidungen der Verfassung.

Angesichts der vielschichtigen Bedeutung des Begriffs Zweckmäßigkeit in Grundbereichen unseres öffentlichen Rechts besteht Anlaß zu der Frage, unter welchen Voraussetzungen das Prinzip der Zweckmäßigkeit als Leitbild staatlichen Handelns aufgekommen ist und Anerkennung gefunden hat. Gerade im Bereich des nicht kodifizierten, in Jahrhunderten gewachsenen öffentlichen Rechts kann eine historische Orientierung Anhaltspunkte geben für die Beantwortung von Fragen, die sich einer Argumentation aus dem „Wesen des modernen Staates“ verschließen[38]. Zur „Zweckmäßigkeit“ fehlt es bislang an einer systematischen Darstellung. Sie soll im folgenden versucht werden.

---

[35] Siehe z. B.: *Ernst-Wolfgang Böckenförde,* Planung zwischen Regierung und Parlament, in: Der Staat, 11 (1972), S. 429 ff.; *Frido Wagener,* Öffentliche Planung und zukünftige politische Entscheidung, in: Demokratie und Verwaltung, Bd. 50 (1972), S. 571 ff.; *Wilhelm A. Kewenig,* Zur Revision des Grundgesetzes: Planung im Spannungsverhältnis von Regierung und Parlament, in: DÖV 1973, S. 23 ff.; vgl. auch *Renate Mayntz / Fritz Scharpf* (Hrsg.), Planungsorganisation, 1973; zur Kompetenz der Zielsetzung durch Ausgabenbewilligung beachte die Zusammenfassung bei *Manfred Wachenhausen,* Staatsausgabe und Öffentliches Interesse in den Steuerrechtfertigungslehren des naturrechtlichen Rationalismus, 1972, S. 22 ff.

[36] *Günther Küchenhoff / Erich Küchenhoff,* Allgemeine Staatslehre, 7. Auflage 1971, S. 14; vgl. auch *Richard Thoma,* Artikel „Staat“, in: Handwörterbuch der Staatswissenschaften, 4. Auflage 1926, S. 756.

[37] *Friedrich Meinecke,* Die Idee der Staatsräson in der neueren Geschichte, 3. Auflage 1963, S. 6.

[38] *Erich Kaufmann,* Verwaltung, Verwaltungsrecht, in: Autorität und Freiheit, 1960, S. 76 ff., 77.

Dabei wird im Mittelpunkt eine Betrachtung des Systems der älteren deutschen Staatslehre des 16. und 17. Jahrhunderts stehen. Daß auf das Staatsdenken dieses Zeitraums besonderes Gewicht zu legen war, ergab sich zum einen, weil das Prinzip der „Zweckmäßigkeit“ wörtlich genommen und nach dem das Maß gebenden Zweck des staatlichen Handelns gefragt wurde. So mußte die Entwicklung der Staatszwecklehre, die den Staat durch seine Zwecke legitimierte und in seinen Zwecken beschrieb[39], ins Blickfeld rücken. Zum anderen ergab sich der Schwerpunkt der historischen Betrachtung aus der Überlegung heraus, daß die Sozialstaatsklausel als wichtigste moderne Staatszielbestimmung eine Anknüpfung an die Gegenstände der älteren deutschen Staatslehre nahelegt[40], lassen sich doch in der Frage der guten Ordnung des Gemeinwesens zwischen den praktischen Problemstellungen des alten „Wohlfahrtstaates“ und denjenigen des sozialen Rechtsstaates unserer Gegenwart Ähnlichkeiten aufzeigen. Im Hinblick auf eine inhaltliche Auffüllung der Sozialstaatsklausel mag es zudem aufschlußreich sein, sich einmal mehr an eine Epoche deutschen Staatsdenkens zu erinnern, in der „Recht“ und „Wohlfahrt“ als Staatsziele gänzlich unbefangen nebeneinander genannt wurden.

---

[39] Vgl. auch *Hespe*, S. 20.

[40] Vgl. *Hans Maier*, Ältere Staats- und Verwaltungslehre, S. 313.

A. Die Ausdehnung der Staatstätigkeit in der Entwicklung vom mittelalterlichen zum neuzeitlichen Denken

Wer von der Abgrenzung des deutschen Mittelalters zur Neuzeit spricht, der nennt als ein Kennzeichen der beginnenden Moderne die allgemeine Intensivierung der Staatlichkeit[1]. Dabei ist zuvorderst an die Ausdehnung des staatlichen Wirkungskreises, an planmäßige und „zweckmäßige" Organisation des sozialen Lebens gedacht. Als sicheren Ausgangspunkt der Erörterung nimmt man an, daß die Anschauungen der Neuzeit über die Aufgaben des Gemeinwesens sich von denen des Mittelalters unterscheiden.

Was an dem Wirken des frühmodernen Staates[2] tatsächlich neu und anders war, läßt sich am besten im Vergleich mit dem vorherigen Zustand ermessen. Zur Klarstellung der Unterschiede erscheint ein kurzer Rückblick auf die Zweckbestimmung des Staates aus mittelalterlicher Sicht nützlich.

I. Die Gemeinschaftszwecke der mittelalterlichen Staatsbildungen

Die Frage, in welchem Ausmaß das Mittelalter Zwecke des Gemeinwesens kannte und verfolgte, ist eng verknüpft mit einer zweiten, nämlich nach der Staatsnatur der mittelalterlichen Bildungen[3]. Ohne weiter auf die alte Kontroverse einzugehen, ob wir die mittelalterlichen Gemeinwesen überhaupt „Staaten" nennen dürfen[4], sei nur eine der

---

[1] So z. B. *Georg von Below*, Die Anfänge des modernen Staates mit besonderem Blick auf die deutschen Territorien, in: Territorium und Stadt, 2. Auflage 1923, S. 161 ff., 164, 186; *Karl Siegfried Bader*, Volk, Stamm, Territorium, in: Wege der Forschung Bd. 2, 1956, S. 243 ff., 274; *Werner Näf*, Frühformen des „modernen Staates" im Spätmittelalter, in: Die Entstehung des modernen souveränen Staates (Hrsg. Hanns Hubert Hofmann), 1967, S. 101 ff., 111; *Gerhard Oestreich*, Verfassungsgeschichte vom Ende des Mittelalters bis zum Ende des alten Reiches, in: Gebhardt, Handbuch der deutschen Geschichte, Bd. 2, 9. Auflage 1970, S. 360 ff., 361; *Robert Scheyhing*, Deutsche Verfassungsgeschichte der Neuzeit, 1968, S. 55.

[2] Der Begriff wird hier und im folgenden verwandt im Sinne von *Gerhard Oestreich*, Geist und Gestalt des frühmodernen Staates, 1969, Vorwort.

[3] z. B. baut *Georg von Below*, Der deutsche Staat des Mittelalters, 2. Auflage 1925, S. 174, 190, seine Beweisführung ganz auf diesem Zusammenhang auf; vgl. auch seinen gleichnamigen Aufsatz in: Vom Mittelalter zur Neuzeit, 1924, S. 1 ff., 8: „Das Dasein von Gemeinschaftszwecken ist das den Staat charakterisierende Merkmal."

[4] Vgl. etwa *von Below*, Staat des Mittelalters, S. 1 ff.; *Fritz Kern*, Recht und Verfassung im Mittelalter, Neudruck 1952, S. 7 einerseits, S. 18 f. Fuß-

frühesten Stellungnahmen dazu erwähnt: „Im Mittelalter ... war der Begriff des Staates als eines organischen Gesammtlebens zur Förderung gemeinschaftlicher weltlicher Lebenszwecke aller Teilnehmer nicht vorhanden[5].“ Dieser Aussage Robert von Mohls liegt die Überzeugung zugrunde, mittelalterliche Gemeinwesen hätten — außerhalb religiöser Bereiche — mangels einer Zielsetzung positive Funktionen nicht übernommen. Mittlerweile ist zwar weitgehend anerkannt, daß auch die mittelalterlichen Bildungen Vorstellungen von dem irdischen Zweck ihrer Gemeinschaft hatten. Keine völlige Klarheit besteht jedoch nach wie vor in der Frage, inwieweit diese Vorstellungen auch ein planvolles Tätigwerden des Gemeinwesens auf sozialem und wirtschaftlichem Gebiet umfaßten.

1. Man geht bei der Diskussion des Problems allgemein von der Feststellung aus, daß die ursprüngliche germanische Auffassung, die im Mittelalter fortlebte, als vornehmste Sorge des Herrschers den Schutz von Recht und Friede ansah[6]. Abwehr unrechter Gewalt bedeutete nach dieser Auffassung Friede, was identisch war mit der Sicherung oder Wiederherstellung des Rechts[7]. Wahrung des Rechtsfriedens war Legitimation und Aufgabe des „Staates“; das Rückgrat seines Organismus bildeten Gerichts- und Wehrordnungen.

a) „Das Recht“ war kein System gesetzter Normen. Auf welche Weise es sich bildete und Geltung in der Gemeinschaft erlangte, ist eine Frage, die nach neuesten Ergebnissen der rechtsgeschichtlichen Forschung[8]

note 1 andererseits; *Alfons Dopsch*, Der deutsche Staat des Mittelalters, in: Verfassungs- und Wirtschaftsgeschichte des Mittelalters, 1928, S. 101 ff.; *ders.* im gleichnamigen Aufsatz in: Beiträge zur Sozial- und Wirtschaftsgeschichte, 1938, S. 187 ff.; *Karl Wührer*, Der deutsche Staat des Mittelalters, I, 1932, S. 2; *Ernst Kern*, Moderner Staat und Staatsbegriff, 1949, S. 1 ff., insbesondere S. 21 ff.; *Heinrich Mitteis*, Lehnrecht und Staatsgewalt, Nachdruck 1958, S. 10 f.; *Otto Brunner*, Land und Herrschaft, 5. Auflage 1965, S. 146 ff.; *Ernst Forsthoff*, Der Staat der Industriegesellschaft, 1971, S. 11; *Krüger*, Staatslehre, S. 2 ff. mit weiteren Nachweisen.

[5] *Robert von Mohl*, Die Geschichte und Literatur der Staatswissenschaften, Bd. 1, 1855, S. 269.

[6] Vgl. *Otto von Gierke*, Das deutsche Genossenschaftsrecht, Bd. 1, 1868, S. 112; *von Below*, Staat des Mittelalters, S. 190 ff., insbesondere S. 199; *Fritz Kern*, Gottesgnadentum und Widerstandsrecht, 6. Auflage 1973, S. 122 ff.; *ders.*, Recht und Verfassung, S. 73; *Walther Merk*, Der Gedanke des gemeinen Besten in der deutschen Staats- und Rechtsentwicklung, 2. Auflage 1968, S. 18 ff., 46; *Ludwig Zimmermann*, Motive und Grundformen moderner Staatenbildung in Deutschland, in: WeltaG Bd. 5 (1939), S. 97 ff., 112; *Ernst Kern*, S. 66; *Otto Brunner*, Land und Herrschaft, S. 359 ff.; *Hermann Conrad*, Deutsche Rechtsgeschichte, Bd. 1, 2. Auflage 1962, S. 345 f.; *Otto Kimminich*, Deutsche Verfassungsgeschichte, 1970, S. 128.

[7] Vgl. *Otto Brunner*, Moderner Verfassungsbegriff und mittelalterliche Verfassungsgeschichte, in: Wege der Forschung Bd. 2, 1956, S. 1 ff., 17; *Joachim Gernhuber*, Die Landfriedensbewegung in Deutschland bis zum Mainzer Reichslandfrieden von 1235, 1952, S. 4 f.

[8] Siehe *Gerhard Köbler*, Das Recht im frühen Mittelalter, 1971, besonders

wieder zweifelhaft geworden ist. Die ganz herrschende Meinung nimmt aber an, daß das Mittelalter „Recht“ nach germanisch-traditionalistischer Auffassung als überkommene, allumfassende und unantastbare Gerechtigkeitsordnung empfand[9]. Als kennzeichnend gilt der von Fritz Kern geprägte Ausdruck „gutes, altes Recht“. Setzt man diese Begriffsbestimmung einmal voraus, so ergibt sich, daß das Mittelalter kaum Möglichkeiten für eine bewußte, planmäßige Neuschaffung und Ausgestaltung des Rechts gekannt haben kann. „Gutes, altes Recht“ läßt sich nicht „machen“, sondern nur finden. Von daher wird deutlich, daß mittelalterliches Denken überholte und unzweckmäßig gewordene Rechtsübung nicht ohne weiteres durch neue zu ersetzen vermochte und sich mit der Vorstellung zu behelfen hatte, die fragliche neue Regel sei ehedem schon Recht gewesen und müsse, durch schlechte Gewohnheit nur zeitweilig verdrängt, wiederhergestellt werden[10].

Das volksmäßige Rechtsbewußtsein — und damit auch die ungelehrte Richterschaft — kannte das ganze Mittelalter hindurch jedenfalls ebensowenig eine Unterscheidung zwischen positivem und idealem wie zwischen „öffentlichem“ und „privatem“ Recht. Das Rechtsgebäude baute sich auf den subjektiven Rechten einzelner Menschen und einzelner Gemeinschaften auf, die alle gleichermaßen „heilig“ und theoretisch unangreifbar[11] waren. Aus ihrem gegenseitigen Bezug ergab sich das Ordnungsgefüge der Gemeinschaft; aus ihrer Summierung „das Recht“.

die Einleitung und S. 16 ff., sowie *Karl Kroeschell*, Deutsche Rechtsgeschichte, Bd. 2, 1973, S. 84 ff., 253.

[9] Vgl. z. B. *Fritz Kern*, Gottesgnadentum, S. 123; *ders.*, Recht und Verfassung, S. 12 ff., 17, 22 und passim; *Brunner*, Land und Herrschaft, S. 133 ff.; *Ernst Kern*, S. 43; *Wilhelm Ebel*, Geschichte der Gesetzgebung in Deutschland, 2. Auflage 1958, S. 12 ff., 29 ff.; *Max Jörg Odenheimer*, Der christlich-kirchliche Anteil an der Verdrängung der mittelalterlichen Rechtsstruktur und an der Entstehung der Vorherrschaft des staatlich gesetzten Rechts im deutschen und französischen Rechtsgebiet, 1957, S. 1 ff., 20 f.; *Franz Wieacker*, Privatrechtsgeschichte der Neuzeit, 2. Auflage 1967, S. 36; *Conrad*, Rechtsgeschichte, Bd. 1, S. 345; *Scheyhing*, S. 12. — Allerdings hat *Köbler* anhand eingehender Quellenuntersuchungen gezeigt, daß die einschlägige lateinische Terminologie des frühen Mittelalters keine spezifisch germanische Vorstellung wiedergibt, sondern sich an spätantik-christliche Tradition anschließt. Er gesteht aber zu, daß im Hoch- und Spätmittelalter die Vorstellung vom „guten, alten Recht“ eine wesentliche Rolle gespielt haben mag, vgl. S. 221, 232.

[10] Vgl. die Quellen bei *Brunner*, Land und Herrschaft, S. 139, Fußnote 4; *Ebel*, S. 19 f., 32 f.; hierzu und zum folgenden in Einzelheiten: *Fritz Kern*, Recht und Verfassung. — Siehe aber auch *Odenheimer*, S. 19 f., insbesondere Fußnote 119; für das frühmittelalterliche Recht *Köbler*, S. 222, 224 f.

[11] Siehe dazu — neben den in Fußnote 9 angeführten Stellen — noch: *Brunner*, Moderner Verfassungsbegriff, S. 12 f. Auch die Untersuchungen *Köblers* decken sich im Ergebnis mit der herrschenden Lehre jedenfalls soweit, als er feststellt, daß dem frühen Mittelalter „unsere systematischen Einteilungen von Naturrecht und positivem Recht, Gewohnheitsrecht und Gesetz, objektivem und subjektivem Recht ... grundsätzlich fremd“ gewesen seien, S. 230.

Weil sich das Mittelalter diese Rechtsordnung vor und über dem Gemeinwesen dachte, darf man wohl formulieren, der Staat sei „nur das Mittel zur Verwirklichung des Rechts“[12] gewesen, das beinahe ausschließliche Ziel der inneren Herrschaft habe in der „Bewahrung der subjektiven Rechte eines jeden, des suum cuique“[13] bestanden.

b) Es ist einsichtig, daß, wo Findung, Wahrung und Durchsetzung subjektiver Rechte Hauptinhalt der Regierungstätigkeit ist, für einen eigenen Begriff der Politik neben dem Recht eigentlich kein Raum bleibt. Ausgeschlossen erscheint da die Vorstellung, Recht und Politik hätten nichts miteinander zu tun, seien vielleicht gar zwei gegensätzliche Bereiche. Das Mittelalter mußte demzufolge das „politisch Richtige“ zugleich als das „sittlich Rechte und Geforderte“ empfinden und umgekehrt[14]. Fremd war dieser Vorstellungswelt dann auch der Gedanke, politisches Wirken könne Recht erzeugen — der Staat könne etwa selbst das Recht setzen, das ihm nützt.

Auf diesem Hintergrund wird deutlich, warum davon auszugehen ist, daß es dem mittelalterlichen Staat im Grundsatz verwehrt war, „eigenen Staatsnotwendigkeiten nachzuleben und das Recht der Gesamtheit wie der einzelnen nach diesen Notwendigkeiten umzuformen“[15].

c) Rechtstheoretisch konnte denn auch weder der Herrscher noch die Volksgesamtheit über das private Recht eines einzelnen Volksgenossen verfügen. Auch wenn der Nutzen der Allgemeinheit einen Eingriff wünschenswert erscheinen ließ, blieb das wohlerworbene Recht des einzelnen grundsätzlich unantastbar. Eine Änderung des bestehenden Zustandes sollte nicht einseitig, sondern nur mit freier Zustimmung des in seinem Recht Betroffenen stattfinden. Ein abstraktes staatliches Recht, das den privaten Rechten übergeordnet wäre, sie bei Bedarf auch zu verändern und zu brechen vermöchte, umfaßte das ungelehrte Rechtsbewußtsein in Deutschland bis zum ausgehenden Mittelalter anscheinend nicht[16].

Die Auswirkung dieses Rechtsbegriffs für das Gemeinwesen hat Fritz Kern mit dem Satz umschrieben: „Die Staatsräson litt Not, die Politik[17].“

2. Das bis hierhin skizzierte Bild vom mittelalterlichen Reich als Hüter des Rechtsfriedens gibt allerdings nur bestimmte Grundlinien wieder, es ist einseitig und bedarf in mancher Hinsicht der Ergänzung.

[12] *Fritz Kern*, Recht und Verfassung, S. 18, vgl. auch S. 72, 66.

[13] *Fritz Kern*, Recht und Verfassung, S. 69; vgl. etwa auch *Kimminich*, S. 128.

[14] Vgl. *Hans Maier*, Ältere Staats- und Verwaltungslehre, S. 76.

[15] *Fritz Kern*, Recht und Verfassung, S. 73.

[16] *Fritz Kern*, Recht und Verfassung, S. 69, 72 f., 83 ff.; *ders.*, Gottesgnadentum, S. 128 f.

[17] *Fritz Kern*, Recht und Verfassung, S. 75.

Neben den Quellen, die ausdrücklich von Friedens- und Rechtswahrung als Aufgabe des Herrschers und Funktion des Gemeinwesens sprechen, finden sich in reicher Zahl auch solche, die eine „utilitas patriae“, „communis salus“, „populi utilitas“, „bonum publicum“ und viele ähnliche Wendungen kennen[18]; in deutschen Texten heißt es: „gemeiner Nutz“, „gemeiner Frommen“, das „gemeine Beste“ und ähnlich[19]. Es ist nicht wichtig, ob man in diesen und entsprechenden Ausdrücken „abgelernte römische Phrasen“[20] oder aber ein Konzentrat germanischen Rechtsdenkens sieht[21]: Dem germanischen Rechtsbewußtsein ist eine — wie auch immer geartete und benannte — Vorstellung von einem gemeinen Besten entweder zu eigen gewesen, oder es hat sie sich wenigstens schon früh zu eigen gemacht. Für die Jahrhunderte nach der Völkerwanderung ist bezeugt, daß man Gemeinnützigkeit durchaus als Richtschnur für Maßnahmen des Herrschers begriff[22]; und das deutsche Mittelalter hindurch war offenbar die Idee von einem „gemeinen Besten“ lebendig, dessen Verwirklichung als Aufgabe des Gemeinwesens angesehen wurde[23].

a) Natürlich wäre es verfehlt, einen so unbestimmten Begriff wie den des „gemeinen Besten“ isoliert zu betrachten. Löste man ihn aus dem Zusammenhang, in dem er gebraucht wird, so würde man unwillkürlich fremde Vorstellungen in ihn hineintragen. Darum ist es wichtig, daß schon Walther Merk anhand der von ihm zusammengestellten Quellen gezeigt hat, wie sich die inhaltliche Bedeutung des Wortfeldes „utilitas publica“ näher erläutern läßt teils aus Wortverbindungen, teils aus einer Gegenüberstellung des Gegensatzes, teils durch stellvertretende sinngleiche oder sinnverwandte Ausdrücke[24]. Merk kommt zu dem

---

[18] *Merk*, S. 24 ff., auch S. 6 ff.; *Adolf Diehl*, Gemeiner Nutzen im Mittelalter, in: Zeitschrift für württembergische Landesgeschichte, 1 (1937), S. 296 ff.; *Wolfgang Wehlen*, Geschichtsschreibung und Staatsauffassung im Zeitalter Ludwigs des Frommen, 1970, S. 39 ff.

[19] Siehe *Merk*, S. 28 ff.; auch *Hans Boldt*, Artikel „Ausnahmezustand“, in: Geschichtliche Grundbegriffe, Bd. 1, 1972, S. 343 f.

[20] *Karl von Inama-Sternegg*, Deutsche Wirtschaftsgeschichte, Bd. 1, 2. Auflage 1909, S. 74.

[21] Zu diesem Streit siehe: *von Below*, Staat des Mittelalters, S. 194, 200 f.; *Merk*, S. 21; *Mitteis*, Lehnrecht und Staatsgewalt, S. 10; *Diehl*, S. 298 f.; *Wehlen*, S. 40 f.; *Michael Stolleis*, Gemeinwohlformeln im nationalsozialistischen Recht, 1974, S. 15 ff.

[22] Vgl. dazu *Merk*, S. 12 ff.; auch *von Below*, Staat des Mittelalters, S. 197.

[23] *von Below*, Staat des Mittelalters, S. 190 ff.; *Mitteis*, Lehnrecht und Staatsgewalt, S. 10; *Wilhelm Berges*, Die Fürstenspiegel des hohen und späten Mittelalters, 1938, S. 48; *Hans Maier*, Ältere Staats- und Verwaltungslehre, S. 79; *Merk*, S. 33 ff. mit Quellen; für die Zeit vom 13. Jahrhundert an: *Diehl*, S. 299 ff.; siehe auch *Otto Stolz*, Wesen und Zweck des Staates, in: Festschrift zur Feier des 200jährigen Bestandes des ... Staatsarchivs, Bd. 2, 1951, S. 94 ff., 106 f.

[24] *Merk*, S. 17, 46.

Schluß, daß dort, wo in den Quellen von „Gemeinwohl" die Rede ist, zumeist an weiter nichts als an Recht und Friede gedacht war. Dem wird man zustimmen können, denn tatsächlich zeigt eine Reihe von Beispielen — insbesondere Wortverbindungen mit ordo, pax, quies, iustitia, tranquillitas etc. —, daß jene Zeit die Begriffsinhalte Recht und Frieden einerseits und Gemeinwohl andererseits als sich zwanglos ineinanderfügend und austauschbar empfand[25]. Recht und Frieden waren ihr anscheinend „die beiden wichtigsten Erscheinungsformen des gemeinen Besten"[26].

b) Diese Feststellung bedeutet indes nicht, daß sich der Begriffsinhalt des Gemeinwohls in Recht- und Friedewahrung tatsächlich erschöpft hätte[27].

Zwar mag der Gedanke einer hoheitlichen Lenkung des gesellschaftlichen wie des privaten Bereichs der mittelalterlichen Anschauung im Grundsatz ferngelegen haben[28]. Es ist aber sicher zu Recht davor gewarnt worden, sich den tatsächlichen Rahmen der mittelalterlichen positiven Staatstätigkeit allzu engbegrenzt vorzustellen.

Schon rein theoretisch ließ sich so manche fördernde und lenkende Maßnahme des Herrschers ohne Schwierigkeit unter den — stets weit verstandenen — Begriff der Rechtswahrung einordnen[29]. Seine Flexibilität ermöglichte gelegentlich die Ausdehnung staatlicher Tätigkeit auf Bereiche, die von Wohlfahrtspflege gar nicht so weit entfernt lagen. Man wird beispielsweise annehmen dürfen, daß die Zeitgenossen mancherlei Regelungen zum Schutz von Schwachen und Hilfsbedürftigen vor Ausbeutung unbefangen zur Wahrung der Gerechtigkeit, der „iustitia", gezählt haben[30].

Hinzu kommt, daß die vorgebliche Rechtsfindung in Wahrheit auf allen Ebenen schließlich doch auch Rechtsbildung war. In den engbegrenzten, zumeist bäuerlichen, organisch gewachsenen Lebensbereichen war es noch möglich, das gerechte, das billige, das für die Situation „richtige" Recht aus Brauchtum und Weistum zu schöpfen[31]. Bewußte

---

25 Vgl. die Quellen bei *Merk*, S. 6 ff., 24 ff.; im Anschluß an Merk auch *Hans Maier*, Ältere Staats- und Verwaltungslehre, S. 79.

26 *Merk*, S. 46; im gleichen Sinn etwa *von Below*, Staat des Mittelalters, S. 201; *Brunner*, Land und Herrschaft, S. 364, Fußnote 3; *Diehl*, S. 298 f.

27 Allerdings scheint z. B. *von Below* noch von einem solcherart beschränkten Begriffsinhalt auszugehen, vgl. Staat des Mittelalters, S. 200 f.

28 Vgl. *Fritz Hartung*, Deutsche Verfassungsgeschichte vom 15. Jahrhundert bis zur Gegenwart, 8. Auflage 1964, S. 48.

29 Vgl. *Hans Maier*, Ältere Staats- und Verwaltungslehre, S. 77, Fußnote 87; *Merk*, S. 20, 49.

30 So z. B. *Merk*, S. 20, 49; für den „gerechten Preis" vgl. auch *Friedrich Lütge*, Deutsche Sozial- und Wirtschaftsgeschichte, 3. Auflage 1966, S. 172.

31 Vgl. *Hans Maier*, Ältere Staats- und Verwaltungslehre, S. 68 ff.; *Wieacker*, S. 112 f.

„politische" Zweckerwägungen waren zu diesem Vorgang nicht unbedingt vonnöten, sie wurden ersetzt durch ein in Jahrzehnten und Jahrhunderten gebildetes Rechtsbewußtsein, das im Gewissen des einzelnen verwurzelt war. So lag in der prinzipiellen Nichtunterscheidung von Rechtsfindung und Rechtsbildung stets die Chance für eine lebensnahe Ausgestaltung des Rechts.

Auch vermochten in der Praxis des staatlichen Lebens natürlich immer wieder einflußreiche Herrscherpersönlichkeiten ihre Einsicht in die Erfordernisse einer neuen Lage durchzusetzen. Kulturelle Ziele haben bekanntlich durchaus Niederschlag gefunden in Schutz und Förderung der Kunst[32], wirtschaftliche Bestrebungen in vielfältigen Bestimmungen über Handel und Verkehr[33]. Es ist klar, daß ein Vordringen des Staates in diese Bereiche schon planende und zweckhafte Regierungstätigkeit voraussetzte.

Berücksichtigung verdienen an dieser Stelle vielleicht auch die Urkundenfälschungen und Urkundenbestätigungen, die gelegentlich als bedeutende Hilfsmittel der mittelalterlichen Politik bezeichnet werden[34]. In einer Rechtsordnung, die in hohem Maß von der Tradition abhing, mag die Fälschung tatsächlich hier und da als ein Mittel benutzt worden sein, eine Fortentwicklung des überkommenen Rechts unter bestimmten Zielvorstellungen durchzusetzen[35]. Jedenfalls boten Urkundenbestätigungen wie -fälschungen die Möglichkeit, dem Alter eines Rechts die Legitimation der alleinigen Wirksamkeitsgrundlage zu entziehen[36].

Neue Wege der Rechtsbildung setzten sich schließlich vor allem in der hochmittelalterlichen Landfriedensbewegung durch[37]. Es ist in diesem Zusammenhang nicht von entscheidender Wichtigkeit, ob man in den Landfrieden formal die „zeitlich erste und klarste Form" der Satzung sieht[38] oder ihnen von Anfang an echten Gesetzescharakter zuspricht[39].

---

[32] *Merk*, S. 20.

[33] Vgl. *Andreas Posch*, Die staats- und kirchenpolitische Stellung Engelberts von Admont, 1920, S. 54; *Merk*, S. 20; *Dopsch*, Staat des Mittelalters, in: Verfassungs- und Wirtschaftsgeschichte, S. 111; *ders.* im gleichnamigen Aufsatz in: Beiträge zur Sozial- und Wirtschaftsgeschichte, S. 196; *Otto Brunner*, Politik und Wirtschaft in den deutschen Territorien des Mittelalters, in: Vergangenheit und Gegenwart Bd. 27 (1937), S. 404 ff.; siehe auch *Lütge*, Sozial- und Wirtschaftsgeschichte, S. 172.

[34] Dazu allgemein: *Fritz Kern*, Recht und Verfassung, S. 49 ff.

[35] Vgl. *Ernst Kern*, S. 72 ff.

[36] *Köbler*, der das Streben nach Urkundenbestätigung und das Fälschungsproblem lediglich auf einen allgemein-menschlichen Grundsatz der Priorität zurückführen will, wertet die Urkundenbestätigungen als Indiz dafür, daß „das Alter allein nicht Garant des Rechtes" gewesen sei, S. 222, 225.

[37] Zu diesem Thema: *Gernhuber*, S. 1 ff.; *Ebel*, S. 46 ff.; *Heinz Angermeier*, Königtum und Landfriede im deutschen Spätmittelalter, 1966, S. 1 ff.; *Conrad*, Rechtsgeschichte, Bd. 1, S. 347 ff.; *Kimminich*, S. 128.

[38] So *Ebel*, S. 46 ff.

Im großen und ganzen darf wohl als anerkannt gelten, daß es spätestens bis zur Mitte des 12. Jahrhunderts dem Königtum gelungen ist, mit Hilfe der Landfrieden eine eigentliche Gesetzgebungsgewalt zu entwickeln[40]. — Für den hier zu behandelnden Problemkreis sind von besonderer Bedeutung die in der Landfriedensgesetzgebung zutage tretenden Tendenzen. Man hat von ihnen gesagt, sie zielten „überall auf eine radikale Änderung der Dinge ab, auf eine Ablösung der fast schrankenlosen Einzelgewalt durch eine allumfassende Staatsgewalt. Die Landfrieden sind ... der Beginn einer neuen Epoche; sie bringen den Übergang vom altgermanischen dualistischen Friedensaufbau zum modernen Friedensaufbau mit der Konzentrierung der Gewalt beim Staate[41]." Es läßt sich feststellen, daß der Landfriedensgedanke der obersten Reichsgewalt für gewisse Zeit einen erweiterten Aufgabenkreis der aktiven Friedens- und Ordnungswahrung eingeräumt hat. So gelang es dem König zeitweilig, über seine Rolle als „Wahrer und Organisator des Rechts"[42] hinauszuwachsen durch Setzung einer Friedensordnung, die nicht nur kriegerische Handlungen, sondern jede Störung des öffentlichen Friedens durch alle Art von Unrecht und Gewalt auszuschalten versuchte[43]. Hier liegen unübersehbare Ansätze zum Aufbau einer rationalen verwaltungsmäßigen Staatsordnung.

Mittel und Wege, über die Schranke des Herkommens hinauszugreifen und den Gedanken des gemeinen Nutzens in zweckhaften Regelungen durchzusetzen, ergaben sich wohl auch aus der Regalität.

Die Funktion der Regalien erschöpfte sich, wie vor allem Thieme[44] betont hat, nicht in Nutzung und Ertrag für den König[45]. Vielmehr gehörten die Regalien „zu den wertvollsten Handhaben der Regierungsgewalt, und der König bedient sich ihrer zur Erreichung von Aufgaben des öffentlichen Wohls, für die ihm sonst die Zuständigkeit fehlte"[46].

---

[39] So *Gernhuber*, S. 60 ff.; im Anschluß an ihn etwa *Brunner*, Land und Herrschaft, S. 18; für das späte Mittelalter siehe *Angermeier*, S. 18, 222 ff.

[40] Vgl. etwa *Gernhuber*, S. 85; *Conrad*, Rechtsgeschichte, Bd. 1, S. 347; *Kimminich*, S. 129.

[41] *Gernhuber*, S. 20.

[42] *Angermeier*, S. 31.

[43] *Angermeier*, S. 3, 31; *Ernst Kern*, S. 75 ff.; *Hans Maier*, Ältere Staats- und Verwaltungslehre, S. 77 ff.; *Kimminich*, S. 129; *Conrad*, Rechtsgeschichte, Bd. 1, S. 348; *Theodor Mayer*, Die Ausbildung der Grundlagen des modernen deutschen Staates im hohen Mittelalter, in: HZ 159 (1939), S. 457 ff., 473; *Dopsch*, Staat des Mittelalters, in: Beiträge zur Sozial- und Wirtschaftsgeschichte, S. 196.

[44] *Hans Thieme*, Die Funktion der Regalien im Mittelalter, in: ZRG 62 (1942), S. 57 ff., 64 ff.

[45] Vgl. — allerdings mit Blickrichtung auf die Ausbildung der Landeshoheit — schon *Otto von Gierke*, Deutsches Privatrecht, Bd. 1, 1895, S. 2, 397 f.; auch *Conrad*, Rechtsgeschichte, S. 271.

[46] *Thieme*, S. 75.

Münzrecht, Zollrecht, Forst-, Jagd- und Fischereirechte, Berg- und Salzregal dienten zwar sicher in erster Linie als Einnahmequelle, doch verliehen sie ihrem Inhaber nicht nur eine wirtschaftliche, sondern eben auch eine wirtschaftspolitische Machtstellung. Ebenso beinhalteten etwa das Geleitsrecht, das Strom- und das Straßenregal starke verkehrs- und handelspolitische Aspekte. Praktisch waren alle Regale mehr oder weniger geeignet, als Instrumente staatlicher Verwaltung Verwendung zu finden[47]. Der König, dem ein eigener Verwaltungsapparat nicht zur Verfügung stand, legte Aufgaben, die er selbst nicht wahrnehmen konnte, notgedrungen in die Hand von Lehensträgern[48]. In vielen Fällen begründete die Übertragung von Regalien ein „Pflichtrecht" für den Beliehenen. Thieme vergleicht diese Erscheinung ausdrücklich mit einer „Dezentralisation der Verwaltung"[49]. So bildete in diesem Sinne auch das Privileg ein „Mittel der Schaffung neuen Rechts"[50], das politische Zweckvorstellungen verwirklichen half[51].

Am Rande sei noch daran erinnert, daß die Erscheinungsformen der Privilegien sich ohnehin einer Normsetzung immer mehr annäherten und in ihrem Effekt oft nicht mehr von Gesetzgebung zu unterscheiden waren. Schließlich diente der Begriff des Generalprivilegs als Tarnform für manches Reichsgesetz des späteren Mittelalters[52]. Auch von daher war also das scheinbar so festgefügte Rechtsgebäude für die Verwirklichung hoheitlicher Zwecksetzungen durchlässig.

c) Es steht fest, daß von mittelalterlichen Herrschern die hier in aller Kürze angedeuteten Möglichkeiten zur Ausdehnung des staatlichen Wirkungskreises in vielfältiger Hinsicht — wenn auch zweifellos mit unterschiedlicher Intensität — genutzt worden sind[53]. Aufgrund dieser Gegebenheit läßt sich nicht mehr leugnen, daß auch die mittelalterlichen Staatsgefüge gewisse positive Gemeinschaftsziele gekannt und verfolgt haben[54]. Das bedeutet natürlicherweise, daß Zielvorstellungen und damit Zweckmäßigkeitserwägungen bei der Regelung „staatlicher" Angelegenheiten eine Rolle gespielt haben müssen. Auf einem anderen

---

47 Siehe zu den Einzelheiten: *Thieme*, S. 64 ff.; vgl. auch *Hans Maier*, Ältere Staats- und Verwaltungslehre, S. 80; *Ernst Kern*, S. 69 f.; *Brunner*, Land und Herrschaft, S. 423 f.; zu den Regalien als Ansätzen eines Enteignungsrechts: *Max Layer*, Principien des Enteignungsrechtes, 1902, S. 114 ff.

48 *Thieme*, S. 66.

49 *Thieme*, S. 66; vgl dazu auch *Mitteis*, Lehnrecht und Staatsgewalt, S. 8 ff.

50 *Thieme*, S. 68.

51 Siehe auch *Gustaf Klemens Schmelzeisen*, Objektives und subjektives Recht. Zu ihrem Verhältnis im Mittelalter, in: ZRG 90 (1973), S. 101 ff., 112.

52 *Ebel*, S. 41.

53 Das betont wiederholt *Hans Maier*, Ältere Staats- und Verwaltungslehre, S. 72, 77 f., 80.

54 Vgl. dazu noch *Kaufmann*, Verwaltung, Verwaltungsrecht, S. 79.

Blatt steht natürlich die Unvollkommenheit der Mittel, mit denen man diese Ziele zu realisieren versuchte. Kein Zweifel: Das Rechtssystem begünstigte ebenso wie der ungenügend ausgebildete Staatsapparat die Interessen des einzelnen; kein Zweifel auch, daß diese Interessen sich in der Regel kräftig gegen Ideen vom „Gemeinen Wohl" durchsetzten.

Bedeutsam bleibt aber jedenfalls: Auch da, wo mittelalterliche Regierungstätigkeit sich nach positiven Zwecken ausrichtete, konnte sie sich nicht auf eigene Eingriffsrechte des Staates als „eines besonderen herrschaftlichen Rechtssubjektes"[55] stützen. Das mittelalterliche Verständnis der „salus publica" eröffnete der staatlichen Tätigkeit einen Bereich freierer Gestaltung, es dehnte die Grenzen des Rechtsbewahrstaates, durchlöcherte sie auch wohl gelegentlich, aber es sprengte sie nicht.

Die Möglichkeit, im Gesichtspunkt der Gemeindienlichkeit die Grundlage und Rechtfertigung für eine echte Eingriffsbefugnis des Staates in Rechte der einzelnen zu sehen, blieb dem mittelalterlichen deutschen Rechtsbewußtsein anscheinend verborgen. Soweit ersichtlich, erwähnt keine der in Frage kommenden Quellen, wenn sie die Bedeutung des Gemeinwohls betonen, die Gefahr (oder etwa die Chance!) einer darauf zu stützenden Überwindung bestehender Rechtsschranken.

Am nächsten war einem solchen Gedanken vielleicht der Verfasser des altnorwegischen „Konungs Skuggsjá" (speculum regale), der um das Jahr 1260 einen als „Landesnotwendigkeit" übersetzbaren Begriff: „lannznauðsyniar" entwickelte[56]. Bei ihm läßt sich, wie Wilhelm Berges gezeigt hat, in der Aufstellung der „lannznauðsyniar" als Norm königlichen Handelns ein spezifisch politisches Element erspüren; die Idee von einer dem Staat eigenen Notwendigkeit schimmert durch[57]. Berges hat festgestellt, daß der Verfasser des Königsspiegels ausdrücklich Neuerungen gegenüber dem „guten, alten Recht" befürwortet, wenn Landesnotwendigkeit und das Wohl des Volkes sie forderten[58]. Auch ist von einer „Ausdehnung der königlichen Vollziehungsgewalt" die Rede, „wenn die ‚lannznauðsyniar' schnelles Handeln gebieten"[59].

Durch die Einsicht in Staatsnotwendigkeiten eröffnet der Verfasser des norwegischen Königsspiegels dem Regenten sicherlich einen erweiterten Handlungsspielraum[60]. Trotzdem ist auch er nicht bereit, dem

---

[55] *Kaufmann*, ebenda.

[56] Darüber ausführlich *Berges*, S. 159 ff., auch S. 22, 48. Berges will „lannznauðsyniar" sogar erklären als „ratio status" (S. 22) und „Staatsraison" (S. 183). Der Unterschied zu dem, „was Politiker späterer Jahrhunderte" so „nennen werden" (S. 183), dürfte aber doch größer sein, als Berges meint.

[57] *Berges*, S. 182, vgl. dort besonders auch Fußnote 3.

[58] *Berges*, S. 22, 183.

[59] *Berges*, S. 184.

[60] *Berges*, S. 183.

König generell zuzugestehen, er dürfe sich bei Bedarf über althergebrachte Rechtssätze („Landessitten") hinwegsetzen. Der Grundsatz bleibt unverrückbar: Der König soll „der heiligen Gesetze Regel hüten"[61].

Alles in allem kann man wohl davon ausgehen, daß dem deutschen Mittelalter — solange und soweit es den römisch-rechtlichen Einflüssen nicht unterlag — gemeiner Nutzen nicht als „Grundlage für die schrankenlose Eingriffsbefugnis ... in Freiheit und Rechtsstand der einzelnen und für die Verwirklichung einer Staatsallmacht" galt, „sondern als treuhänderische Bindung eines im wesentlichen auf die Wahrung von Recht und Frieden beschränkten Staatsoberhauptes"[62].

II. Wandel der Theorien über Recht und Staat im späten Mittelalter

Der Wandel, der sich im Spätmittelalter in der Anschauung von Staat, Recht und Gesetz anbahnte, war bekanntlich zunächst ein Wandel der Theorie[63]. In ihr zeichnete sich der mächtige Einfluß wiederentdeckten antiken Staatsdenkens und römischer Rechtsgelehrtheit ab.

1. Es wird immer wieder betont, welch ungeheuren Umschwung das Bekanntwerden der Hauptschriften des Aristoteles im Geistesleben des 13. Jahrhunderts bewirkte. Es ist selbstverständlich, daß dieser Umschwung auch eine Überprüfung und Neuformung der überkommenen Vorstellungen vom Staat und seinen Aufgaben erforderlich machte.

In Verarbeitung des aristotelischen Gedankengutes wurde dem „Staat"[64] ein neuer Stellenwert zugewiesen und dem Begriff des Gemeinwohls neuer Inhalt gegeben.

Damit begannen sich auch Vorstellungen zu formen, die Jahrhunderte später Einfluß auf die Ausgestaltung des modernen Staates nehmen sollten. Um ein Beispiel zu nennen, sei an die Lehren des Thomas von Aquin erinnert:

Indem Thomas von Aquin alles Sein auf einen Zweck bezog[65], fragte er auch in Betrachtung der menschlichen Gesellschaft zuerst nach ihrem

[61] *Berges*, S. 182 f., 22.

[62] *Merk*, S. 22; im Anschluß an ihn etwa auch *Hans Maier*, Ältere Staats- und Verwaltungslehre, S. 79.

[63] Vgl. etwa *Ebel*, S. 43 f.; *Hans Maier*, Ältere Staats- und Verwaltungslehre, S. 81; *Hans Wilfert*, Philipp von Leyden, ein Beitrag zur Vorgeschichte des modernen Staats, 1925, S. 5.

[64] Daß etwa die thomasische communis bei weitem noch nicht der modernen Staatsstruktur ähnelte, betont z. B. *Felix Ermacora*, Allgemeine Staatslehre, 1. Teilbd., 1970, S. 80.

[65] Vgl. insbesondere *Theodor Steinbüchel*, Der Zweckgedanke in der Philosophie des Thomas von Aquino, 1912, S. 1 ff.

Zweck. Für seine Bejahung des Staates war dessen enge Beziehung zur Bestimmung des Menschen ausschlaggebend: als Institution schlechthin, in der das bonum humanum, die sufficienta vitae zu verwirklichen sei[66]. Von daher ergab sich die These, das Handeln eines einzelnen Menschen sei ethisch richtig nur dann, wenn es dem gemeinen Wohl nutze[67]. Damit war die Voraussetzung für den Gedanken geschaffen, das gemeine Wohl könne es erforderlich machen, zu seiner Unterstützung individuelle Güter zu opfern[68].

Weil das Gemeinwesen als die natürliche irdische Basis zur Erreichung des höchsten Menschheitsziels erschien, wurde es zum Zweck des Staates, seine Bürger zu sittlicher Lebensführung zu erziehen und ihnen das „bene vivere" zu ermöglichen[69]. Darum faßte Thomas unter den Begriff der Staatlichkeit auch die Pflege der Kulturgüter, der geistigen, intellektuellen und ethischen Werte[70]. Da materielles Wohlergehen die Vorbedingung für die Verfolgung höherer Menschheitsinteressen sei, forderte Thomas vom Staat auch wirtschaftliche Vorsorge[71]. Wenn Thomas erklärte, das Gesetz könne um des Gemeinwohls willen die Akte aller Tugenden zum Objekt nehmen und vorschreiben[72], so entspricht das dem Menschenbild der Zeit und läßt die politische Entwicklung späterer Jahrhunderte vorausahnen. „Das heißt also, daß das ganze sittliche Leben von oben diktiert werden kann"[73] — zumindest aber, daß eine stetige Beeinflussung der Bürger durch den Staat erfolgen soll.

Mit jedem einzelnen der hier skizzierten Punkte hat die Vorstellung vom Staatszweck einen großen Schritt in Richtung auf die „Neuzeit" getan.

Aus den erweiterten Zweckbestimmungen des Staates wurde es für die politische Theorie notwendig, die innere Einrichtung des Staatswesens zu überdenken. Die Gesichtspunkte der Leistungsfähigkeit und

---

[66] Vgl. *Antoine Pierre Verpaalen*, Der Begriff des Gemeinwohls bei Thomas von Aquin, 1954, S. 70; *Ermacora*, 1. Teilbd., S. 81; für die Hochscholastik allgemein etwa *Posch*, S. 56 f.

[67] *Verpaalen*, S. 68; *Heinz Wiegand*, Die Staatslehre des Thomas von Aquin und ihre Bedeutung für die Gegenwart, in: Rechtsidee und Staatsgedanke, Festgabe für Julius Binder, 1930, S. 207 ff., 215; *Ermacora*, 1. Teilbd., S. 81; vgl. auch *Berges*, S. 118.

[68] *Verpaalen*, S. 70; *Wiegand*, S. 215.

[69] Siehe dazu etwa *Wiegand*, S. 218; *Berges*, S. 117.

[70] Siehe dazu etwa *Steinbüchel*, S. 107 f.

[71] Vgl. etwa *Steinbüchel*, S. 107 f.; *Wiegand*, S. 218; beachte bei *Thomas* insbesondere De regimine principum, I, c. 15; für Engelbert von Admont (De ortu, 9) siehe *Posch*, S. 57.

[72] Vgl. *Verpaalen*, S. 77; auch *Berges*, S. 116; bei *Thomas* beachte insbesondere De regimine principum, I, c. 14.

[73] So *Verpaalen*, S. 77; vgl. auch *Steinbüchel*, S. 108.

Zweckmäßigkeit der Organisation des Gemeinwesens gewannen an Gewicht[74].

Thomas faßte die Leitung der öffentlichen Angelegenheiten als eine der Schiffsführung vergleichbare freie und planmäßige Tätigkeit auf[75]. Er postulierte als Aufgabe des Königs deutlich nicht nur Begründung und Erhaltung des gemeinen Wohls, sondern auch seine tätige, planmäßige Förderung: „si quid inordinatum est corrigere, si quid deest supplere, si quid melius fieri potest, studet perficere[76]". Die „prudentia", die politische Tugend der Klugheit, wurde in ihrem Eigenwert erkannt als Fähigkeit, dank derer der Herrscher im Hinblick auf den Zweck des Gemeinwesens das bestimmt, was konkret politisch zu tun und durchzusetzen ist[77]. Die Vorstellung von einer „ratio" des Gemeinwesens begann Gestalt anzunehmen[78]; damit der Regent sie erkennen und nach ihr zu handeln vermöge, fing man an, über „ars regendi" nachzudenken[79].

2. Diese neuen Vorstellungen vom Staat wären nun allerdings unter dem Druck, den die mittelalterliche einheitliche Rechtsidee für jedwede staatspolitische Zweckmäßigkeitserwägung bedeutete, kaum zur Entfaltung gekommen. Es war notwendig, daß gleichzeitig die „Verselbständigung der Staatsidee gegen die Rechtsidee"[80] ihre Begründung fand.

Die „Emanzipation" des Staates von den „Fesseln des Rechts"[81] vollzog sich auf dem Gebiet der Theorie zu dem Zeitpunkt, als die spätmittelalterliche Rechtsphilosophie es lernte, zwischen positivem und natürlichem Recht zu unterscheiden[82]. Fortan stellte das gelehrte

---

[74] Beachte z. B. für Gründung und zweckmäßigen Aufbau eines Reiches *Thomas*, De regimine principum, I, c. 13; dazu auch *Otto von Gierke*, Das deutsche Genossenschaftsrecht, Bd. 3, 1881, S. 632; *Wolfgang A. Gerloff*, Staatstheorie und Staatspraxis des kameralistischen Verwaltungsstaates, 1937, S. 16.

[75] De regimine principum, I, c. 1, I, c. 14; vgl. auch *von Gierke*, Genossenschaftsrecht, Bd. 3, S. 633.

[76] De regimine principum, I, c. 15.

[77] Siehe *Ulrich Matz*, Thomas von Aquin, in: Klassiker des politischen Denkens (Hrsg. Maier / Rausch / Denzer), Bd. 1, 1968, S. 114 ff., 143.

[78] Siehe *Berges*, S. 119; *Gaines Post*, Ratio publicae utilitatis, ratio status und „Staatsräson", in: WeltaG Bd. 21 (1961), S. 8 ff., S. 71 ff., vgl. insbesondere S. 86 f.

[79] Siehe *von Gierke*, Genossenschaftsrecht, Bd. 3, S. 633; *Berges*, S. 119.

[80] *Otto von Gierke*, Johannes Althusius und die Entwicklung der naturrechtlichen Staatstheorien, 6. Ausgabe 1968, S. 262.

[81] *von Gierke*, ebenda; *ders.*, Naturrecht und Deutsches Recht, 1883, S. 26; vgl. dazu auch *Fritz Kern*, Recht und Verfassung, S. 104; *ders.*, Gottesgnadentum, S. 125.

[82] Siehe dazu *Sten Gagnér*, Studien zur Ideengeschichte der Gesetzgebung, 1960, S. 210 ff.

Schrifttum, die kirchenrechtliche und römisch-rechtliche Wissenschaft, nur noch die unwandelbaren Normen des Naturrechts vor, außer und über den Staat. Nicht mehr jedes unwesentliche überkommene Recht, sondern nur noch das grundlegende Gefüge des natürlichen Rechts sollte der Disposition des Staates entzogen sein[83].

Damit eröffnete sich die grundsätzliche Möglichkeit einer bewußten und zweckmäßigen Änderung eines vom menschlichen Gesetzgeber geschaffenen Rechts. Auf dieser Grundlage konnte Thomas von Aquin aussprechen, die Gerechtigkeit eines menschlichen Gesetzes sei von dem Gemeinwohl abhängig und damit veränderlich, Gesetzesänderungen seien eine notwendige Folge der sich wandelnden Lebensverhältnisse der Menschen[84].

Das positive Recht, das ius civile, erklärte man (wie Gierke einprägsam formuliert hat) „für das frei geschaffene Produkt, das nach Zweckmäßigkeitserwägungen abänderliche Mittel und das unselbständige Machtgebiet menschlicher Verbandsgewalt“[85]. Indem man das positive Recht dem Herrscher als frei verfügbares Mittel für die Zwecke des öffentlichen Wohls preisgab[86], war auch die rechtliche Begründung für den Eingriff in überkommene Rechtspositionen unter außergewöhnlichen Umständen gefunden[87]. Der König erhielt die Befugnis, in jedem konkreten Fall durch seinen der besonderen Lage angepaßten Ausspruch das bisherige — von ihm oder seinen Vorgängern geschaffene — Gesetz zu modifizieren und auch zu durchbrechen[88]. In diesem Sinn fand auch der dem römischen Recht entnommene Satz vom „princeps legibus solutus“ in philosophischen und theologischen Schriften vielfältigen Widerhall[89].

Die Unterwerfung der Normen des positiven Rechts unter die Verfügungsmacht des Herrschers ließ subjektive Rechte nun als Ausfluß

---

[83] Vgl. *von Gierke*, Althusius, S. 272 f.; *Fritz Kern*, Recht und Verfassung, S. 104; *ders.*, Gottesgnadentum, S. 125.

[84] Siehe *Gagnér*, S. 275 ff. — Zum Verhältnis zwischen Gesetzgebung und Gemeinwohl bei Thomas vgl. auch *Odenheimer*, S. 45; *Steinbüchel*, S. 109; *Peter Leisching*, Der Begriff des bonum commune bei Thomas, in: ZÖR NF. Bd. 11 (1961), S. 15 ff., 25. — Zur „lex humana“ als Ausfaltung des Naturgesetzes und zum System der conclusiones, determinationes und additiones etwa *Matz*, S. 132 ff. Hingewiesen sei insbesondere auf die „additiones“, „die dem aus dem Naturgesetz Folgenden hinzugefügt werden können zum allgemeinen Nutzen für das menschliche Leben“.

[85] *von Gierke*, Althusius, S. 266; *ders.*, Genossenschaftsrecht, Bd. 3, S. 613; vgl. dort die Nachweise in Fußnote 263.

[86] *von Gierke*, Naturrecht, S. 26.

[87] *Boldt*, S. 345.

[88] *von Gierke*, Althusius, S. 266; *ders.*, Genossenschaftsrecht, Bd. 3, S. 614 (je mit Nachweisen); *Ebel*, S. 43 f.

[89] *von Gierke*, ebenda; *Ebel*, S. 44; *Wilfert*, S. 21.

staatlicher Verleihung erscheinen. Es entstand eine Reihe gelehrter Abhandlungen über die Frage, kraft welchen Rechts der Herrscher zur Abänderung oder Abschaffung von Privilegien befugt sein sollte[90].

Die dazu von den Glossatoren aufgestellten Thesen fanden Eingang unter anderem auch in die Schrift: „De cura reipublicae et sorte principantis“, verfaßt in der Zeit zwischen 1355 - 1358 und 1375 von Philipp von Leyden, einem Geistlichen im Dienste des Grafen von Holland[91].

Die Abhandlung, eine „Mischung von Fürstenspiegel und Staatsrechtslehre“[92] ist von einem für die Zeit ungewöhnlichen Staatsbewußtsein getragen. Sie ist durchdrungen von der Idee der „utilitas publica“, welche dem Regenten bei allen staatsbezogenen Handlungen Richtschnur sein soll. Als Regierungsprinzip aufgestellt, ist der Begriff der „utilitas publica“ hier bereits so vielschichtig, daß er sich in die Sprache späterer Jahrhunderte wohl durchaus als „Staatsraison“ wie auch als „gemeines Bestes“ übertragen ließe. Allerdings heißt es bei Philipp noch: „Per malum ... medium non est ad bonum devenire finem[93].“ Das ethisch-religiöse Weltbild ist noch ungebrochen. Anders die Vorstellung von Herrscher und Recht: Philipp bekennt sich klar zu dem Grundsatz, der Herrscher dürfe und müsse die einer Stadt oder einer Person gewährten Privilegien dann widerrufen, wenn sie sich als der „publica utilitas“ abträglich erwiesen[94]. Auch alte Gewohnheiten sollen, falls sie dem Nutzen des Staates zuwider laufen, abgeschafft werden. Erfordernisse des Gemeinwohls rechtfertigten es, daß der Herrscher seinen Untertanen außergewöhnliche Leistungen auferlegen und sogar Eigentumseingriffe vornehmen dürfe[95]. „Item permittitur iniustum, ut maior evitetur iniustitia[96].“

III. Die langsame Erweiterung des staatlichen Wirkungskreises in den Territorialbildungen des ausgehenden Mittelalters

Es wurde bereits angemerkt, daß der in der Frührezeption sich anbahnende Wandel des Staatsdenkens auf weite Strecken ein Wandel des gelehrten Staats*denkens* blieb. Tatsächlich klafften Theorie und Praxis in wesentlichen Bereichen auseinander[97].

---

[90] *von Gierke*, Althusius, S. 268 f.; *ders.*, Genossenschaftsrecht, Bd. 3, S. 616 f.; *Layer*, S. 122 ff.

[91] *Philippus* de Leyden, De cura reipublicae et sorte principantis, hrsg. mit einer Einleitung von R. Fruin, von P. C. Molhuysen, 1915; dazu *Wilfert*, S. 1 ff.; *Berges*, S. 249 ff.; Hinweise auch bei *von Below*, Anfänge des modernen Staats, S. 189 f.; *Meinecke*, S. 32; *Diehl*, S. 307.

[92] So *Wilfert*, S. 6; für die folgenden Ausführungen vgl. *Wilfert*, S. 10 ff.

[93] *Philippus* de Leyden, S. 231 (Cas. LIV, 2).

[94] *Philippus* de Leyden, S. 208 f. (Cas. XLIX, 3 ff.), S. 166 f. (Cas. XLI, 1 ff.).

[95] *Philippus* de Leyden, S. 55 (Cas. X, 2), S. 223 (Cas. LI, 22).

[96] *Philippus* de Leyden, S. 223 (Cas. LI, 23).

In der Wirklichkeit der Reichsgesetzgebung haben die neuen Lehren nie recht Fuß fassen können. Zwar nahm der Kaiser seit dem roncalischen Reichstag unter Berufung auf die Stellung der römischen Imperatoren ausdrücklich für sich in Anspruch, daß sein Wille Gesetz sei, doch gelang es ihm kaum, eine Gebotsgewalt gegenüber den Reichsständen durchzusetzen[98]. Die in der Verfassung und in der Entwicklung der allgemeinen politischen Verhältnisse begründete Schwäche des Reiches verhinderte, daß das deutsche Kaisertum die neuen Gedanken hätte in die Tat umsetzen können[99].

Über die Wahrung eines eng und traditional aufgefaßten, fast noch im alten Sinne mit Recht und Frieden gleichbedeutenden Gemeinwohls ist das Reich im späteren Mittelalter nicht hinausgewachsen. Es übernahm keine neuen, zeitbedingten Aufgaben; einen eigenen Verwaltungsapparat hat es nicht aufgebaut[100].

1. Die emporkommenden Territorialherren haben das Königtum vom Volke abgetrennt, die Reichsuntertanen mediatisiert und letzten Endes ihre eigenen Vorstellungen über das „bonum commune" in die Tat umgesetzt[101].

Doch nahm diese Entwicklung Jahrhunderte in Anspruch. Grundherrschaft und Grafengewalt, Regalien und Vogteirechte zusammenzufügen zu echter Herrschaft, war nicht das Werk einer Generation[102]. Es dauerte noch lange Zeit, bis der „dominus terrae" die aus dem wiederbelebten römischen Recht abgeleiteten Prinzipien der Landesobrigkeit unangefochten auf sich sollte beziehen dürfen[103].

Immerhin weist Ebel[104] darauf hin, daß „Versuche tatkräftiger und machtfreudiger Fürsten" in dieser Richtung schon frühzeitig eingesetzt haben müssen. „Nicht ohne Anlaß dürfte nämlich ein Reichsweistum von 1231 sein, wonach diese Fürsten Satzungen oder neues Recht (constitutiones vel nova iura) nur mit vorher eingeholtem ‚consensus meliorum et maiorum terrae' machen dürfen[105], mit der Zustimmung

---

[97] Vgl. etwa *Wilfert,* S. 5; *Ebel,* S. 43 f.; *Hans Maier,* Ältere Staats- und Verwaltungslehre, S. 81.

[98] Vgl. *Ebel,* S. 44 f.; *Hans Maier,* Ältere Staats- und Verwaltungslehre, S. 72, 80; *Layer,* S. 125.

[99] Vgl. *Ernst Forsthoff,* Deutsche Verfassungsgeschichte der Neuzeit, 4. Auflage 1972, S. 10 f.; *Hartung,* Verfassungsgeschichte, S. 8.

[100] Vgl. etwa *Ebel,* S. 45; *Heinrich Mitteis,* Der Staat des hohen Mittelalters, 8. Auflage 1968, S. 22.

[101] Vgl. *Mitteis,* Staat des hohen Mittelalters, S. 22.

[102] Vgl. statt vieler die Schilderung bei *Werner Näf,* Die Epochen der neueren Geschichte, Bd. 1, 2. Auflage 1959, S. 77 ff.

[103] *Ebel,* S. 57.

[104] S. 51.

[105] Abgedruckt bei *Karl Zeumer,* Quellensammlung zur Geschichte der

eben jener Herren also, die sich (wie die Fürsten als ‚das Reich') als ‚das Land' betrachteten ..."

Den Bemühungen derartiger Landesherren gelang es hier und da tatsächlich schon im Verlauf des 13. Jahrhunderts, die wirtschaftlichen Kräfte ihres Landes zusammenzufassen und durch eine geordnete Verwaltung zu fördern[106]. An einer Reihe von Beispielen aus den Gebieten des Maß- und Gewichts-, Münz- und Steuerwesens läßt sich zeigen[107], daß diese frühen Versuche einheitlicher Regelung der Verwaltung und des Wirtschaftslebens zum Teil schon beachtenswerte Erfolge zeitigten. Doch überwogen im Ganzen doch die Hemmnisse und Schwierigkeiten; die rechtlich wie tatsächlich noch ganz ungesicherte Position der Landesherren vermochte sich gegen die Ungunst der Verhältnisse vorerst kaum durchzusetzen.

2. Welche Rolle die sich allerorts bildenden Landstände für diese ersten Ausformungen von Staatlichkeit in den Territorien spielten, unterliegt bis heute keiner einheitlichen Beurteilung[108]. Werner Näf[109] hat den Dualismus Fürst—Stände als grundlegendes Wesensmerkmal des modernen Staates in seiner frühesten Form angesehen. Er meint, daß ein dringendes Bedürfnis für eine zweite Staatsgewalt neben dem aufstrebenden Fürstentum bestand, weil dieses allein nicht imstande gewesen sei, all die gleichsam brachliegenden staatlichen Rechte an sich zu ziehen und die sich mehrenden und wandelnden öffentlichen Aufgaben organisatorisch genügend rasch und vollständig zu verstaatlichen. „Fürst und Stände organisierten ihren Teil der Landesverwaltung[110]." Solch positiver Schilderung des Zusammenwirkens der fürstlichen und ständischen Kräfte als zweier Hälften des Staates[111] treten Hinweise auf die Knebelung und Schwächung der Staatsgewalt durch Bindungen und Abhängigkeiten des Fürsten entgegen. In diesem Zusammenhang legt man den Finger dann auf den Eigennutz der Stände und auf ihr häufiges Versagen, wo es um positive Gemeinschaftsziele ging[112].

Deutschen Reichsverfassung in Mittelalter und Neuzeit, Teil 1, 2. Auflage 1913, Nr. 45.

106 Vgl. *H. Spangenberg*, Landesherrliche Verwaltung, Feudalismus und Ständetum in den deutschen Territorien des 13. bis 15. Jahrhunderts, in: HZ 103 (1909), S. 473 ff.; *Hartung*, Verfassungsgeschichte, S. 48.

107 Vgl. die Zusammenstellung bei *Spangenberg*, S. 490 ff.

108 Zum Stand der Diskussion vgl. etwa *Oestreich*, Verfassungsgeschichte, S. 397, 400.

109 *Näf*, Frühformen, S. 102.

110 *Näf*, Epochen, Bd. 1, S. 188.

111 Siehe dazu noch *Gerhard Oestreich*, Ständetum und Staatsbildung in Deutschland, in: Geist und Gestalt des frühmodernen Staates, 1969, S. 277 ff., 284; *F. L. Carsten*, Die deutschen Landstände und der Aufstieg der Fürsten, in: WeltaG Bd. 20 (1960), S. 16 ff., insbesondere S. 22.

112 In dieser Richtung etwa *Fritz Kern*, Recht und Verfassung, S. 92 f.;

Wahrscheinlich haben beide Betrachtungsweisen ihre Berechtigung; die Verhältnisse werden in den Territorien und vielleicht auch in einzelnen Zeitabschnitten unterschiedlich gewesen sein[113].

Auf längere Sicht blieb jedenfalls auch im Gebilde des dualistischen Territorialstaates der ausschlaggebende Faktor das Fürstentum. Es ließ den schwerfälligen Apparat der Ständevertretung immer dann hinter sich, wenn es galt, neue Aufgaben zu sehen und zu ergreifen[114].

3. Anregungen empfing die landesherrliche Initiative gewiß von der Verfassung und Verwaltung der Städte[115].

Die von gewohnten, ländlichen Gegebenheiten abstechenden neuen Formen des Zusammenlebens auf engstem Raum hatten binnen kurzem Probleme gezeitigt, für die sich in Überlieferung und Herkommen keine Lösung fand. Die Fiktion des ewigen, unwandelbaren Rechts, das man nur zu finden brauche, zerbröckelte, wo man spezielle, vorher so noch nicht erfahrene Erfordernisse des täglichen Miteinanderlebens und -handelns zu bedenken hatte. Wirtschaftliche, soziale und politische Veränderungen erforderten neues Recht. Also schuf man neues Recht, anfänglich in Form der gewillkürten Satzung, bald mit Mandats- und Gebotscharakter[116]. Dieses neue Recht mußte notwendigerweise aufbauen auf aktuellen Planungserfordernissen und Nützlichkeitserwägungen. Zuallererst in den Städten drängte die Entwicklung fort von der Frage: „Wie regelt das Recht die Lage?“ zu: „Wie regeln wir die Lage am zweckmäßigsten?“.

So ist das ganze Spektrum der öffentlichen Aufgaben, die uns in diesem Zusammenhang als Merkmale des frühmodernen Staates interessieren, zuerst von den Städten in Angriff genommen worden[117].

Hartung, Verfassungsgeschichte, S. 55; *ders.,* Herrschaftsverträge und ständischer Dualismus in deutschen Territorien, in: Staatsbildende Kräfte der Neuzeit, 1961, S. 62 ff., 65; *Zimmermann,* S. 101 f.; *Friedrich von Bezold,* Staat und Gesellschaft des Reformationszeitalters, in: Staat und Gesellschaft der neueren Zeit (Hrsg. Bezold / Gothein / Koser), 1908, S. 1 ff., 63.

[113] So z. B. *Georg von Below,* System und Bedeutung der landständischen Verfassung, in: Territorium und Stadt, 2. Auflage 1923, S. 53 ff., 64; *Hartung,* Herrschaftsverträge, S. 65.

[114] Für die weitere Entwicklung betont das z. B. auch *Näf,* Epochen, Bd. 1, S. 410, 418; vgl. auch *Stolz,* S. 109; *Oestreich,* Verfassungsgeschichte, S. 397; *Heinrich Otto Meisner,* Staats- und Regierungsformen in Deutschland seit dem 16. Jahrhundert, in: Die Entstehung des modernen souveränen Staates (Hrsg. Hanns Hubert Hofmann), 1967, S. 321 ff., 324.

[115] Vgl. zum folgenden vor allem *Georg von Below,* Die städtische Verwaltung des Mittelalters als Vorbild der späteren Territorialverwaltung, in: HZ 75 (1895), S. 396 ff.

[116] Siehe *Ebel,* S. 53 f.

[117] Vgl. dazu noch *von Below,* Anfänge des modernen Staats, S. 187; *ders.,* Die Neuorganisation der Verwaltung in den deutschen Territorien des 16. Jahrhunderts, in: Territorium und Stadt, 2. Auflage 1923, S. 194 ff., 199; *Erich*

Das Vorbild der Städte tritt uns auch entgegen, wenn wir die schon erwähnte[118] staatstheoretische Schrift des Philipp von Leyden, „De cura reipublicae et sorte principantis" als Zeugnis für obrigkeitliche Betätigungen in einem Territorium des 14. Jahrhunderts heranziehen. Das Werk gewährt Einblick in die Verhältnisse eines Territoriums, wie sie teils waren, teils nach der Vorstellung eines Theoretikers und dem Wunsch des Landesherren sein sollten. Man hat dabei nicht den Eindruck, daß Philipp mit dem, was er im einzelnen als Postulat formuliert, weit über die bestehenden tatsächlichen und rechtlichen Verhältnisse seiner Zeit und Umgebung hinausgegangen wäre[119].

Aus der Sicht Philipps bringt der auf das körperliche wie geistige Wohl der Untertanen bezogene Staatszweck eine ganze Reihe öffentlicher Aufgaben mit sich[120]. Da liest man von der Vorsorge des Staates für den Gesundheitszustand seiner Bürger und die Reinerhaltung der Gewässer[121], von Armen- und Krankenpflege auf Kosten des Staates[122]. Auch von einer Überwachung der baulichen Gestaltung ist die Rede, „decus urbium" erscheint als schützenswertes Gut[123]. An zahlreichen Stellen schlägt sich Philipps hohe Meinung vom Wert einer guten Ausbildung nieder, die Sorge für eine hinreichende Besoldung der Magistri Scholarum legt er dem Staat auf[124]. Zur Gewährleistung der öffentlichen Sicherheit fordert Philipp eine ganze Reihe von Maßnahmen, deren Charakter ohne weiteres als „polizeilich" zu kennzeichnen ist: Verbot der Waffeneinfuhr, Verbot nächtlichen Herumstreifens, Vorschriften zum Feuerschutz und ähnliches mehr[125].

Die angeführten Vorschläge haben allesamt ihren Ursprung in städtischen Lebensformen und beziehen sich zumeist auch ausdrücklich auf sie. Letzteres hat seinen Grund allerdings kaum in irgendwelchen dogmatischen Erwägungen, sondern eher in der Lebenswirklichkeit, wie sie sich Philipp darbot: Nur für eine größere Zahl zusammenwohnender Menschen schienen die in Frage kommenden Maßnahmen vorerst erforderlich und lohnend. Wichtig ist, daß diese — ja nur vorläufig

---

Kaufmann, Studien zur Staatslehre des monarchischen Prinzipes, in: Autorität und Freiheit, 1960, S. 1 ff., 18 f.; *Näf*, Frühformen, S. 110 f.; *Spangenberg*, S. 504 ff.; *Merk*, S. 53; *Hans Maier*, Ältere Staats- und Verwaltungslehre, S. 85 f., 101 f.; *Scheyhing*, S. 19; *Krüger*, Staatslehre, S. 19.

118 Siehe oben Abschnitt A II 2, Literaturnachweise in Fußnote 91.

119 Vgl. dazu *Wilfert*, S. 6; *von Below*, Anfänge des modernen Staats, S. 189 f.

120 Vgl. zum folgenden *Wilfert*, S. 26 f.

121 *Philippus* de Leyden, S. 293 (Cas. LXXI, 5 ff.), S. 119 (Cas. XXXII, 7).

122 *Philippus* de Leyden, S. 62 (Cas. XIII, 5).

123 *Philippus* de Leyden, S. 291 (Cas. LXX, 31), S. 319 (Cas. LXXVI, 4).

124 *Philippus* de Leyden, S. 40 (Cas. VI, 20 ff.).

125 *Philippus* de Leyden, S. 294 (Cas. LXXI, 10).

auf die Städte beschränkten — Maßnahmen dem Wirkungskreis des territorialstaatlichen Gefüges nicht mehr fremd waren und daß Philipp sie ohne Bedenken dem Betätigungsfeld des Staates zurechnete. Der Vorgang ist symptomatisch: Ein Theoretiker hat wahrgenommen, wie in einer speziellen Ausprägung des Gemeinschaftslebens der Fürsorge des Staates neue Aufgaben erwachsen sind, und er baut diese Erscheinung mit Selbstverständlichkeit in den Zusammenhang seiner staatstheoretischen Äußerungen ein.

Philipps diesbezügliche Gedanken sind nicht mehr (aber eben auch nicht weniger) als „tastende Ahnungen von Neuland für den Staat“[126]. Sie finden sich verstreut über das ganze Werk, hier und dort eingeflochten in juristische Fragestellungen; ein durchdachtes System wird noch nicht erkennbar[127]. Keineswegs könnte man von einem „Katalog“ von Vorschlägen und Ratschlägen für hoheitlich lenkende Maßnahmen sprechen, so wie er uns in Werken des 16. und 17. Jahrhunderts entgegentreten wird. Aber diese Andeutungen und Ansätze sind doch unübersehbare Zeugnisse für die ersten vorsichtigen Schritte eines von der Praxis befruchteten Staatsdenkens auf einem Gebiet, das Jahrhunderte später überragende Bedeutung erlangen soll.

Hinter dem Werk Philipps steht eine Staatsauffassung, die sich vom „Mittelalter“ abwendet. — Dieser Eindruck vertieft sich, wenn wir den Titel betrachten, den der gleiche Autor einer späteren, stärker darstellenden Zusammenfassung seines Hauptwerks gab: „Tractatus de formis et semitis[128] reipublicae utilius et facilius gubernandae[129].“ In diesen Worten schwingt schon etwas mit von „Regentenkunst“, von „Politik“, von Organisation und Planung, von rationeller Verwaltung, von Zweckmäßigkeit! Dieser Titel erscheint als Ausdruck einer veränderten Auffassung von Aufgabe und Amt des Regenten, Ausdruck einer gewandelten Vorstellung vom Staat — der Zukunft des „modernen Staates“ verbunden.

IV. Die Herausforderungen an staatlichen Gestaltungswillen im 16. und 17. Jahrhundert

Es müssen „geschichtliche Umstände gewesen sein, mit denen sich auseinandersetzend der Staat entstanden ist und besteht“, stellt Herbert

---

[126] *Wilfert*, S. 27.

[127] Das liegt allerdings zum Teil auch an der Form dieser Schrift. Philipp stellt 85 Rechtsfälle auf, die er nach dem Schulschema diskutiert und mit Lesefrüchten aus dem römischen Recht, vielen antiken Zitaten und mit aus seiner eigenen Zeit und Umgebung geschöpften Beispielen durchsetzt. Vgl. dazu auch *Wilfert*, S. 8.

[128] Lateinisch semita, ae, f. = Seitenweg, Pfad.

[129] In: *Philippus* de Leyden, De cura reipublicae et sorte principantis, hrsg. mit einer Einleitung von R. Fruin, von P. C. Molhuysen, 1915, S. 439 ff.

Krüger in seiner „Allgemeinen Staatslehre“ fest und fordert eine Beschäftigung mit den „äußeren Vorgegebenheiten der Staatsbildung“[130].

Diese Vorgegebenheiten sollen im folgenden kurz aufgezeigt werden. Es könnte aufschlußreich sein, sich an die Umstände zu erinnern, die im Verlauf des 16. und 17. Jahrhunderts dem frühmodernen Staat in Gestalt der Territorialstaaten schließlich zum endgültigen Durchbruch verhalfen.

1. Als Faktor, der mit anderen an der Entstehung des modernen Staates mitgewirkt hat, kann man mit Herbert Krüger die Bevölkerungszahl nennen[131].

Man schätzt, daß Deutschland um das Jahr 1500 ca. 15 Millionen Einwohner hatte, das waren vier- bis fünfmal so viel wie im Jahre 1000. Es wäre allerdings irrig, anzunehmen, daß die Bevölkerungszahl seit der Jahrtausendwende kontinuierlich angestiegen wäre und daß im 16. Jahrhundert eine gleichmäßige Entwicklung ihren Kulminationspunkt erreicht hätte[132]. Der Vorgang war vielschichtiger: Die Hälfte der Bevölkerung war in den im Verlauf von vier bis fünf Jahrzehnten immer wieder erneut hereinbrechenden Pestkatastrophen der zweiten Hälfte des 14. Jahrhunderts ums Leben gekommen[133]. Davon ausgehend stellten sich für das Volk in den deutschen Ländern soziale Bewegungen und wirtschaftliche Wandlungen, ein „Auf und Ab der Entwicklung“[134] in vorher unbekanntem Ausmaß ein.

Folge des „Schwarzen Todes“ war ein tiefer Einbruch im sozialen Gefüge. Wie wirtschaftsgeschichtliche Forschungen ergeben haben, wurde die ganze weitere Entwicklung von dem Umstand beeinflußt, daß die Seuchen zwar Menschenleben vernichtet, Sachwerte aber unangetastet gelassen hatten. Halb soviel Menschen wie ehedem standen einer gleichgebliebenen Anzahl von Vermögensgütern und Produktionsmitteln gegenüber. Diese Situation begünstigte Vermögensansammlungen und wies der Tatkraft des einzelnen neue Möglichkeiten. Handel und Gewerbe erlebten einen starken Aufschwung; die Verknappung der Arbeitskräfte bewirkte einen Anstieg der Löhne. Die Dezimierung der Bevölkerung führte andererseits zu einem Absinken der Getreidepreise, was die bis dahin blühende Landwirtschaft in eine Krise stürzte;

---

130 *Krüger*, Staatslehre, S. 15.

131 *Krüger*, Staatslehre, S. 17.

132 Dieser Eindruck könnte eventuell durch die Darstellung bei *Krüger*, Staatslehre, S. 17, entstehen.

133 Dazu und zum folgenden vgl. *Lütge*, Sozial- und Wirtschaftsgeschichte, S. 200 ff. mit Nachweisen; *ders.*, Das 14. und 15. Jahrhundert in der Sozial- und Wirtschaftsgeschichte, in: Studien zur Sozial- und Wirtschaftsgeschichte, 1963, S. 281 ff.; *Kimminich*, S. 18 f.

134 *Lütge*, Das 14. und 15. Jahrhundert, S. 335.

bekanntlich waren Landflucht, Wüstungen und Verödungen weiter Gebiete die Folge.

Zu Beginn des 16. Jahrhunderts setzte dann eine gegenläufige Bewegung ein: Die Bevölkerung hatte, insbesondere in den Städten, so zugenommen, daß sich die Preisschere wieder zugunsten der Einkommen von Bauern und Grundrentenempfängern schloß[135]. Die Preise für agrarische Produkte stiegen. Dagegen war die in die Städte eingeströmte Masse derer, die Beschäftigung im Gewerbe suchten, vielerorts größer als die, die bei Aufrechterhaltung der alten Formen der Handwerkswirtschaft ihr Unterkommen fanden[136]. Es begann sich eine Schicht von lohnempfangenden Gewerbetreibenden im Abhängigkeitsverhältnis zu bilden, aber auch Arbeitslosigkeit und eine Welle von Glücksrittertum und Vagabundenunwesen waren zu verzeichnen[137]. Neben dieser unterbürgerlichen Schicht bildete sich in dem Maße, in dem nach Erschöpfung der Rodungsmöglichkeiten das verfügbare Ackerland verknappte, auch eine unterbäuerliche Schicht von Tagelöhnern[138].

Alles in allem begann die Bevölkerung über die in den überkommenen Wirtschaftsformen und -techniken gegebenen Kapazitäten hinauszuwachsen.

In vielen Landstrichen war ein schnelles Ansteigen der Bevölkerungszahl zu verzeichnen, so daß man von einer „relativen Überbevölkerung" gegen Ende des 16. Jahrhunderts spricht[139]. Eine Verdichtung der Lebensverhältnisse, eine Vervielfachung der Berührungspunkte und Reibungsflächen war die Folge. Zahl und Struktur der Bevölkerung näherten sich einem Punkt, an dem die bisherigen gesellschaftlichen Bildungen und Bindungen nicht mehr der Aufgabe gerecht wurden, den Konflikten des alltäglichen Miteinander zu steuern. Das Bedürfnis nach Ordnung und Regelung in allen Lebensbereichen steigerte sich[140]. Konkrete Notlagen forderten immer häufiger eine helfende und regulierende Hand. Rückblickend läßt sich — etwa an dem Beispiel von Preis- und Lohnordnungen — nachvollziehen, wie der werdende Staat es lernte, die Mittel des wirtschaftlichen Eingreifens zu handhaben[141].

---

135 Hierzu vgl. *Lütge*, Sozial- und Wirtschaftsgeschichte, S. 317; *Wilhelm Treue*, Wirtschaft, Gesellschaft und Technik in Deutschland vom 16. bis zum 18. Jahrhundert, in: Gebhardt, Handbuch der deutschen Geschichte, Bd. 2, 9. Auflage 1970, S. 437 ff., 451.

136 *Lütge*, Sozial- und Wirtschaftsgeschichte, S. 310.

137 *Lütge*, Sozial- und Wirtschaftsgeschichte, S. 317; *ders.*, Das 14. und 15. Jahrhundert, S. 320; *Forsthoff*, Verfassungsgeschichte, S. 25 f.

138 *Friedrich Lütge*, Die wirtschaftliche Lage Deutschlands vor Ausbruch des Dreißigjährigen Krieges, in: Studien zur Sozial- und Wirtschaftsgeschichte, 1963, S. 336 ff., 338.

139 *Lütge*, ebenda.

140 Vgl. *Krüger*, Staatslehre, S. 19.

141 Siehe dazu *Lütge*, Das 14. und 15. Jahrhundert, S. 317 f.

Maßnahmen, die als Ausweg aus höchster Not gedacht waren, wiesen mit ihrem Erfolg Wege und Möglichkeiten, allgemein zu einer Produktivitätssteigerung zu gelangen.

2. Daß es trotz mancher positiver Ansätze dem Fürstenstaat des 16. Jahrhunderts nicht gelang, die Wirtschaftspolitik in den Griff zu bekommen, ist bekannt; verwiesen sei hier nur auf die inflationistischen Tendenzen („Preisrevolution")[142] und den allgemeinen Münzwirrwar[143].

Alles in allem ist es aber für die weitere Ausgestaltung hoheitlicher Handlungsprinzipien sicher von nicht geringer Bedeutung geworden, daß der neu aufkommende Fürstenstaat sich in den frühen Stadien seiner Entwicklung vor eine so große Zahl schwerwiegender wirtschaftlicher Probleme gestellt sah. Zwangsläufig mußte die Wirtschaftspolitik sehr bald im Rahmen der Staatsaufgaben besondere Bedeutung erlangen. Der metaphysisch gefaßte Endzweck allen Regierens wurde verdrängt und ersetzt durch handfeste wirtschaftspolitische Zwecke. Wenn aus der Sicht der sozial- und wirtschaftsgeschichtlichen Forschung betont wird, „daß die modernen Staaten im wesentlichen an der Bewältigung der wirtschaftlichen Aufgaben gewachsen, ja im eigentlichen Sinne dadurch zur vollen Staatlichkeit durchgedrungen sind"[144], so mag man die Formulierung für überspitzt halten. Daß sie einen eminent wichtigen Aspekt der Staatswerdung aufzeigt, ist sicher nicht zu bestreiten.

Mit den Verheerungen, die dann der Dreißigjährige Krieg in Deutschland hinterließ[145], stellten sich dem Gemeinwesen im weiteren Verlauf der Dinge erneut große Aufbau- und Ordnungsaufgaben[146]. Dieser Herausforderung konnte der inzwischen gefestigte Fürstenstaat bereits weitgehend vorbereitet und ausgebildet gegenübertreten. Es ist wohl

---

[142] Vgl. dazu näher *Lütge*, Sozial- und Wirtschaftsgeschichte, S. 314 f.; Hinweise auch bei *Forsthoff*, Verfassungsgeschichte, S. 25; *Kurt Zielenziger*, Die alten deutschen Kameralisten, 1914, S. 73.

[143] Vgl. *Zielenziger*, S. 73; *Wilhelm Roscher*, Geschichte der National-Ökonomik in Deutschland, 1874, S. 170 ff.; *Lütge*, Sozial- und Wirtschaftsgeschichte, S. 267 ff.

[144] *Lütge*, Das 14. und 15. Jahrhundert, S. 331.

[145] Vgl. dazu etwa *Kimminich*, S. 211; *Treue*, S. 498 ff.; eingehend *Lütge*, Sozial- und Wirtschaftsgeschichte, S. 332 ff.

[146] Vgl. *Lütge*, Sozial- und Wirtschaftsgeschichte, S. 338, 340: „Nur wenn man ... berücksichtigt, was für ungemein große und schwierige Aufgaben nach den Verheerungen des Dreißigjährigen Krieges gestellt waren, wird man die besonderen Züge des deutschen Merkantilismus (Kameralismus) verstehen, die sich daraus ergaben, daß es darauf ankam, Wunden zu heilen, ... Und da dies bei der damaligen politisch-sozialen und psychologischen Situation nur im Rahmen einer staatlich geführten Wirtschaft möglich war, ist es verständlich, wenn in Deutschland dieses Eingreifen des Staates in besonders intensiver Form erfolgte und man sich über die Freiheitsrechte des einzelnen leichter hinwegsetzte als in anderen Ländern."

bezeichnend, daß das Ende dieser Katastrophe, die — anders als die Pestepidemien — auch ungeheure Sachwerte zerstört hatte und die überlebende Bevölkerung in Verelendung stürzte, zugleich den Beginn der Epoche des eigentlichen Absolutismus kennzeichnet: Es scheint, daß nicht zuletzt aus der vermehrten Angewiesenheit des einzelnen auf „Hilfe von oben" dem Staat Machtfülle zugewachsen ist[147].

3. Eine kaum zu überschätzende Rolle für die Ausdehnung des staatlichen Betätigungsfeldes vom 16. Jahrhundert an spielte auch, wie immer wieder betont wird, die Reformation.

Die Kirche mit ihren Institutionen hatte im Dasein der Menschen vieles umfaßt. Sie hatte Geburt und Tod begleitet, Ehe und Erziehung geleitet; sie war Trägerin aller höheren Kulturaufgaben, sie versah soziale Funktionen wie Krankenpflege und Armenwesen[148]. Sicher hatte sie viele ihrer Aufgaben nicht immer zufriedenstellend gelöst, aber sie hatte eine Ordnung gegeben. Durch ihre Infragestellung oder Beseitigung entstand eine Lücke, entstand Verwirrung und Unsicherheit.

Eine große Chance ergab sich daraus für den werdenden Staat — selbst einzutreten in die entstandene Lücke, an Stelle der verlorengegangenen Ordnung eine neue Ordnung aufzurichten. In zweifacher Hinsicht kam das in Betracht: Erstens war eine Fülle ehemals von der Kirche besorgter Aufgaben zu Aufgaben des Staates zu machen, zweitens war der der Kirche noch verbleibende Bereich mit neuer (staatlich überwachter) Organisation zu versehen. Unter beiden Aspekten erwuchsen neue Verantwortungen wie neue Einfluß- und Eingriffsmöglichkeiten.

4. Schon diese flüchtige Übersicht hat deutlich gemacht, daß der neu entstehende Fürstenstaat mit einer Fülle von Ordnungsaufgaben konfrontiert wurde. „Die zerfallene öffentliche Ordnung stärker als zuvor wiederherzustellen, das Land in ‚Ordnung' zu bringen, war der selbstgewählte geschichtliche Auftrag der deutschen Reichsfürsten[149]." Die Zustände verlangten eine Änderung in der Betätigung der öffentlichen Gewalt: Sie verlangten Verwaltung.

Eine „Verwaltung" im Sinne eines Apparates, der kontinuierliche und rationale verwaltende Tätigkeit erst ermöglicht, war nun allerdings kaum in Ansätzen vorhanden. Darum mußte die Ausbildung einer

[147] Vgl. auch *Kimminich*, S. 242; *Hans Maier*, Ältere Staats- und Verwaltungslehre, S. 109.

[148] Vgl. hierzu und zum folgenden: *Näf*, Epochen, Bd. 1, S. 248; *Karlheinz Blaschke*, Wechselwirkungen zwischen der Reformation und dem Aufbau des Territorialstaates, in: Der Staat, 9 (1970), S. 347 ff., 354; *Conrad Bornhak*, Deutsche Verfassungsgeschichte vom Westfälischen Frieden an, 1934, S. 29 f.; *Hans Maier*, Ältere Staats- und Verwaltungslehre, S. 92.

[149] *Ebel*, S. 58 f.

arbeitsteiligen Verwaltung das Kernstück der ersten Stufe modernen Staatsaufbaus werden. Von daher kam es seit dem 16. Jahrhundert in allen deutschen Territorien (vor allem natürlich in den großen) zu einer entscheidenden Weiterentwicklung der Behördenorganisation[150].

In engem Zusammenhang damit steht die Ausformung eines besoldeten Berufsbeamtentums. Anstelle der geistlichen Schreiber und der Ritter zogen in immer steigendem Maße römisch-rechtlich geschulte Juristen in Kanzlei und Rat ein[151].

Die Einrichtung des landesherrlichen Berufsbeamtentums hat starke Auswirkungen im Gefüge der Rechtsordnung gezeitigt[152]. Die Träger der verschiedenen Machtpositionen sind nicht mehr in jenem Netzwerk von Rechten und Pflichten eingefangen, das die lehensrechtliche Struktur ausmachte; die Rechtsbeziehungen zwischen dem Landesherrn und seinen Bediensteten sind durch Verträge geregelt, die Treu- und Gehorsamspflichten ausschließlich im Verhältnis von Landesherr und Diener hervorrufen, den Untertan nicht einschließend. Der Landesherr schafft sich eine rechtlich allein von ihm abhängige Exekutive und kann so eine Macht ausüben, die allein von den etwa gegebenen Grenzen der Gehorsamspflicht abhängt, nicht aber von anderen rechtlichen Faktoren, wie etwa dem herkömmlichen Umfang der landesherrlichen Kompetenzen. Die Beamten sind an das Geflecht des überkommenen Rechts nicht persönlich gebunden, sie haben Rechte der Gewaltunterworfenen jedenfalls dann nicht zu berücksichtigen, wenn ihre Instruktion anderes gebietet. — Dabei ist weder allein noch auch vorwiegend an irgendwelche Akte des Landesherrn zu denken, die überkommenes Recht geradezu verletzen, sondern in erster Linie an den bedeutsamen Fall, daß neben dem alten Recht neue Regelungen aufgestellt werden. — Wichtig ist die Feststellung, daß die Dienstgewalt ohne weiteres Funktionen der Gesetzgebung umfaßte: Der Landesherr konnte beispielsweise eine Gerichtsordnung erlassen, an die unmittelbar nur die Richter kraft

---

[150] Vgl. dazu näher: *Gustav Schmoller*, Der deutsche Beamtenstaat vom 16. bis 18. Jahrhundert, in: Umrisse und Untersuchungen zur Verfassungs-, Verwaltungs- und Wirtschaftsgeschichte, besonders des Preußischen Staates im 17. und 18. Jahrhundert, 1898, S. 289 ff.; *von Below*, Neuorganisation der Verwaltung, S. 194 ff., insbesondere S. 201 ff.; *Zielenziger*, S. 78 f.; *Gerhard Oestreich*, Das persönliche Regiment der deutschen Fürsten am Beginn der Neuzeit, in: Geist und Gestalt des frühmodernen Staates, 1969, S. 201 ff.; *ders.*, Verfassungsgeschichte, S. 404 ff.; *Ebel*, S. 61; *Hartung*, Verfassungsgeschichte, S. 73 ff.; *Kimminich*, S. 120; *Scheyhing*, S. 58 f.; *Conrad*, Rechtsgeschichte, Bd. 1, S. 245 ff., weitere Nachweise S. 249 f., 274 ff.

[151] Vgl. *Schmoller*, S. 289 ff.; *von Below*, Neuorganisation der Verwaltung, S. 205; *Oestreich*, Verfassungsgeschichte, S. 407; *Kimminich*, S. 244 f.; *Fritz Hartung*, Berufsbeamtentum und Staat, in: Zs f Rechtsphil, 5 (1930/31), S. 89 ff.

[152] Zum folgenden siehe *Scheyhing*, S. 21 f.; auch *Hartung*, Berufsbeamtentum und Staat, S. 89 ff.

ihres Dienstverhältnisses gebunden waren, die sich aber auf die Stellung der Untertanen auswirkte, weil diese ihre Prozesse aufgrund der neuen Ordnung entschieden sahen. Ebenso konnten Gebiete des Straf- wie des Privatrechts generell oder speziell in der Form von Instruktionen an die landesherrlichen Gerichte geregelt werden[153]. Diese in der Institution des landesherrlichen Berufsbeamtentums begründete einfache Einwirkungsmöglichkeit auf den bestehenden Rechtszustand hat die Durchsetzung von neuen, nach Zweckmäßigkeitsgesichtspunkten gesetzten Regelungen entscheidend begünstigt.

Das neue Recht — hauptsächlich „Verwaltungsrecht" — wurde in wesentlichen Teilen geschaffen und geformt von Ordonnanzen und Amtsinstruktionen. Es ist verständlich, daß es dem Zeitbewußtsein vielfach gar nicht als „richtiges Recht" galt[154]. Den Formvorstellungen des hergebrachten Rechts wäre die Erfüllung der Aufgaben, die dem Landesherren zugefallen waren, auch kaum einzuordnen gewesen; die vom Landesherrn als Recht und Pflicht übernommene Verwaltung berührte Bereiche, über die ein gerichtliches Urteil, ein Weistum niemals vorher befunden hatte, Bereiche, in denen Rechts„findung" nicht vorstellbar war — einen bis dahin „rechtsfreien" Raum[155].

Mit der Verwaltung begann das Zeitalter des obrigkeitlichen Rechtsgebots. Die Gebote des Landesherrn ergingen äußerlich in den verschiedensten Gestalten, was aber für ihre Geltung keinen sachlichen Unterschied machte. Neben zahllose Einzelmandate, Reglements, Reskripte, die besondere Gegenstände betrafen, traten größere, zusammenfassende Ordnungen: Gerichts- und Kirchenordnungen, Bau-, Handwerksordnungen, Forst-, Gesinde-, Schulordnungen, Bauernordnungen; schließlich auch umfangreiche, ihren Stoff mehr oder weniger systematisch zusammenstellende Rechtsgebote: Landesordnungen[156].

Was in der Begriffswelt vom „guten, alten Recht" nicht vorstellbar war, wurde durch das Erstarken des einseitig gesetzten Rechts möglich: die Anpassung hoheitlichen Handelns an konkrete Zweckmäßigkeitserwägungen.

Der Fürstenstaat nahm sich mittels des Rechtsgebots der unterschiedlichsten Sachbereiche an. Die vielfältigen Regelungen, die in den Landesordnungen zusammengestellt sind, lassen sich aus heutiger Sicht kaum auf einen einheitlichen Nenner bringen (ebensowenig, wie man

---

153 Vgl. dazu — neben *Scheyhing* a.a.O. — noch *Kaufmann*, Verwaltung, Verwaltungsrecht, S. 83 f.; *Ebel*, S. 70.

154 Vgl. *Kaufmann*, Verwaltung, Verwaltungsrecht, S. 83; *Hans Maier*, Ältere Staats- und Verwaltungslehre, S. 111 ff.

155 *Ebel*, S. 59; *Hans Maier*, Ältere Staats- und Verwaltungslehre, S. 112.

156 Vgl. *Ebel*, S. 60, 62; *Gustaf Klemens Schmelzeisen*, Polizei- und Landesordnungen, Bd. 1, 1968, S. 30.

thematisch eine klare Trennungslinie zu den — oft gleichzeitig geregelten — im Kernbereich das Zivilrecht betreffenden Land„rechten“ ziehen kann[157]). Die „Ordnungen“ umfassen Regelungen der verschiedensten Kategorien, von staatsrechtlichen Fragen angefangen bis hin zu einer ins Detail gehenden Reglementierung des Alltags der Untertanen[158]. Insgesamt zeugen sie von einem veränderten Selbstverständnis der Obrigkeit und vom beträchtlich erweiterten Wirkungskreis des Staates.

All die Tatbestände, die durch die gewandelten politischen, ökonomischen, sozialen und religiösen Gegebenheiten in den immer stärker wachsenden großen Lebenskreisen aufgetreten sind und für die sich in der Selbstordnung der Ständegesellschaft, im Herkommen, im gewachsenen Recht keine Lösung fand, wurden seit dem Ausgang des 15. Jahrhunderts unter dem Begriff „policey“ zusammengefaßt[159]. Damit meinte man: die gute öffentliche Ordnung des Gemeinwesens, welche nicht bei Ruhe, Sicherheit und Hygiene aufhörte, sondern das moralische und religiöse wie auch das wirtschaftliche Leben in weitestem Sinn mit einbezog; „policey“ — das waren, auf einen Nenner gebracht, jene Erfordernisse des öffentlichen Wohls, die man unter den Begriffen Friede und Recht nicht mehr oder doch nur unzulänglich erfassen konnte[160].

---

[157] *Gustaf Klemens Schmelzeisen*, Polizeiordnungen und Privatrecht, 1955, S. 10; *Wieacker*, S. 189 ff., 201 f., *Hans Maier*, Ältere Staats- und Verwaltungslehre, S. 98 f.

[158] Vgl. *Hans Maier*, Ältere Staats- und Verwaltungslehre, S. 104 ff.

[159] Vgl. *Oestreich*, Verfassungsgeschichte, S. 397 f.; *Hans Maier*, Ältere Staats- und Verwaltungslehre, S. 104. Zur Entstehung und Geschichte des Wortes „policey“ und seinen Bedeutungsgehalten vgl. *J. Segall*, Geschichte und Strafrecht der Reichspolizeiordnungen von 1530, 1548 und 1577, 1914, S. 12, 19 ff.; *Karolina Zobel*, Polizei, Geschichte und Bedeutungswandel des Wortes und seine Zusammensetzung, 1952, Teil 1, S. 7 ff.; *Hans Maier*, Ältere Staats- und Verwaltungslehre, S. 116 ff.

[160] Vgl. *Segall*, S. 31; *Hans Maier*, Ältere Staats- und Verwaltungslehre, S. 121.

B. Die Theorie der „guten Policey" in den Regimentstraktaten des 16. und 17. Jahrhunderts

Es besteht kein Anlaß, anzunehmen, daß die Vervielfältigung der Staatsaufgaben zu Beginn der Neuzeit nicht auf irgendeine Weise Niederschlag in zeitgenössischen theoretischen Schriften gefunden hätte. „Das, was in der Praxis der politischen Arbeit durchgeführt wird, deutet oft vorher die Literatur an[1]." So liegt durchaus die Vermutung nahe, daß Juristen, Philosophen und Theologen, die in den deutschen Fürstentümern des 16. und 17. Jahrhunderts ihre Gedanken über Staat und Herrschaft zu Papier brachten, es als ihre Aufgabe angesehen haben könnten, sich mit der veränderten Umwelt und der Ausdehnung des staatlichen Betätigungsfeldes mehr oder weniger kritisch auseinanderzusetzen.

Man sollte meinen, die Forschung, die sich mit den Anfängen des „modernen Staates" befaßt, habe schon früh nach dem Vorhandensein derartiger Schriften gefragt: Erscheint es doch nicht uninteressant, Kenntnis davon zu haben, ob und in welcher Gestalt es eine Theorie gegeben haben mag, die Organisation und Verwaltung des Territorialstaates begleitete. Indes haben die in Frage kommenden Schriften aus den deutschen Fürstentümern des 16. und 17. Jahrhunderts bei der rechts- und verfassungsgeschichtlichen Forschung lange Zeit hindurch kaum Interesse hervorgerufen. Diese Nichtbeachtung hängt mit der Tatsache zusammen, daß die gesamte Materie der fürstenstaatlichen Verwaltungsgesetzgebung und der Polizeiordnungen überhaupt erst in jüngerer Zeit stärker ins Blickfeld der Rechtsgeschichte gerückt ist[2].

Hinweise auf ein Schrifttum, das sich im weitesten Sinne als „Verwaltungs(rechts)lehre" des 16. und 17. Jahrhunderts bezeichnen ließe, finden sich daher in der heutigen rechtswissenschaftlichen Literatur nur spärlich[3]. Die — selbst schon an die 100 Jahre alte — Arbeit von Marchet „Studien über die Entwickelung der Verwaltungslehre in Deutschland"[4] setzt erst mit Veit Ludwig von Seckendorffs „Teutschem

---

[1] *von Below,* Anfänge des modernen Staats, S. 189.

[2] Vgl. dazu etwa *Hans Maier,* Ältere Staats- und Verwaltungslehre, S. 96 ff.

[3] Einen Überblick über die neuere Literatur gibt *Horst Dreitzel,* Das deutsche Staatsdenken in der frühen Neuzeit, in: NPL 1971, S. 17 ff., S. 256 ff., S. 407 ff.

[4] *Gustav Marchet,* Studien über die Entwickelung der Verwaltungslehre in

Fürstenstaat“ aus dem Jahre 1656 ein. Andere rechtsgeschichtliche Untersuchungen nennen höchstens ganz vereinzelt einmal einen einschlägigen Titel aus der Zeit vor 1700. — Dagegen liegt eine Zusammenfassung vieler interessanter Werke aus soziologischer Sicht schon lange vor: Die 1937 erschienene „Geschichte der deutschen Gruppwissenschaft“ von Hans L. Stoltenberg enthält eine Vielzahl von Hinweisen, die für die Rechtsgeschichte bisher nur zu einem kleinen Teil ausgewertet sind[5].

Erst 1965 erschien eine Arbeit, die die Literatur der „guten Policey“ aus dem 16. und 17. Jahrhundert in einem ausführlichen Überblick würdigte: das hier schon mehrfach erwähnte Buch von Hans Maier, „Die ältere deutsche Staats- und Verwaltungslehre (Polizeiwissenschaft)“. Bei seinen Untersuchungen über die bislang für die Forschung weitgehend „terra incognita“ gebliebene deutsche Polizeiwissenschaft war Hans Maier auch auf deren „lange, größtenteils noch unerschlossene Vorgeschichte“[6] gestoßen. Dementsprechend behandelt er in einem „Überblick über die vorakademische (vor-universitäre) Polizeiwissenschaft“[7] sechs der wichtigsten und aufschlußreichsten Zeugnisse früher Polizeiliteratur[8], wobei seine besondere Aufmerksamkeit dem Verhältnis dieser Schriften zu der in den Polizeiordnungen hervortretenden obrigkeitlichen Polizeigesetzgebung gilt[9].

Das Ergebnis seiner diesbezüglichen Untersuchungen ist aufschlußreich: „Geht man der Entwicklung dieser Literatur nach, so entdeckt man ein enges Wechselspiel zwischen ihr und der in Geboten, Edikten und Ordnungen niedergelegten Polizeigesetzgebung. Die ältere Polizeiliteratur wie auch die spätere Polizeiwissenschaft des 18. Jahrhunderts erweisen sich als ein teils mit- und nachfolgender Kommentar der durch fürstliches ‚Rechtsgebot‘ (Ebel) geschaffenen ‚guten Ordnung und Polizei‘ des Territorialstaats, teils als vorauseilender Entwurf einer solchen Ordnung, der dann dem fürstlichen Gesetzgeber als Programm vorgelegt und zur Realisierung anempfohlen wird[10].“

Damit ist nun nicht mehr und nicht weniger festgestellt, als daß sich die gesetzgebenden und verwaltenden Aktivitäten der deutschen Für-

Deutschland von der zweiten Hälfte des 17. bis zum Ende des 18. Jahrhunderts, 1885.

[5] *Hans L. Stoltenberg,* Geschichte der deutschen Gruppwissenschaft (Soziologie) mit besonderer Beachtung ihres Wortschatzes, Bd. 1, 1937. — Auch die umfangreiche Bibliographie der Kameralwissenschaften von *Magdalene Humpert,* 1937, enthält eine Reihe hier interessierender Titel.

[6] *Hans Maier,* Ältere Staats- und Verwaltungslehre, S. 38.

[7] *Hans Maier,* Ältere Staats- und Verwaltungslehre, S. 131.

[8] Oldendorp, Osse, Friedtlieb, Obrecht, Reinkingk, Seckendorff: *Hans Maier,* Ältere Staats- und Verwaltungslehre, S. 130 ff.

[9] Siehe *Hans Maier,* Ältere Staats- und Verwaltungslehre, S. 131.

[10] *Hans Maier,* Ältere Staats- und Verwaltungslehre, S. 38.

stentümer im 16. und 17. wie im 18. Jahrhundert in einer konkret auf sie Bezug nehmenden Staatstheorie widerspiegeln.

Im folgenden soll darum versucht werden, in der sich in den Territorien des 16. und 17. Jahrhunderts entfaltenden Theorie den Vorgang nachzuverfolgen, der mit bestimmend war für die Entwicklung des frühmodernen Staates: die Ausdehnung der Staatstätigkeit unter dem Aspekt der Zweckmäßigkeit.

I. Die Ausrichtung auf die praktische politische Ordnung des Gemeinwesens

Für die hier beabsichtigte Untersuchung ist kein Grund gegeben, die Auswahl der Quellen — wie Hans Maier[11] — auf „Polizeitraktate im engeren Sinne" zu beschränken. Vielmehr kann für das 16. und 17. Jahrhundert durchaus auf ein breiteres, zum Teil wenig bekanntes Quellenmaterial zurückgegriffen werden[12].

Dabei soll allerdings die Blickrichtung auf die Lehre von der „guten Policey" im wesentlichen beibehalten bleiben; das heißt, es geht um die grundsätzlich pragmatische Regierungs- und Verwaltungslehre, die der praktischen Ordnung des Fürstenstaates eng verbunden war.

Daneben kann die — stärker aus gelehrter Reflexion erwachsene — Staatswissenschaft, die den Staat abstrakt betrachtete und deren Themen Machtbildung und politische Ethik waren, nur ergänzend Berücksichtigung finden. — Auch dieser Bereich der frühneuzeitlichen Staatsliteratur ist für Deutschland bisher wenig erforscht. Darauf ist erneut hingewiesen worden von Ernst-Albert Seils in seiner Untersuchung über die seinerzeit einflußreiche Staatslehre des Jesuiten Adam Contzen[13]. Die Untersuchung, die an die Arbeiten Gerhard Oestreichs über Lipsius[14] anschließt, befaßt sich mit der in den ersten 30 Jahren des 17. Jahrhunderts in Deutschland aufgeblühten Gattung der alle Probleme der Staats- und Gesellschaftsordnung umfassenden, wissenschaftlichen Sammelwerke, die sich mit Vorliebe als „Politik" bezeichneten[15].

---

[11] Siehe *Hans Maier*, Ältere Staats- und Verwaltungslehre, S. 131.

[12] Es wurde aber darauf verzichtet, die einzelnen Schriften und ihre Verfasser gesondert vorzuführen. Als Überblick über die ausgewerteten Quellen kann das Literaturverzeichnis dienen. Hinweise auf Sekundärliteratur sowie auf Arbeiten, die Leben und Werk einzelner Verfasser darstellen, werden, soweit sie hier interessieren, bei der ersten Nennung der jeweiligen Quelle angegeben.

[13] *Ernst-Albert Seils*, Die Staatslehre des Jesuiten Adam Contzen, Beichtvater Kurfürst Maximilians I von Bayern, 1968.

[14] Jetzt zusammengefaßt im ersten Teil von „Geist und Gestalt des frühmodernen Staates", vgl. dort insbesondere: Justus Lipsius als Theoretiker des neuzeitlichen Machtstaates, S. 35 ff.

[15] Siehe *Seils*, insbesondere S. 30 ff.

Seils macht deutlich, daß — an Bodin und Lipsius anknüpfend — diese Werke stark von der aristotelischen Grundkonzeption abhingen[16], darüber hinaus aber den Bereich ihrer Betrachtung nach vielen Seiten hin ausweiteten. „Hinter der Betrachtung des Staates als Teil der von Gott geschaffenen natürlichen und sittlichen Weltordnung wird im Gegensatz zur mittelalterlichen Staatslehre und über das antike Vorbild hinaus Politik aus induktiver Erforschung der gesellschaftlichen Wirklichkeit gelehrt[17].“ Von daher versteht es sich, daß auch in den lateinischen „Politica“ der Gelehrten wie Althusius, Arnisäus, Keckermann, Schönborner, Besold, Contzen und Werdenhagen die Fragen der möglichst idealen Einrichtung eines Staates in seiner konkreten historischen Situation und damit Fragen der praktischen Regierung und Verwaltung behandelt wurden. Besonders aus Seils' eingehender Beschreibung der Werke Contzens wird klar, daß sich die dort angesprochenen Themen vielfältig mit jenen berühren, die in der praktischen Regierungs- und Verwaltungslehre von Oldendorp bis Seckendorff Behandlung fanden. — Leider sind die Beziehungen zwischen den Abhandlungen, die sich vorwiegend auf die Einrichtung „guter Policey“ richten, und denjenigen, die — wie Contzens „Politicorum libri decem“ — den Staat an sich betrachten und das Problem der Macht in den Mittelpunkt stellen[18], noch in keiner Weise erforscht. Es bedarf ohne Zweifel noch eingehender weiterer Untersuchungen, um aus den (beispielsweise) von Hans Maier einerseits und Ernst-Albert Seils andererseits aufgezeigten Teilaspekten ein umfassenderes Bild des deutschen Staatsdenkens in der frühen Neuzeit zu gewinnen[19]. Daß dieses Staatsdenken aber insgesamt fruchtbarer war, als es die Forschung der letzten 150 Jahre bis in die Mitte unseres Jahrhunderts hinein annahm[20], steht wohl bereits heute außer Frage.

In der Fülle des weitgehend noch nicht ausgewerteten Materials begründet sich die Notwendigkeit, die vorliegende Untersuchung auf die Fragenkreise der praktischen Staats- und Verwaltungslehre im Sinne „guter Policey“ auszurichten.

Bei der Suche nach einschlägigen Quellen zeigt sich, daß etwa seit dem Jahr 1530 die Zahl der Autoren stetig zunimmt, die sich berufen fühlt, Gedanken über die — ihrer Meinung nach — rechte innere Ordnung des Gemeinwesens zu Papier zu bringen. Von diesem Zeitpunkt

[16] Eine Ausnahme bildet insoweit die „Politica generalis“ des Johann Angelius von Werdenhagen, der auf Plato zurückgreift, siehe *Alfred Voigt*, Über die Politica generalis des Johann Angelius von Werdenhagen (Amsterdam 1632), 1965, S. 21 f.

[17] *Seils*, S. 32.

[18] Vgl. z. B. *Seils*, S. 136.

[19] Eine Zusammenschau versucht z. B. *Dreitzel*, siehe insbesondere S. 34 ff.

[20] Dazu *Seils*, S. 19 ff.

an entsteht eine Reihe von deutschsprachigen Schriften über dies Thema, sie tragen Titel wie „Von dem Gemeinen nutze", „Regentenbuch" oder „Prudentia politica christiana". Viele von ihnen stehen der großen Gattung der Fürstenspiegel nahe, weil sie dargebracht sind als Regeln für das Verhalten des Fürsten. Wollte man sie unter einem Sammelbegriff zusammenfassen, so wäre der — auch von Zeitgenossen gebrauchte — Name „Regimentstraktate" wohl am treffendsten; als modernes Wort erschiene vielleicht „Regierungslehre" passend. (Daß unter dem Begriff des „Regiments" wie dem der Regierung in der historischen Situation der weite Bereich dessen, was wir heute als Verwaltung bezeichnen, mitverstanden werden muß, bedarf hier wohl kaum eines besonderen Hinweises.) Indes muß betont werden, daß diese „Regimentstraktate" keine eindeutig von anderen abgrenzbare Literaturgattung bilden. Ihre Themenpalette schillert in verwirrender Vielfalt. Eine bewußte Trennung der Bereiche Recht, Politik und Wirtschaft gab es in der deutschsprachigen Staatsliteratur des 16. und 17. Jahrhunderts nicht, und deswegen würde eine nachträgliche Etikettierung einzelner Werke als „Verwaltungslehre", „Verfassungslehre" oder „Staatslehre" ihrer Vielseitigkeit nicht gerecht. Es ist bezeichnend, daß viele der für die Rechts- und Verfassungsgeschichte aufschlußreichen Bücher schon vor geraumer Zeit die Aufmerksamkeit der Wirtschafts- und Sozialgeschichtsforschung erregt haben[21]. Der Begriff Kameralismus (auch Kameralistik) spielt in diesem Zusammenhang eine große Rolle.

Mehrere Werke, die für die vorliegende Untersuchung ausgewertet wurden, sind schon länger unter dem Etikett „kameralistische Literatur" bekannt. Die hier sogenannte Gruppe der „Regimentstraktate" nun allerdings dem Sammelbegriff „Kameralismus" gegenüberzustellen und gegen ihn abzugrenzen, wäre eine wenig fruchtbare Mühe. Die Begriffe Kameralismus, Kameralistik, Kameralwissenschaft werden bis heute mit so unterschiedlichen Bedeutungsinhalten verwandt, daß es schwierig ist, ihnen klare Konturen zu verleihen, ohne bei der gebotenen Kürze einseitig zu werden. Nur soviel sei gesagt, daß gegenüber einer betont finanzpolitischen Sicht des Kameralismus sich immer stärker die Gegenthese durchsetzt, „daß der Kameralismus nur als die pragmatische oder wissenschaftliche Betrachtung des gesamten absolutistischen Regierungssystems nach seiner politischen, rechtlichen und wirtschaftlichen Seite, also gewissermaßen als die ‚politische Wissenschaft' des souverä-

[21] Verwiesen sei insbesondere auf *Roscher*, a.a.O.; *Julius Kautz*, Die geschichtliche Entwicklung der National-Ökonomik und ihrer Literatur, 1860; *August Oncken*, Geschichte der Nationalökonomie, Bd. 1, 1902; *Zielenziger*, a.a.O.; *Louise Sommer*, Die österreichischen Kameralisten in dogmengeschichtlicher Darstellung, Bd. 1, 1920, Bd. 2, 1925; *Anton Tautscher*, Staatswirtschaftslehre des Kameralismus, 1947; speziell für die Soziologie: *Stoltenberg*, a.a.O.

nen Fürstenstaates erfaßt werden kann"[22]. Über den gedanklichen Ausgangspunkt dieser These besteht kein Streit mehr, da man bei allen Autoren, die man zu den Kameralisten zählen mag — von Osse über Becher bis zu Justi und Sonnenfels — eine Unmenge rechtlicher und politischer Aspekte nachweisen kann.

Man hilft sich angesichts dieser Lage gelegentlich, indem man von Kameralistik „im weiteren Sinn" und Kameralistik „im engeren Sinn" spricht (wobei unter der letzteren die Anfänge der modernen Finanzwissenschaft zu verstehen wären)[23]. Einer solchen begrifflichen Unterscheidung kommt aber für den hier zu untersuchenden Fragenkreis keine ausschlaggebende Bedeutung zu. Wichtig ist nur, hervorzuheben, daß die Autoren der deutschen Regierungslehren im 16. und 17. Jahrhundert die Bereiche Recht, Politik und Wirtschaft in vielfältiger Weise miteinander verflochten haben. Und nicht nur das: Sie berücksichtigten in ihren Überlegungen zumeist auch Religion, Moral und Sitte bis hin zu gelegentlich kuriosen Details des Brauchtums.

1. Elemente der Staats- und Verwaltungslehre des frühen deutschen Fürstenstaates lassen sich darum zuweilen nur unter einem Wust von Bibelsprüchen, antiken Zitaten, ökonomischen Anweisungen, frommen Ermahnungen und vielem Ähnlichen mehr herausspüren.

Die „Regimentstraktate" — die, wie gesagt, unter diesen Begriff nur ganz locker zusammengefaßt werden können — verbindet aber deutlich ein Merkmal: Sie wollen der Obrigkeit einen Katalog von Ratschlägen für die Ausübung ihres Amtes, insbesondere für die Einrichtung und Aufrechterhaltung „guter Policey" zur Verfügung stellen.

Sehr häufig sind die Autoren im praktischen Leben selbst politisch tätig, sei es im Dienst eines Fürsten, sei es im Rat einer Stadt. Sie schreiben dann aus eigener Erfahrung, beseelt von dem Wunsche, auch andere von den Grundsätzen zu überzeugen, für die sie selbst eintreten. Es liegt nahe, daß sie sich vornehmlich an den Fürsten — oder an die „Burgermeister" und Räte — wenden, also an die Obrigkeit, die die Gedanken des Verfassers in die Tat umsetzen soll.

a) Nicht selten geht diese auf die praktische Politik bezogene Zielsetzung der Autoren schon deutlich aus Titel, Untertitel, Vorrede oder Widmung eines Buches hervor.

---

[22] *Heinrich Muth*, Melchior von Osse und die Deutsche Verfassungsgeschichte, in: Jahrbuch für die Geschichte Mittel- und Ostdeutschlands, Bd. 2, 1953, S. 125 ff., 165; vgl. dazu schon *Axel Nielsen*, Die Entstehung der deutschen Kameralwissenschaft im 17. Jahrhundert, 1911; *Albion Woodbury Small*, The Cameralists, The Pioneers Of German Social Polity, 1909.

[23] So z. B. *Hans Maier*, Ältere Staats- und Verwaltungslehre, S. 14, Fußnote 1; *ders.*, Die Lehre der Politik an den älteren deutschen Universitäten, in: Politische Wissenschaft in Deutschland, 1969, S. 15 ff., 42.

Da in derartigen Hinweisen der Charakter der Schriften besonders anschaulichen Ausdruck findet, sollen im folgenden einige Beispiele aufgeführt werden.

Zuerst sei die im Jahre 1530 von einem der bedeutendsten Rechtsgelehrten seiner Zeit, Johann Oldendorp, verfaßte Schrift genannt: „Van radtslagende, wo men gude Politie und ordenunge, ynn Steden und landen erholden möghe[24].“ Der Autor Oldendorp hatte zu der Zeit seine wissenschaftliche Laufbahn unterbrochen und war als Stadtsyndikus in Rostock tätig. Was er mit seiner kleinen Schrift bezweckt, darüber läßt schon der Titel keinen Zweifel. (Erik Wolf übersetzte ihn so ins Hochdeutsche: „Von Ratschlägen, wie man gute Verfassung, Verwaltung und Ordnung in Städten und Landen erhalten möge“[25].) Oldendorp richtet diese seine Ratschläge unmittelbar „An den Ehrbaren Rat und die Gemeinde zu Hamburg“, er hat sie „der Obrigkeit“ seines „Vaterlandes zugeschrieben“[26]. In der Vorrede spricht er davon, daß „Kaiserliche Majestät, Kurfürsten, Fürsten und andere Stände hohe treffliche Ratschläge zu gemeiner Verwaltung und Wohlfahrt unzweifelhaft schaffen und ausgehen lassen werden“ und verweist damit auf die Polizeiordnung, deren Verkündung durch den Augsburger Reichstag unmittelbar bevorstand[27]. Daß Oldendorp, obwohl jene gesetzliche Regelung zu erwarten ist und obwohl seine Vaterstadt sich — wie er sagt — gegenwärtig in recht guter Verfassung befindet, noch eigene „Ratschläge“ vorbringt, das glaubt er ausdrücklich rechtfertigen zu müssen: Er entschuldigt sich förmlich dafür, daß er „dennoch“ zur Feder gegriffen habe. Schon dieser Umstand macht deutlich, wie selbstverständlich für Oldendorp selbst der Bezug zwischen seiner Schrift und der praktischen politischen Ordnung des Gemeinwesens gewesen ist. „Wenn ich mit diesem, aus bewährter Schrift der Rechte gezogenen Büchlein“, so fährt er fort, „soweit es sich eignet und mein Beruf es

---

[24] *Johann Oldendorp*, Van radtslagende, wo men gude Politie und ordenunge, ynn Steden und landen erholden möghe, Rostock 1530; photographische Neuausgabe von A. Freybe, Ein Ratmannenspiegel von Joh. Oldendorp, 1893. Zu Oldendorp vgl.: *A. Freybe*, „Vorwort“, in: Ein Ratmannenspiegel von Joh. Oldendorp, 1893; *Hans-Helmut Dietze*, Johann Oldendorp als Rechtsphilosoph und Protestant, 1933; *Stoltenberg*, S. 40 ff.; *Erik Wolf*, Große Rechtsdenker der deutschen Geistesgeschichte, 4. Auflage 1963, S. 138 ff.; *Hans Maier*, Ältere Staats- und Verwaltungslehre, S. 130 ff.; *Wieacker*, S. 283 f.; *Peter Macke*, Das Rechts- und Staatsdenken des Johannes Oldendorp, 1966 (mit weiteren Nachweisen).

[25] Übertragung ins Neuhochdeutsch, *Johann Oldendorp*, Was billig und recht ist, Ratsmannenspiegel, in der Reihe: Deutsches Rechtsdenken, Hrsg. Erik Wolf, 1948, S. 24 ff. Im folgenden wird, soweit nicht anders vermerkt, nach dieser Übersetzung zitiert.

[26] *Oldendorp*, Ratschläge, in der Übersetzung von Wolf, S. 24.

[27] Die Polizeiordnung wurde verkündet am 19. 11. 1530; Oldendorps Vorrede trägt das Datum des 9. 10. 1530. Siehe dazu *Hans Maier*, Ältere Staats- und Verwaltungslehre, S. 131, Fußnote 71.

fordert, zur gemeinen Wohlfahrt etwas helfen könnte, täte ich es sehr gern. Wenn es nicht jetzt zur Einführung und Verbesserung guter Verwaltung dient, könnte es vielleicht später zur Erhaltung derselben, daran auch nicht wenig gelegen ist, nützlich sein[28]."

Ganz im gleichen Sinne hat offenbar Conrad Forstenow, der 1597 die „Ratschläge" Oldendorps ins Hochdeutsche übersetzte und neu verlegte[29], den Zweck der Schrift aufgefaßt. Auf dem Titelblatt der Neuherausgabe teilt er mit, er habe die Schrift „Jetzt aber allen Christlichen Oberkeiten und sonst menniglichen zu nutz und besten von newen wiederumb auffgelegt".

Überhaupt verdeutlicht so manches Mal die Wiederauflage eines Werkes klarer als die Erstausgabe schon auf dem Titelblatt, daß von dem geschriebenen Wort ein Einfluß auf das politische Leben erhofft wird. Dafür bietet auch das erstmals 1533 erschienene Buch von Johann Ferrarius ein Beispiel: „Von dem Gemeinen nutze, in massen sich ein jeder, er sey Regent, ader unterdan, darin schicken sal, den eyen nutz hindan setzen, und der Gemeyn wolfart suchen[30]." Als im Jahre 1601 ein gewisser Abraham Saur eine Neuherausgabe besorgte, änderte dieser nämlich den Titel um in: „Tractatus De Republica Bene Instituenda. Das ist: Ein sehr nützlicher Tractat vom gemeinen Nutzen. Darinnen angezeigt wirdt, wie sich so wol die Regenten, als Unterthanen verhalten sollen[31]." Damit verweist Saur von vorneherein auf das Ziel, das Ferrarius sich gesetzt hat — anzuzeigen, „was sich den Obern in der Gemeyn ampts halber zu thun gepurt"[32].

Ein heute bekannteres Werk, das „Politische Testament"[33] des Melchior von Osse, wird vom Autor selbst vorgestellt als ein auf die Verhältnisse eines zeitgenössischen Fürstenstaates zugeschnittenes Gutachten: „An herzogk Augustum churfursten zu Sachssen ein unter-

[28] *Oldendorp*, Ratschläge, in der Übersetzung von Wolf, S. 25.

[29] Von Rathschlägen, wie man gute Policey und Ordnung in Stedten und Landen erhalten möge, Ehmals durch ... Johann Oldendorp ... geschrieben und in Niedersächsischer Sprach außgangen: Jetzt aber allen Christlichen Oberkeiten und sonst menniglichen zu nutz und besten von newen wiederumb auffgelegt, und in Hochteutsch versetzet (von *Conrad Forstenow*), Rostock 1597.

[30] *Johann Ferrarius*, Von dem Gemeinen nutze, in massen sich ein jeder, er sey Regent, ader unterdan, darin schikken sal, den eyen nutz hindan setzen und der Gemeyn wolfart suchen, Marburg 1533.

Zu Ferrarius vgl.: *Roderich Stintzing*, Geschichte der deutschen Rechtswissenschaft, 1. Abteilung, 1880, S. 324 f.; *Stoltenberg*, S. 43 f.

[31] Tractatus ... Hernachher gebessert durch *M. Abrahamum Saurium*, Frankfurt am Main 1601.

[32] *Ferrarius*, Vorrede.

[33] Politisches Testament. An herzogk Augustum churfursten zu Sachssen ein unterteniges bedenken *Melchiorn von Osse*, ... Auf begern S. Churf. Gn. geschriben 1555 mense decembri. — Im folgenden zitiert nach der kritischen

teniges bedenken ... Welchergestalt ein cristliche obrikeit ingemein in irem regement mit gots hulfe ein gotselige, weisliche, vornunftige und rechtmeßige justicien erhalten kan. Dorin auch erwenung beschicht von dem regement, gerichtbarkeit und policei der loblichen chur- und furstentum Sachssen, Duringen und Meichssen, hochermeltem churfursten zustendigk ...“ Typischerweise ist von 1607 an gerade jener Teil des „Testaments“ mehrfach neu in Druck gegangen, der von Osse selbst „De prudentia regnativa“ überschrieben ist und der detaillierte Vorschläge zur Organisation der Landesregierung enthält. Daran zeigt sich, was die Zeitgenossen in erster Linie an der Schrift Osses interessierte[34]. Treffend hat Heinrich Muth dazu bemerkt: „Daß Osse aus der territorialstaatlichen Regierungspraxis kommt und für diese Praxis schreibt, hat in einer Zeit, in der die Grundlagen des werdenden deutschen Verwaltungs- und Beamtenstaats gelegt wurden, seinen Ruhm ausgemacht[35].“

Sehr klar bekennt sich auch der Mansfeldische Kanzler Georg Lauterbeck schon auf dem Titelblatt zu der Zweckbestimmung seiner Abhandlung: „Regentenbuch ... Allen Regenten und Oberkeiten zu anrichtung und besserung Erbarer und guter Policey, Christlich und nötig zu wissen[36].“

Ausgabe von Oswald Artur Hecker, Schriften Dr. Melchiors von Osse, 1922, S. 269 ff.

Zu Osse vgl.: *Roscher*, S. 112 ff.; *Small*, S. 21; *Nielsen*, S. 26; *Zielenziger*, S. 156 ff.; *Oswald Artur Hecker*, „Einleitung“, in: Schriften Dr. Melchiors von Osse, 1922; *Stoltenberg*, S. 45 ff.; *Muth*, S. 125 ff.; *Hans Maier*, Ältere Staats- und Verwaltungslehre, S. 45 ff.

[34] Vgl. *Muth*, S. 167. — Die Ausgabe von 1607 trägt denn auch den aufschlußreichen Titel: „Prudentia regnativa. Das ist: Ein Nützliches Bedencken, ein Regiment so wol in Kriegs als Friedens Zeiten recht zu bestellen, zu verbessern und zu erhalten: Allen Regenten, dero Räthen und Dienern zu Anordnung ihrer Regierung und guter Policey zuwissen.“ Die Ausgabe erschien 1607 in Frankfurt a. M.

[35] *Muth*, S. 164.

[36] Nach Angabe von *Stoltenberg*, S. 41, ist die erste Ausgabe in Leipzig 1556 erschienen. Mir lag je eine Ausgabe Leipzig 1559 und 1567 sowie Frankfurt 1579 und 1600 vor. Zitiert wird im folgenden nach der Ausgabe 1567. — Die Ausgaben 1579 und 1600 betonen die Zielsetzung des Buches noch deutlicher auf dem Titelblatt: Regentenbuch, Des Hochgelerten weitberümbten Herrn *Georgen Lauterbecken*, Fürstlichen Brandenburgischen Rahts. Darinn vil und mancherley nützliche anweisungen, herrliche Räht und anschläge, zu löblicher und glückhaffter Regierung, anrichtungen, besserung und erhaltung guter Policey, in Friedens und Kriegszeiten, auch auffbringung deß Gemeinen nutzes bey den Unterthanen, und was sonst zu bestendigem Regiment dienlich seyn kan, auß den fürnembsten alten und newen Historien, auch sonster fürtrefflicher hochgelehrter Männer Schrifften unnd Büchern, zusamen getragen, unnd zum fleissigsten in Truck verfertiget. Allen Potentaten, Königen, Fürsten, Grafen, Herren, Regenten und Oberkeiten, fast notwendig und nützlich zulesen, sich darnach in allen fürfallenden händeln und sachen wissen zurichten.

Zu Lauterbeck vgl.: *Stoltenberg*, S. 41 f.

Die Reihe solch bezeichnender Büchertitel ließe sich noch weiter fortführen. Ihre Tradition klingt noch zu Beginn des 18. Jahrhunderts nach, wenn Bücher benannt werden als „Entwurff einer Wohleingerichteten Policey“[37] oder „Von Verbesserung Land und Leuten, und wie ein Regent seine Macht und Ansehen erheben könne“[38]. Als letztes Beispiel dieser Reihe soll noch ein Titel genannt werden, mit dem typischerweise wieder ein späterer Herausgeber — in Abänderung der ursprünglichen Betitelung — die Intention des Verfassers verdeutlichen wollte. Gemeint ist das zuerst 1699 erschienene Buch eines anonymen Verfassers „Der wohl eingerichtete Staat des bisher von Vielen gesuchten aber nicht gefundenen Königreichs Ophir“[39]. Dies pedantische Abbild eines idealen „Wohlfahrtsstaates“ (in die äußere Form eines Staatsromans gekleidet) ist 1723 erneut herausgegeben worden unter dem Titel „Vorschlag zu einer Wohl-eingerichteten Landes-Regierung“[40]. Zweifellos ist das ein passender Titel für die Schilderung der Zustände in dem imaginären Staate Ophir, welche nichts anderes wiedergibt als die Wunschvorstellung des Autors von der guten inneren Ordnung eines zeitgenössischen Fürstenstaates. Es handele sich um eine „phantasielose Uebersetzung der Vorschriften eines lutherischen Katechismus oder einer Polizeiverordnung in angebliche Thatsachen“, urteilte Robert von Mohl in seiner „Geschichte und Literatur der Staatswissenschaften“[41]; und wenngleich diese Charakterisierung einseitig negativ gemeint war, so trifft sie doch das Wesen des Buches bemerkenswert genau.

Es erscheint denkbar, daß verschiedene dieser mit Bezug auf die Praxis geschriebenen „Regimentstraktate“ sogar auf ausdrückliche Anforderung eines fürstlichen Dienstherren verfaßt worden sind. Manche „Zuschriften“ und Widmungen drängen dem unbefangenen Leser den Eindruck auf, es handele sich um ein bestelltes Gutachten. Daß darauf allerdings nicht immer Verlaß ist, zeigt ein Beispiel: Der Auftragscharakter scheint bei Osses „Politischem Testament“ zunächst ganz ein-

[37] Anonym, erschienen in Frankfurt a. M. 1717; der Verfasser ist *Theodor Ludwig Lau.*

Vgl. dazu: *Zielenziger,* S. 391 ff.; *Stoltenberg,* S. 104 f.

[38] *Johann George Leib,* Von Verbesserung Land und Leuten, und wie ein Regent seine Macht und Ansehen erheben könne. Vier Proben. Leipzig und Frankfurt 1708.

Vgl. dazu: *Zielenziger,* S. 372 ff.; *Stoltenberg,* S. 103 f.

[39] Erschienen Leipzig 1699. Daneben existiert laut Angabe von *Stoltenberg,* S. 76, eine seitengetreue 2. Ausgabe, ebenfalls Leipzig 1699, mit dem kürzeren Titel „Ophirischer Staat“.

Vgl. dazu: *von Mohl,* S. 205 f.; *Arthur von Kirchenheim,* Schlaraffia politica — Geschichte der Dichtungen vom besten Staat, 1892, S. 161 ff.; *Stoltenberg,* S. 80 f.

[40] Vorschlag zu einer Wohl-eingerichteten Landes-Regierung ..., vormahls unter dem Staat von Ophir ans Licht gegeben, Nordhausen 1723.

[41] *von Mohl,* S. 205.

deutig, heißt es doch auf dem Titelblatt „Auf begern S. Churf. Gn. geschriben“[42] und ergibt sich der entsprechende Schluß doch auch aus Osses „Zuschrift“ an den Kurfürsten[43]. Da Osses Leben und Werk aber bereits eine relativ intensive Erforschung erfahren hat, kennt man die wahre Entstehungsgeschichte des Buches. Danach darf man mit einiger Sicherheit annehmen, daß eine Aufforderung des Kurfürsten eigentlich nur dahin ging, Osse solle sich über Verbesserungen im Gerichtswesen äußern. Osse hat dann aus eigenem Antrieb den Anlaß benutzt, durch eine umfassende Denkschrift seine Ansichten über das ganze Wesen der Regierung klar zu legen[44].

Andere Regimentstraktate mögen eine ähnliche Entstehungsgeschichte gehabt haben. Daß manche dieser Abhandlungen — wenn schon nicht im Auftrag — so doch auf Anregung des fürstlichen Dienstherren geschrieben worden sind, darf nach den gesamten Umständen jedenfalls als sehr wahrscheinlich gelten.

Ob bestimmte Fürsten oder ihre Minister und Räte dieses oder jenes Traktat gelesen und verwertet haben, darüber kann naturgemäß nur in seltenen Fällen eine Aussage getroffen werden. Doch auch insoweit läßt sich an dem Werk Osses wenigstens ein Beispiel aufzeigen. Zwar wissen wir über die Aufnahme von Osses Schrift durch Kurfürst August, für den sie eigentlich verfaßt wurde, nichts genaues[45]. Dafür ist aber die Tatsache belegt, daß ein Jahrhundert später der Große Kurfürst das Werk gekannt und geschätzt hat. In seinem sogenannten Politischen Testament von 1667 „recommendirt“ er nämlich seinem Sohn und Nachfolger ausdrücklich die „Regierungsverfassung, so Dr. Osse dem Churfürsten von Sackssen aufs Churfursten Begeren aufgesetzet hat“[46].

Eine solche oder ähnliche Empfehlung aus der Feder eines regierenden Fürsten muß dem Verfasser eines Regimentstraktats als Krönung seiner Bemühungen erschienen sein. Jedenfalls spricht aus all den Traktaten deutlich die Hoffnung der Autoren, die Obrigkeit möge auf ihre Ermahnungen hören und von ihren Ratschlägen Gebrauch machen. Die Abhandlungen sind in dem Bestreben verfaßt, der Obrigkeit Grundsätze der Regierung und Verwaltung in verständlicher Form nahezubringen. Was nämlich Justus Oldekop[47] über die Ratsherren der Städte

---

[42] *Osse*, S. 269.

[43] *Osse*, S. 270 ff.

[44] Siehe *Hecker*, Einleitung, S. 75.

[45] Vgl. *Hecker*, Einleitung, S. 76.

[46] *Küntzel / Hass*, Die politischen Testamente der Hohenzollern, Bd. 1, 1911, S. 49; dazu *Hecker*, Einleitung, S. 78.

[47] *Justus Oldekop*, Politischer Unterricht, Für die Rahtsherren in Städten und Communen: Wie dieselbe zu der Ehre Gottes, gemeiner Stadt Wolfahrt,

sagt, gilt auch für fürstliche Regenten: daß sie „mehrenteils keine Hochgelahrte“ seien und deswegen auch „weitleuffige Politische Bücher nicht durch lesen“ können, so daß man ihnen leichter verständliche Kompendien an die Hand geben müsse[48].

b) Damit ist auch der Grund für die Tatsache bezeichnet, daß die Mehrzahl der von „guter Policey“ handelnden Schriften der frühen deutschen Staats- und Verwaltungslehre sich der Muttersprache und nicht etwa des Lateinischen bedienen.

Das ergibt sich ganz deutlich etwa aus der Vorrede des Johann Ferrarius, wo es heißt: „Ich were wol gesynt gewesen, es inn Lateinische sprache ... zustellen, aber dieweil ich befinde das die wenigsten so zu regirn auffgeworfen werden, latinisch kunnen, ... hab ichs erstmals inn Deutsche sprach wollen fassen, damit einen ieden zu dienen[49].“ Eine ähnliche Äußerung findet sich bei Osse[50]. Auch Veit Ludwig von Seckendorff ist ausdrücklich dafür eingetreten[51], daß den Regenten zu ihrer Unterrichtung Bücher zur Verfügung gestellt werden sollten, die „in der Mutter-Sprach und in einer gar deutlichen und vernehmlichen Art abgefasset“ sind, weil „die löblichsten Regenten, auch treue und glückliche ministri, welche grosse Lande regieren helffen, selten auff den ersten und höchsten Grad der erudition ... kommen sind“[52]. Es ist klar, daß Seckendorff aus dieser Überlegung heraus seine eigene groß angelegte Staats- und Verwaltungslehre, den „Teutschen Fürstenstaat“[53], gar nicht anders als mit „teutschen und vernehmlichen worten“ schreiben konnte.

---

und Erhaltung ihres selbst eigenen respects, ihr Ampt führen sollen, Goslar 1634.

48 *Oldekop*, Widmung, S. 3 f.

49 *Ferrarius*, Vorrede.

50 Siehe *Osse*, S. 273.

51 *Veit Ludwig von Seckendorff*, Teutsche Reden, an der Zahl Vier und Viertzig, Welche er A. 1660 biß 1685 ... abgelegt, Leipzig 1686, Nr. XLIX, S. 424 ff.: Kurtzes Bedencken, wie vornehme, verständige, aber nicht gelehrte Personen zu einer Wissenschaft des Rechtens gelangen können.

Über Seckendorff ist verhältnismäßig reichliches Schrifttum vorhanden, siehe u. a.: *Roscher*, S. 238 ff.; *Marchet*, S. 1 ff.; *Zielenziger*, S. 335 ff.; *Stoltenberg*, S. 75 ff.; *Gerloff*, S. 19 f.; *Wilhelm Lüdtke*, Veit Ludwig von Seckendorff, ein deutscher Staatsmann und Volkserzieher des 17. Jahrhunderts, in: Jahrb. d. Ak. gemeinn. Wiss., Heft 54 (1939), S. 39 ff.; *Hans Maier*, Ältere Staats- und Verwaltungslehre, S. 170 ff.

52 *Seckendorff*, Teutsche Reden, XLIX, S. 429.

53 Das Werk hat im ganzen 12 Auflagen erlebt. Die erste erschien in Frankfurt a. M. 1656. Im folgenden wird die von Andreas Simson von Biechling besorgte Ausgabe, Jena 1737, zugrunde gelegt.

Zum „Fürstenstaat“ vgl. neben der in Fußnote 51 angeführten Literatur noch: *Horst Kraemer*, Der deutsche Kleinstaat des 17. Jahrhunderts im Spiegel von Seckendorffs „Teutschem Fürstenstaat“, in: ZVerThürG, NF., Bd. 25

c) In dieser Hinsicht sind auch die vielfach vorgenommenen Übersetzungen einschlägiger fremdsprachiger Werke aufschlußreich. Mancher Staatstheoretiker jener Zeit hoffte wohl, die Einrichtung „guter Policey“ dadurch zu fördern, daß er die Werke klassischer Staatsdenker für die Bedürfnisse der fürstenstaatlichen Regierungspraxis aufbereitete. Des Zusammenhangs des Leitworts der Epoche, der „guten Policey“, mit „politeia“ und „politia“ war man sich schließlich vollauf bewußt[54]! Es ist darum bezeichnend, wenn man beispielsweise das „Regentenbuch“ des Georgius Lauterbeck[55] in dicken Folianten zusammengebunden findet mit Schriften wie: „Von Regierung des gemeinen nutzes, und was derselben anhengig, von dem Hochgelerten Herrn Johanne Sleydano, aus dem Platone zu Latein verfast, und folgend durch Georgium Lauterbecken ins Deudsch gebracht, gantz lustig und nützlich zu wissen[56].“

Grundsätze für die Einrichtung „guter Policey und Ordnung“ sollten offenbar auch durch Übersetzung einiger zeitgenössischer Werke übermittelt werden. Ein schönes Beispiel dafür ist die 1557 erschienene „verteutschte“ Ausgabe des Buches: „De emenanda republica commentatio libri V“, als dessen Verfasser Andeas Fritius Modrevius, ein Pole, genannt wird[57]. Der Übersetzer betont in der Vorrede, daß Staatstheoretiker wichtige Anregungen für eine gute Regierung und Verwaltung beisteuern können und daß man ihre Lehren deshalb „fleissig läsen, hören und mit willigem Gemüt annemen“ solle[58].

Das Bestreben, solche Lehren für deutsche Obrigkeiten zugänglich zu machen, gab erkennbar auch den Anstoß zur Übersetzung des 1576 (anonym) erschienenen Buches von Gentillet: „Discours sur les moyens de bien gouverner et maintenir en bonne paix un Royaume ou autre

(1922), S. 1 ff., 6 ff.; *Gustaf Klemens Schmelzeisen*, Der verfassungsrechtliche Grundriß in Veit Ludwig von Seckendorffs „Teutschem Fürstenstaat“, in: ZRG 87 (1970), S. 190 ff.

54 Das gelehrte politeia — politia — politie ist wohl im 16. Jahrhundert mit dem aus der burgundischen Verwaltungssprache übernommenen „policie“ verschmolzen; fortan bedeutete Policey neben der inneren Ordnung des Gemeinwesens auch das Gemeinwesen selber; vgl. dazu die in Abschnitt A IV 4, Fußnote 159 genannten Untersuchungen.

55 Vgl. oben Fußnote 36.

56 Erschienen in Leipzig 1567; vgl. auch die Vorrede. Diese und ähnliche Übertragungen sowie das „Regentenbuch“ finden sich z. B. in den Bänden, die die Universitäts- und Stadtbibliothek Köln unter der Signatur V 2/17, V 2/17[2] und Wallraf G 43 führt.

57 Das Buch bezieht sich — wie Kapitelüberschriften erkennen lassen — z. T. auf polnische Verhältnisse. Vgl. *Gottfried Salomon-Delatour*, Moderne Staatslehren, 1965, S. 39 f. Deutscher Titel: Von Verbesserung des Gemeinen Nutz Fünff Bücher *Andree Fritii Modrevii*, Das erst, von Sitten, Das ander, von den Gesatzen, Das dritt, vom Kriegen, Das vierdt, von der Kirchen, Das fünfft, von den Schülen. Basel 1557. Vorrede von *Wolfgang Wissenburg*.

58 Ebenda, Vorrede (ohne Seitenzählung).

Principauté, ... Contre Nicolas Machiavel Florentin[59]." Aus der deutschen fürstenstaatlichen Vorstellungswelt heraus übersetzt, hört sich das so an: „Regentenkunst, oder Fürstenspiegel. Gründtliche erklärung, welcher massen ein Königreich und jedes Fürstentumb rechtmessig und rühsam könne und solle bestellet und verwaltet werden. Abgetheilt in III Bücher, nach den dreyen fürnemsten und nötigsten Stücken, welche bey jedem ordentlichen Regiment sollen wargenommen unnd fortgesetzt werden. I. Von guten Rähten II. Von der Religion III. Von der Regimentsverwaltung oder Policey. Geschrieben wider den beschreyten Italienischen Scribenten, Nicolaum Machiavellum, Historicum und Secretarium der Statt Florenz. Nun erstmals dem Vatterlandt zu gutem, ... verteutscht." Mit dem so übertragenen Titel stellt der Übersetzer das Produkt seiner Bemühungen ganz in die Reihe der deutschen Regimentstraktate. Der Übersetzer, Georgius Nigrinus (Pfarrherr zu Gießen), veröffentlichte seine Arbeit 1580 mit zwei „Vorreden" an seinen „Wolgebornen Graffen und Herrn" und an den „gutherzigen Leser". Diese Vorreden sind in zweierlei Hinsicht bemerkenswert.

Zum einen bilden sie ein sehr frühes Zeugnis für die Beschäftigung eines deutschen Autors mit dem Phänomen „Machiavellismus". Indem in Italien und Frankreich die Staatstheoretiker begannen, in ihren Abhandlungen über die gute Einrichtung des Staates Stellung gegen Machiavelli zu beziehen, kamen auch ihre deutschen Übersetzer mit diesem Thema in Berührung[60]. Wie sie mit der Problematik der „ragion di stato" fertig wurden, darauf wird im Rahmen dieser Untersuchung an späterer Stelle noch einzugehen sein. Für den hier anstehenden Zusammenhang ist die Beschäftigung des Nigrinus mit Machiavelli deshalb erwähnenswert, weil der Wunsch, Fürsten und Herren vor den „tyrannischen Bubenstück" des Florentiners zu warnen, sich bei Nigrinus untrennbar mit dem Wunsch mischt, Grundsätze für die „rechtmessige" Verwaltung des Staates zu vermitteln.

Damit ist der zweite interessante Gesichtspunkt dieser „Vorreden" angesprochen: Nigrinus führt in schöner Deutlichkeit die Gründe auf, die ihn zu der Mühe der Übersetzung veranlaßt haben. Er rühmt Gentillets Buch und gibt an, daß man es wegen seiner über französische Verhältnisse hinausreichenden Bedeutung schon ins Lateinische über-

---

[59] Vgl. dazu *Meinecke*, S. 59 ff.

[60] Als weiteres Beispiel sei verwiesen auf *Giovanni Boteros* Della Ragion di Stato Libri dieci, con tre Libri delle Cause della Grandezza, e Magnificenza delle Città, Venetia 1596. (Vgl. dazu statt vieler *Meinecke*, S. 78 ff.) Die deutsche Übersetzung des seinerzeit berühmten Buches erschien vor allen anderen in Straßburg 1596: *Gründlicher Bericht* Von Anordnung guter Policeyen und Regiments: auch Fürsten und Herren Stands, ... Der Titel zeigt, daß das Schlagwort „ragion di stato" damals in Deutschland noch nicht verstanden wurde. Vgl. auch *Paul Ludwig Weinacht*, Staat, 1968, S. 140.

setzt habe. Diese lateinische Ausgabe sei nun „von vielen Gelehrten in Teutscher Nation, denen es zu theil worden ist, so begierlich gelesen“ worden, „dz von andern, welchen jene Sprach nit so wol bekant, gewünscht und begert worden ist, dz es auch in unsere Teutsche Sprach möchte gebracht werden“, dies vor allem, weil das Werk „zu guter Policey dienlich“ sei[61]. Ausschlaggebend habe dann folgende Überlegung für die Übersetzung gesprochen: „Es were von nöten, daß alle Regenten, hohes unn nidrigs Standts, sampt iren Rähten und Dienern, diß Büchlein, so gleich als ein Regentenkunst oder Fürstenspiegel möge genennet werden, fleissig durchlesen unnd wol betrachteten. ... Dieweil nun nicht alle, denen diß Büchlein von nöten, die Französische oder Lateinische Sprach lesen unnd verstehen können, daß es denselbigen zu gut unnd nutz in unser Muttersprach bracht würde ... daß sie heut oder morgen ... iren Landen und Leuten wol unnd Christlich könne fürstehen, ...[62].“ Auch hier also die Hoffnung, die Obrigkeit werde aus den Überlegungen des Theoretikers lernen und seinen Rat annehmen!

2. Indes fehlte den klassischen griechischen und römischen Werken und den Abhandlungen ausländischer Autoren, auch wenn sie von eifrigen Übersetzern aufbereitet wurden, der unmittelbare Bezug auf die deutsche fürstenstaatliche Wirklichkeit. Ihr Einfluß auf die praktische politische Ordnung endete mit der Vermittlung allgemeiner Grundsätze.

Die deutschen Verfasser von Regimentstraktaten wollten gemeinhin mehr. Ihnen war es ein Anliegen, auf die Einführung, Verbesserung und Erhaltung der „guten Policey“ in deutschen Landen konkret Bezug zu nehmen.

a) Das Vorstellungsbild von der „guten Policey“ baute sich aus verschiedenen Elementen auf.

Geboren wurde der Gedanke der „guten Policey“ aus dem Wandel der Zeiten, aus der Veränderung der politischen, gesellschaftlichen, sozialen und religiösen Gegebenheiten.

In einem der frühesten deutschen Regimentstraktate heißt es: „Es schreiben die Philosophi, ... das ein ander zeyt, auch ein ander leben haben wolle, und so wir ein wenig hinder uns sehen auff unsere vorältern und iren wandel, so bedarff sollicher spruch keiner grossen disputation, sonder wird sich wol ereugen, was für ein unterscheid der zeit und lebens sich in kurtzen jaren auch bey uns hab zugetragen[63].“ Die Regimentsschriftsteller sahen die alte Ordnung zerbrechen und das Heraufziehen einer neuen Zeit von „Mißbräuchen, Aufruhr, Widerwille

[61] *Nigrinus*, Vorrede I (ohne Seitenzählung).

[62] *Nigrinus*, Vorrede I.

[63] *Ferrarius*, (1533), Vorrede.

und Verderb guter Verfassungen (politien)“[64] begleitet. Es drängte sich ihnen die Frage auf, wo denn der Grund dafür liege, daß „sich gemeine Stände aus ihrem Fug (geschycke) und ihrer Verfassung (politie) so weit entfernt haben“[65].

Das naheliegende Mittel, den Wirren der Zeit („Verbiesterung“[66]) zu begegnen, schien in der Bewahrung der überkommenen Lebensformen, in der Wiederherstellung der „alten Ordnung“ zu liegen. Darum klingt aus den meisten Schriften, die sich mit der Einrichtung „guter Policey“ beschäftigen, ein konservativer Grundton. Die häufige Klage um die „gute alte Zeit“ bringt eine der Tradition verbundene Haltung zum Ausdruck; der Hang zur Aufrechterhaltung überkommener Gesellschaftsstrukturen äußert sich in dem Bemühen um Wahrung der ständischen Unterschiede[67].

Wichtige positive Anregungen empfing die Theorie der „guten Policey“ sodann aus der seit der Mitte des 16. Jahrhunderts kräftig erneuerten aristotelischen Tradition.

Nachdem Melanchthon in der Einsicht, „daß im Evangelio keine Lehre vom gemeinen Wesen zu finden“, den politischen Unterricht an den protestantischen Schulen und Universitäten zur Tradition der aristotelischen Ethik und Politik zurückgelenkt hatte, nahm die Verbreitung des aristotelischen Gedankenguts großen Aufschwung, der, wenn auch in abgeschwächter Form, auch auf das katholische Deutschland übergriff[68].

Noch stärker als die in der Ethik gipfelnde Moralphilosophie der scholastischen Zeit betonte der erneuerte Aristotelismus protestantischer Prägung den Staat als Grund des guten Lebens. Jedes staatliche Tätigwerden wurde auf das Ziel der bürgerlichen Gesellschaft, das bene

---

[64] *Oldendorp*, Ratschläge, in der Übersetzung von Wolf, S. 45. — Auch ein anonymer Autor klagte im Jahr 1530 darüber, daß „ynn diesen bösen zeiten, ytzt alle gute ordnungen, und alt herkomen, anfechtung haben müssen“, in: „*Gemeyne stimmen* von der Müntz“, hrsg. von Walther Lotz, Die drei Flugschriften über den Münzstreit der sächsischen Albertiner und Ernestiner um 1530, 1893, S. 7.

[65] *Oldendorp*, Ratschläge, in der Übersetzung von Wolf, S. 43.

[66] Oldendorp spricht von „verbysteringe“.

[67] Tatsächlich war auch der Charakter der im 16. und 17. Jahrhundert aus Geboten und Edikten, Policey- und Landesordnungen entstehenden territorialen Ordnungswerke „weit eher konservativ als revolutionär“. Sie stützten in vielem ältere Rechts- und Lebensformen, die sich selbst nicht mehr erhalten konnten, und sie ruhten in wesentlichen Stücken auf dem Fundament der Ständegesellschaft. So besonders *Schmelzeisen*, Polizeiordnungen und Privatrecht, passim, und *Hans Maier*, Ältere Staats- und Verwaltungslehre, S. 309.

[68] Vgl. dazu und zum folgenden: *Peter Petersen*, Geschichte der aristotelischen Philosophie im protestantischen Deutschland, 1921, S. 1 ff., insbesondere S. 19 ff.; *Hans Maier*, Lehre der Politik, S. 28 ff.

beateque vivere bezogen. Diese Politik und Ethik verschmelzende teleologische Sicht des Staates ging in die ältere Staatslehre des Territorialstaates ein. Davon zeugt schon die Häufigkeit der aristotelischen Zitate in vielen deutschen Regimentstraktaten. In Osses „Testament“ — und wahrscheinlich in manch anderer Abhandlung — ist Aristoteles die meistgenannte Autorität[69], immer wieder heißt es: „Aristoteles und der meher teil der alten weisen leute haben es dorvor gehalten, daß . . .[70].“

Ein anderer Bestandteil der Theorie der „guten Policey“ hat sich ergeben aus der Auffassung von der weltlichen Herrschaft als einem von Gott übertragenen Amt. Diese Vorstellung von der Regentenpflicht, für das Wohlergehen der Untertanen tätig zu sorgen, war zwar schon früher gelegentlich aufgetaucht[71], erhielt aber erst in der Reformation und in der katholischen Reform eine besondere Vertiefung[72]. Luther hat die Verpflichtung des Fürsten, sich um das Gemeinwohl im Sinne einer „Strukturverbesserung“ zu bemühen, deutlich ausgesprochen, indem er den Fürsten für „schuldig“ erklärte, „landen und leuten fürzustehen, das sie zunemen und gedeyen, denn darum ist er von Gott ynn die majestet gesetzet“. Der Fürst dürfe nicht denken, „land und leutt sind meyn, . . . sondern Ich byn des landes und der leutt; ich sols machen, wie es yhm nutzt und gut ist“[73].

Es wird für die Regimentsschriftsteller selbstverständlich, die Obrigkeit nicht nur als „Gottes Dienerin“[74] darzustellen, sondern auch zu betonen, die „hohe Obrigkeit als Gottes Stadthalter auff Erden“ habe die Aufgabe, durch „anstellung guter Policey, nützlicher Gesetze unnd Ordnung“[75] Gottes Willen bei den Untertanen durchzusetzen. Dietrich Reinkingks „Biblische Policey“[76] mahnt — wie auch andere betont christliche Staatslehren — mit den Worten der Bibel, den Fürsten sei das „Obrigkeitliche Ampt vom Herrn gegeben, und die Gewalt vom Höchsten, welcher wird fragen, wie sie handlen, und forschen was sie

---

[69] So *Hans Maier*, Ältere Staats- und Verwaltungslehre, S. 143, Fußnote 102.

[70] So z. B. *Osse*, S. 457.

[71] Siehe *Hartung*, Verfassungsgeschichte, S. 62.

[72] *Hartung*, Verfassungsgeschichte, S. 63.

[73] Siehe *Georg-Christoph von Unruh*, Obrigkeit und Amt bei Luther und das von ihm beeinflußte Staatsverständnis, in: Staatsräson (Hrsg. Roman Schnur), 1975, S. 339 ff., S. 348.

[74] *Ferrarius*, S. VIII links.

[75] *Georg Engelhardt Löhneyß*, Aulico-politica, Remlingen 1622, 3. Buch, 3. cap., S. 261.

Vgl. zu Löhneyß: *Stoltenberg*, S. 24; *Kraemer*, S. 11.

[76] *Dietrich Reinkingk*, Biblische Policey. Das ist: Gewisse, auß Heiliger Göttlicher Schrifft zusammen gebrachte, . . . Axiomata, oder Schlußreden . . . Frankfurt a. M. 1656 (1. Ausgabe 1653).

Vgl. zu Reinkingk: *Stoltenberg*, S. 71 ff.; *Hans Maier*, Ältere Staats- und Verwaltungslehre, S. 161 ff.

ordnen, dann sie seines Reiches Amptleuthe sind"[77]. Auch Seckendorff läßt die Regenten über ihre Pflichten nicht im Zweifel: „Aus dem Christenthum oder der christlichen liebe fliesset die vorsorge bey gottesfürchtigen Regenten, daß die unterthanen bey ihrer nahrung und gewerbe, das auskommen und alle mögliche beförderung haben, ... und dazu zielet nicht allein der äusserliche friede, ... sondern auch alle andere gute anstalt, welche die Obrigkeiten, krafft habender gewalt und ansehens vornehmen können, wodurch der unterthanen lebensmittel erhalten, und durch zuläßige wege vermehret werden[78]."

Aber nicht nur das zeitliche, sondern ebenso das ewige Wohl seiner Untertanen wurde dem Regenten anvertraut[79]. Die protestantischen Fürsten hatten die Verantwortung für das Seelenheil ihrer Untertanen unmittelbar mit dem Kirchenregiment, die katholischen mit ihren Bemühungen um die Wiederbelebung ihrer Kirche übernommen[80]. Auch darin liegt ein Wesensmerkmal der Theorie der „guten Policey", daß sie die Aufgabe weltlicher Obrigkeit betont, für den wahren Glauben zu sorgen. Unbefangen auf der mittelalterlichen Ideologie des christlichen Staates aufbauend[81], wird dem Herrscher eindringlich die Aufsicht über die „rechte, reine, ware, Christliche Religion" empfohlen, weil „der Weltlichen Oberkeit nit alleine eusserlichen Bürgerlichen friden unn zucht, sondern auch die Gottseligkeit, das ist, den waren Gottesdienst, unnd Christliche Religion zuschützen, unn nit allein die zweite, sondern auch die erste Tafel zuhandhaben von Gott auferlegt unn befohlen sey"[82]. Seckendorff sagt: „Gleichwie aber der Seelen wohl-

---

[77] *Reinkingk*, 2. Buch, Ax. XXXII, S. 224. — Die Stelle findet sich z. B. auch bei *Thomas Rorarius*, Fürsten Spiegel, Christliche und nothwendige vermanung, An alle Evangelische Chur und Fürsten, Stedt und Stende der Augspurgischen Confession, Was die furnemlich in ihrem Regiment teglich betrachten und volbringen sollen, Schmalkalden 1566, Vorrede, unter Hinweis auf Weisheit Salomonis, 6.

Zu Rorarius vgl.: *Stoltenberg*, S. 23 f.

[78] *Veit Ludwig von Seckendorff*, Christen-Staat, Worinn von dem Christenthum an sich selbst, und dessen Behauptung wider die Atheisten und dergleichen Leute; Wie auch von der Verbesserung so wohl des Welt- als Geistlichen Standes, nach dem Zweck des Christenthums gehandelt wird, Leipzig 1716 (1. Ausgabe 1685). Vgl. dazu auch *Zielenziger*, S. 77; *Herbert Krüger*, Die geistigen Grundlagen des Staates, 1940, S. 18.

[79] Vgl. dazu *Bornhak*, S. 30; *Walther Peter Fuchs*, Das Zeitalter der Reformation, in: Gebhardt, Handbuch der deutschen Geschichte, Bd. 2, 9. Auflage 1970, S. 2 ff., 78.

[80] Zur Begründung des landesherrlichen Kirchenregiments siehe die ausführlichen Darlegungen bei *Martin Heckel*, Staat und Kirche nach den Lehren der evangelischen Juristen Deutschlands in der ersten Hälfte des 17. Jahrhunderts, 1968, S. 77 ff.; zu Differenzierungen von der Grundlage der ursprünglichen lutherischen Lehre aus vgl. z. B. *Krüger*, Geistige Grundlagen, S. 43 ff.

[81] Vgl. dazu auch *Heckel*, S. 73 f.

[82] *Hartman Hartmannus*, Gründtliche, Warhaffte, kurze Beschreibung,

fahrt das allerhöchste und beste gut ist, also ist auch kein zweiffel, es sey zu diesem ende die obrigkeit ihre unterthanen zu befördern auch schuldig[83].“

Dementsprechend schlägt sich die Sorge um die Religion auch in den Katalogen der strafbaren Handlungen nieder, die die Regimentstraktate — regelmäßig in voller Übereinstimmung mit Reichs- und Landespolizeiordnungen — aufstellen. Nicht umsonst nimmt in der Aufzählung der Verbrechen und der Mittel, die man zu ihrer Verhütung vorschlägt, das „Gotteslesteren“ stets einen hervorragenden Platz ein.

In dem „ergerlichen Gottlosen leben“[84] erblickt man den Hauptgrund für den beklagenswerten Mangel an „guter Policey“. Die Mißstände, unter denen das Gemeinwesen leidet, setzt man in Beziehung zu dem Abfall der Menschen von Gott: „Unglaube führt zur Mißachtung Gottes und des Nächsten. Denn gerade wie wir Gott nicht fürchten und ihm mißtrauen in hohen, ewigen Dingen, also lieben wir auch nicht unsere Nächsten und sind ihnen untreu in diesen weltlichen und vergänglichen Dingen[85].“

Für die Erziehung der Untertanen zur Frömmigkeit werden die absonderlichsten Vorschläge gemacht. Katholische wie evangelische Autoren treten für eine Kontrolle des regelmäßigen Kirchgangs ein, Versäumung des Gottesdienstes soll Strafe nach sich ziehen. Der einflußreiche österreichische Kameralist Becher hält es z. B. für nützlich, in einer Polizeiordnung vorzuschreiben, jeder müsse nach Ostern „einen Zettul von dem Priester“ vorweisen, „daß er gebeicht und communicirt habe, und so er Catholisch wäre, solches aber nit gethan hätte, soll er mit fünff Gülden gestrafft werden“[86].

In die Überlegungen zur Wahrung des Glaubens mischen sich sehr häufig Nützlichkeitserwägungen ein. Daß die Religion als „eine gewaltige Seule und Grundveste guter beständiger Policey in allen Ständen“[87]

---

auch Trewe, Gutherzige Vermanung, und Warnung, wie und welcher gestalt ein Churfürst, Fürst, oder Herr sein Regiment Gottseliglichen, Nutzlichen und wol anrichten unnd bestellen soll, Heidelberg 1573, (ohne Seitenzählung). — Zur „custodia utriusque tabulae“ vgl. *Heckel,* S. 205.

[83] *Seckendorff,* Fürstenstaat, 2. Teil, Cap. 11, S. 281.

[84] *Johannes Ruremundus,* Mammonia oder Schlüssel deß Reichthumbs. Welcher eröffnet die Rechtmessige, und würckliche Mittel, dardurch eines jeden Stands Geföll und Einkunfften vermehret, auch bestendig erhalten werden mögen. Straßburg 1623.

[85] *Oldendorp,* Ratschläge, in der Übersetzung von Wolf, S. 44.

[86] *Johann Joachim Becher,* Politische Discurs Von den eigentlichen Ursachen, deß Auff- und Abnehmens der Städt, Länder und Republicken, ... Zweyte Edition Frankfurt 1673, (die erste Ausgabe erschien 1668), 1. Teil, 4. Cap., II, §§ 1 ff., insbesondere §§ 2, 5, 6.

Zu Becher vgl.: *Small,* S. 107 ff.; *Zielenziger,* S. 199 ff.; *Marchet,* S. 79 ff.; *Gerloff,* S. 21 f.; *Stoltenberg,* S. 82 ff.; *Salomon-Delatour,* S. 312 f.

[87] *Reinkingk,* Buch 1, Ax. VI, S. 15.

für den Staat von Nutzen ist, liegt auf der Hand; ist sie doch ein „Zügel in der Menschen Hertzen, der sie zurück helt von Auffruhr und Wiederspenstigkeit“[88]. Von der Pflege der Gottesverehrung durch die Obrigkeit verspricht man sich, „daß ihre unterthanen durch anführung zur gottesfurcht desto bescheidener, gehorsamer und williger werden zu allem guten, auch in weltlichen sachen“[89]. „Ja es liegt einem Fürsten selber zum höchsten daran, das die Unterthanen in der rechten wahren Furcht Gottes erzogen und erhalten werden. Dann scharff Regiment und eusserliche Straffe, behalten die Unterthanen so lange in Gehorsam, so lange die Straffe weret, so balt sie aber ihre Gelegenheit ersehen, ist aller Gehorsamb aus. Die Leute aber, so Gott recht erkennen, und von Herzen fürchten, seyn auch ihrer Obrigkeit von Herzen trew und gehorsam, unnd halten sich sonsten auffrichtig, redlich und erbar, wann sie sich vor keiner Straffe zu befahren haben[90].“

Derartige Überlegungen mögen mit dazu beigetragen haben, daß sich die Regenten der neuen Aufgabe, die an sie herangetragen wurde, willig annahmen und sich so eifrig um das Seelenheil ihrer Untertanen kümmerten.

Zu den Fundamenten des Gedankengebäudes, welches das 16. und 17. Jahrhundert um den Begriff „gute Policey“ herum aufrichtete, gehören auch die Verwaltungsbereiche, die der Staat von der Kirche übernommen hatte.

Hierunter fällt zunächst die eigentliche Organisation des landesherrlichen Kirchenregiments, das in den evangelischen Ländern durch staatliche Zentralbehörden, die Konsistorien, ausgeübt wurde[91]. Manche Regimentsschriftsteller beschäftigen sich mit diesem Thema, indem sie zu den Befugnissen des Konsistoriums, zur Einrichtung und Besetzung der Pfarreien, zu Fragen des Kultus (wie der Einführung bestimmter gottesdienstlicher Zeremonien) und ähnlichem ausführlich Stellung nehmen[92].

Beachtung fanden aber in den Regimentstraktaten vor allem die früher von der Kirche besorgten sozialen Aufgaben, die dem Staat nach Zerfall der alten Kirchenordnung zugefallen waren. Beispielhaft sei auf die Fürsorge für Arme und Kranke[93] verwiesen.

---

88 *Oldekop*, 1. Teil, VII, S. 17, unter Berufung auf Lipsius.

89 *Seckendorff*, Fürstenstaat, II. Teil, Cap. 11, § 1, S. 282.

90 *Löhneyß*, 2. Buch, 5. cap., S. 99.

91 Vgl. dazu *Fuchs*, S. 78 ff.; *Ernst Walter Zeeden*, Das Zeitalter der Glaubenskämpfe, in: Gebhardt, Handbuch der deutschen Geschichte, Bd. 2, 9. Auflage 1970, S. 119 ff., 197 ff.

92 Vgl. z. B. *Seckendorff*, Fürstenstaat, II. Teil, Cap. 11, besonders S. 291 ff., Cap. 12, S. 301 ff., Cap. 13; *Königreich Ophir*, das gesamte 1. Cap., S. 8 ff.

93 Siehe dazu z. B. die ausführlichen Vorschläge bei *Ferrarius*, S. LX bis

Auch die Umstellung des gesamten Erziehungswesens spielte eine hervorragende Rolle. Kaum ein Regimentstraktat versäumt es, der Obrigkeit die Sorge für Schulen und Universitäten anzuempfehlen. Doch spürt man noch allenthalben, daß das Unterrichtswesen bis dahin ausschließlich der Kirche anvertraut war und daß der Staat sich dieses Gebietes erst allmählich bemächtigte.

Besonders deutlich wird das in den ausgeprägt christlichen Werken wie in Reinkingks „Biblischer Policey“. Dort heißt es beispielsweise: „Zu dem Geistlichen unnd Kirchen Stand gehören auch die Schulen, deren Beförderunge unnd Auffsicht. — Es seind die Schulen gleichsamb kleine Kirchen, darin die liebe Jugend zum Gebet, zur Erkändnuß Gottes, ihres Christenthumbs, im lesen, schreiben, Sprachen und Freyenkünsten informiret und underrichtet werden, ... Es wird aber der Obrigkeitliche Stand von dem Schulwesen und dessen Bestallung, guter Uffsicht und Versorgunge nicht außgeschlossen, dann wie die Könige und Fürsten Nutricii und Säugammen seyn der Kirchen und ihre ansehnliche partes haben bey Bestellung deß Kirchen Stands, also bleiben ihnen nicht wenige dieselbe bey dem Schulwesen auch[94].“ Das Unterrichtswesen wird hier noch ganz als Angelegenheit der Kirche dargestellt; diesbezügliche Pflichten und Rechte der weltlichen Obrigkeit fließen im Grunde nur aus der cura religionis[95]. Die Schule ist der Kirche unterstellt, doch deren Organe sind zu Organen des Staates geworden: So verwischt sich die Trennungslinie[96]. Darum rechnet Seckendorff die Schule zu den Verwaltungsaufgaben, die „theils aus weltlichen regiments-sachen, oder um der nahen verwandtniß willen“ zu den geistlichen Angelegenheiten gezogen werden[97]. Andere Regimentstraktate zählen das Schul- und Universitätswesen allerdings ohne weiteren Kommentar zur Zuständigkeit des Fürsten[98].

Fast immer wird hervorgehoben, wie nützlich und wichtig die Ausbildung der Jugend für die Zukunft des Staates sei[99]. Wenn man be-

LXIII; *Königreich Ophir*, 2. Theil, 13. cap., S. 318 ff.; *Lauterbeck*, 9. Cap., S. CCXXXVII.

94 *Reinkingk*, 1. Buch, Ax. L, S. 119 f.

95 Vgl. auch etwa *Rorarius*, III. Stück mit „Beweisung“; im *„Königreich Ophir“* ist das umfangreiche Kapitel „Von Beschaffenheit der Schuhlen“ im ersten Hauptteil „Von Religions Wesen“ eingeordnet, nicht etwa im zweiten Hauptteil „Von Regiments-Wesen“.

96 Siehe dazu auch *Lüdtke*, S. 71, 73 ff.

97 *Seckendorff*, Fürstenstaat, II. Teil, Cap. 11, § 3, S. 285 f.

98 So z. B. *Ferrarius*, VIII. Cap., S. XLV ff.; *Osse*, S. 389 ff.

99 Siehe z. B.: *Oldendorp*, Ratschläge, in der Übersetzung von Wolf, S. 50 ff.; *Ferrarius*, VIII. Cap., S. XLV, XLIX; *Osse*, S. 386 f.; *Hartmannus*, (ohne Seitenzählung); *Lauterbeck*, 7. Cap., S. CCXXXV; *Seckendorff*, Fürstenstaat, II. Teil, Cap. XIV, § 1, S. 329 ff.; *Oldekop*, 4. Teil, XXXII ff., S. 52 ff. (insbesondere XLV, S. 74 f.); *Christian Warner Friedtlieb*, Prudentia Politica Christiana,

tont, daß nur mit einer ausreichenden Zahl von guten Räten, Richtern, Advokaten, Pfarrern, Lehrern und Ärzten die Wohlfahrt des Landes aufzubauen ist, so läßt das erkennen, daß man über den Zweck der Schulen und Universitäten sehr fest umrissene Vorstellungen hatte.

Natürlich flossen in die Theorie der „guten Policey“ von Anfang an auch wirtschaftliche Gesichtspunkte ein.

Häufig finden sich in den Regimentstraktaten Überlegungen zum Ausbau der Verkehrswege[100], zur Stabilisierung des Münzwesens[101], Sicherung von Maßen und Gewichten[102], Beaufsichtigung und Lenkung von Handel und Gewerbe[103], zum Verbot des Wuchers[104] und zu vielen

Das ist: Beschreibung einer Christlichen, Nützlichen und guten Policey, wie dieselbe beschaffen sein solle, auch mit Gottes hülffe in gutem Zustand erhalten werden könne. Durch Vergleichung deren mit dem Menschlichen Cörper und dessen vornembsten Eigenschafften. Goslar 1614, S. 108.

Zu Friedtlieb vgl.: *Stoltenberg*, S. 60; *Hans Maier*, Ältere Staats- und Verwaltungslehre, S. 147 ff.

Erwähnenswert ist, daß die Einrichtung von Universitäten auch zur Hebung der Einkünfte empfohlen wird, weil nämlich „die Studenten und Scholaren, viel tauset Gulden Jährlich an die Orte bringen, da sie dem studieren obliegen, und liefferen solch Gelt den Kostherren, Handwerckeren, und Kaufleuthen, von welchen hernach die Oberkeiten in ihren Zöllen und Ungelten zum grösseren theil dasselb wider zu entpfahen haben“. So *Georgius Obrecht*, Politisch Bedencken und Discurs: Von Verbesserung Land und Leut, Anrichtung guter Policey, Und fürnemblich von nutzlicher Erledigung grosser Ausgaben, und billicher Vermehrung eines jeden Regenten und Oberherren Jährlichen Gefällen und Einkommen: Allen Hohen und Nideren Oberkeiten, besonders deß Heyligen Römischen Reichs Ständen, in diesen letzten und hochbetrangten Zeiten, zum besten gestellt, (geschrieben 1609), in: Fünff unterschiedliche Secreta Politica Von Anstellung, Erhaltung und Vermehrung guter Policey, und von billicher, rechtmässiger und nothwendiger Erhöhung, eines jeden Regenten Jährlichen Gefällen und Einkommen ..., gedruckt Straßburg 1644, 2. Buch, S. 121 f.

Zu Obrecht vgl. u. a.: *Roscher*, S. 152 ff.; *Small*, S. 40 ff.; *Nielsen*, S. 66 ff.; *Stoltenberg*, S. 56 ff.; *Hans Maier*, Ältere Staats- und Verwaltungslehre, S. 150 ff.

[100] Siehe z. B. *Ferrarius*, S. XLV; *Obrecht*, Politisch Bedencken, S. 16; *Friedtlieb*, S. 151 ff.; *Seckendorff*, Fürstenstaat, II. Teil, Cap. VII, § 10, Nr. 3, S. 230 f., auch III. Teil, Cap. III, Sect. III, S. 424 („Vom Geleit und Zoll“).

[101] Siehe dazu — neben der speziellen Abhandlung *Gemeyne stimmen* (vgl. oben Fußnote 64) — z. B.: *Osse*, S. 382; *Lauterbeck*, 4. Teil, 14. Cap., S. CCLIX; *Friedtlieb*, S. 153 ff.; *Seckendorff*, Fürstenstaat, II. Teil, Cap. VIII, § 9, S. 223, auch III. Teil, Cap. III, Sect. II, S. 406 ff. („Vom Müntz-Regal“); *Reinkingk*, Ax. XLIV, S. 291 ff.

[102] Vgl. z. B. *Lauterbeck*, 4. Teil, 15. Cap., S. CCLXI; *Seckendorff*, Fürstenstaat, II. Teil, Cap. VII, § 9 Nr. 7, S. 224; *Reinkingk*, Ax. XLIV, S. 291 ff.

[103] Vgl. z. B. *Oldendorp*, Ratschläge, in der Übersetzung von Wolf, S. 47; *Ferrarius*, S. XLV; *Friedtlieb*, S. 133 ff., 148 ff., 172 f.; *Seckendorff*, Fürstenstaat, II. Teil, Cap. VIII, § 10 Nr. 3. Für eine ausgeprägt steuerpolitische Betrachtungsweise vgl. z. B. *Obrecht*, Politisch Bedencken, S. 12 ff.; zum Ausbau staatlicher Monopole z. B. *Ruremundus*, Cap. XXXVII, S. 139 ff. — Vgl. dazu auch die Auffassung Contzens bei *Seils*, S. 141.

[104] Vgl. z. B. *Lauterbeck*, 4. Teil, 13. Cap., S. CCLV; *Ruremundus*, Cap. VII, S. 17 f.; *Seckendorff*, Fürstenstaat, II. Teil, Cap. VIII, § 9 Nr. 6, S. 224.

anderen wirtschaftlichen Problemen mehr. Auch die Empfehlungen für ein Vorgehen gegen Bettler und Müßiggänger einschließlich der Einführung des Arbeitszwanges[105] sowie die Ratschläge zur Vermehrung der Bevölkerung[106] gehören — mindestens teilweise — in diesen Zusammenhang[107].

Die Ursachen dafür, daß solche wirtschaftlichen Erwägungen in den Regimentstraktaten im Zusammenhang mit der „guten Policey“ Berücksichtigung finden, sind komplex.

Zum Teil sind sie in den vorerwähnten ethischen und religiösen Einflüssen zu suchen. Insbesondere die aus dem „Ampt“ der Obrigkeit fließende Sorge um das zeitliche Wohl der Untertanen war ein Antrieb, sich um die Vermehrung ihrer „Nahrung“ zu kümmern. „Also ist auch ein jeder Christlicher Vernünfftiger Regent, der ihm seine und des Landes wolfahrt angelegen sein lest, schuldig, mit allem fleiß darauff zugedencken, und gute nützliche verordnung zu thun, daß in seinen gantzen Lande die Unterthanen gute Nahrung, durch den Ackerbaw, nützliche und nötige Handwercke, ehrliche gewerbe, Handtierung, Kauffmannschafft, ab- und zuführe, und derogleichen, haben, und daß alles, so nötig, nütz und dienlich ist, darein gebracht, waß aber deme schädlich, nicht hinein verstattet ... werden möge[108].“ Als Mittel zur Sicherung der guten „Nahrung“ mußte man natürlicherweise wirtschaftspolitische Maßnahmen erwägen.

Gelegentlich drängte das offensichtliche Elend des Landes die Schriftsteller, auf die Notwendigkeit staatlicher Wirtschaftsmaßnahmen hinzuweisen. Aus der Situation am Ende des Dreißigjährigen Krieges heraus entstand etwa folgende beredte Klage: „Es seynd aber der Mittel zur Nahrung so viel, ... Daß mich also erbarmet und betrübet deren Regimenter elender Zustand, wenn ich sehe, daß die Städte und Platze

---

105 Vgl. z. B. *Ferrarius,* XI. cap., S. LVI ff.; *Ruremundus,* Cap. XXXV, S. 116 ff.; *Oldekop,* 1. Teil, XXXI, S. 61 f., 4. Teil, XXIV, S. 39 ff.; *Königreich Ophir,* 2. Teil, 13. Cap., S. 318 (Bettler werden, je nach der Ursache ihres Bettelns, „entweder verpfleget, oder zur Arbeit angehalten, oder fortgeschaffet“). In *Seckendorffs* „Christenstaat“ wird das Vorgehen gegen „müßiggänger, vaganten, bettler, ziegeuner und andere verbotene lebens-arten“ kategorisch mit der „regul aus dem Christenthum“ begründet: „wer nicht arbeitet, sol auch nicht essen.“ Der wirtschaftliche Zweck wird klar herausgestellt: „Damit würde man der vaganten, der ziegeuner und muthwilligen bettler loß, die doch einen guten theil von der leute vermögen wegnehmen, welches besser anzuwenden wäre ...“, 2. Buch, 13. cap., S. 353.

106 Vgl. z. B. *Ruremundus,* S. 47 f.; *Seckendorff,* Fürstenstaat, II. Teil, Cap. VIII, S. 215 ff.; bei *Becher* richten sich alle Ratschläge nach dem erklärten Ziel, „ein Land populôs zu machen“, S. 2.

107 Vgl. dazu auch Contzen bei *Seils,* S. 138.

108 *Friedtlieb,* S. 31, vgl. insoweit auch S. 133 f., 148 ff.: Bei Friedtlieb steht die Versorgung der Bevölkerung ganz im Vordergrund. Vgl. auch die oben (bei Fußnote 78) zitierte Stelle aus *Seckendorffs* „Christenstaat“.

dermassen wüste und ausgebrand darliegen, der Inwohner und Bürger wenig werden, die Nahrung sich verlohren und kein Vorrath mehr da ist, auch niemand Verstand noch Muth haben wil, die Rempublicam wieder auffzurichten und zu verbessern. Materia non nisi â Forma movetur et dirigetur ad actum, ist nicht denen armen ohnmächtigen Inwohnern, sondern denen Regenten, so ihnen vorgesetzt die öffentliche Schuld zu geben, deren ein Theil keinen Verstand noch Willen haben, das gemeine Beste förderlichst wieder uff zu richten, nicht bedenckent die Pflicht und Eyd, die sie Gott und Menschen geschworen haben[109]." Die Beobachtung der wirtschaftlichen Lage veranlaßt hier den Autor, sich Gedanken über ihre Verbesserung zu machen. So kommt es zu zweckgerichteten Ratschlägen für die Anwerbung arbeitsamer Bevölkerung, Verhinderung von Straßenraub, Betrug und Wucher, Vermeidung von Verschwendung und ähnlichen Ratschlägen mehr, die darin gipfeln, ein vorausschauender Landesherr möge doch wenigstens als Starthilfe für einen neuen Anfang „jedlichen seiner Unterthanen nur eine Kuhe fürsetzen"[110]. Hier geht der Appell an die christliche Pflicht des Fürsten, für seine Landeskinder zu sorgen, mit dem Bemühen um Stärkung und Wiederaufbau des Territoriums Hand in Hand: Das eine bedingt das andere[111].

An manchen im weiteren Sinne „wirtschaftspolitischen" Themen konnten die Regimentsschriftsteller auch wohl deshalb nicht vorbeigehen, weil sie ganz einfach Vorbedingungen für die Einrichtung „guter Policey" waren. So mußte man offenbar an Gewerbeaufsicht, Lebensmittelüberwachung (auch in hygienischer Hinsicht) und Sicherung der Versorgung[112] denken, weil die sich verdichtenden und verengenden Lebensverhältnisse einschlägige Maßnahmen erforderlich machten. In den alten bäuerlichen Gemeinschaften wäre beispielsweise eine Überwachung der Lebensmittelerzeugung ganz überflüssig und sinnlos gewesen. Wo aber Menschen gedrängt beisammen leben, wo die Arbeitsteilung zunimmt, wo auch im Bereich der Nahrungsmittel Selbstversorgung seltener wird, da entsteht ein Bedürfnis nach Koordination und Kontrolle. Diese

---

[109] *Christian Jacobi,* Tractatus de republica. Das ist: Vom Wohlstand und Glückseligkeit einer Stadt oder Regiments, Wie nemblich solches ausm Grund zuerheben, anzurichten und zu erhalten sey: Aus Ingenierischen und Politischen Gründen dargethan, Jena 1647, S. 85 f.

Zu Jacobi vgl.: *Stoltenberg,* S. 70 f.

[110] *Jacobi,* S. 91.

[111] Zur zweckgerichteten Wirtschaftsförderung durch landesherrliche Gnadenakte des Steuer- und Zollwesens siehe *Horst Butz,* Bedeutung und Ausprägung von Gnadengewalt und Gnadensachen in der Entstehungsphase des modernen Verwaltungsrechts, 1975, S. 33 ff.

[112] Vgl. zur Praxis *Schmelzeisen,* Polizeiordnungen und Privatrecht, S. 395 ff., 423 ff.

Erscheinungen haben sich — worauf oben[113] schon eingegangen wurde — naturgemäß zuerst in den Städten gezeigt. Typischerweise wurden sie denn auch in einem der frühesten deutschen Regimentstraktate, bei Ferrarius, in einem Kapitel besprochen, das sich vornehmlich an „Burgermeister und Rathspersonen“ wendet. Diese sollten „ein auffsehens haben, das es inn Mölln, Backheussern, Fleischschirn, Braw und Wirzheussern, Jar und wuchenmarckten, Kauffen, verkauffen, und inn allen andern hantirungen, so in Stetten gepraucht werden, (wol zugehe)“[114]. Es ging angesichts einer veränderten Bevölkerungsstruktur um die Sicherung elementarer Bedingungen für ein gedeihliches Zusammenleben der Menschen. Ohne sie als Grundvoraussetzungen war an eine „gute Policey“ nicht zu denken[115].

Nun wäre es allerdings ganz falsch, wenn der Eindruck entstünde, in den frühen Schriften, die von der „guten Policey“ handeln, sei die Motivation für wirtschaftliche Erörterungen immer die Sorge um den Menschen oder die blanke Notwendigkeit regulierenden Eingreifens gewesen. Große Bedeutung maß man schon zu Beginn des 17. Jahrhunderts dem allgemeinen Wohlstand des Landes als Voraussetzung für Macht und Reichtum des Fürsten bei.

Gelegentlich wird — auch in Schriften, denen das Wohl der Untertanen anscheinend ein echtes Anliegen ist — der Hintergedanke laut, daß ein Regent, der sich um den guten Zustand seines Landes bemüht, dafür neben Gottes Segen sehr weltlichen Lohn empfangen wird: Gute Ordnung im Land schafft volle Staatskassen. Als Ansporn für den Regenten, sich um das Wohl der Untertanen zu kümmern, hält man ihm gerne vor Augen, daß „seine Wolfarth und macht in der Unterthanen vermügen und Reichtumb mehrenteils bestehet“[116]. Bei solcher Betrachtungsweise werden materielle und moralische Gesichtspunkte oft unentwirrbar verknüpft.

Darüber hinaus gibt es — schon zu Beginn des 17. Jahrhunderts — mehrere Traktate, denen es eigentlich gar nicht um das Wohl der Unter-

113 Abschnitt A III 3.

114 *Ferrarius,* S. XLV (die Worte „wol zugehe“ fehlen in der Ausgabe Marburg 1533, in der Ausgabe Frankfurt 1601 sind sie ergänzt worden). Im X. Cap., „Von den zunfften“, schildert Ferrarius, wie ein Teil dieser Aufgaben ursprünglich von den Zünften besorgt worden sei. Da die Zünfte aber immer stärker den Eigennutz in den Vordergrund stellten, „ist es treglicher, das solliche zunfft, als ein abfall gemeynes nutzs gantz abgeschafft werde“.

115 Die keine hundert Jahre nach Ferrarius' Schrift erschienene Arbeit von *Löhneyß* läßt erkennen, wie gewaltig die Aufgaben des Staates sich zwischenzeitlich in dieser Hinsicht ausgedehnt haben. Da wird u. a. empfohlen eine „Wein Ordnung“, eine „Bier Ordnung“, eine „Mühlen Ordnung“, eine „Becker Ordnung“, eine „Schlächter-Fleischer- oder Metzger Ordnung“, eine in 16 Sparten unterteilte „Ordnung wegen der Handwercksleut“, Ärzte-, Hebammenordnungen usw.

116 *Friedtlieb,* S. 46, vgl. auch S. 31.

tanen geht, sondern schlicht um die Staatskasse. Für sie ist die propagierte Einrichtung „guter Policey" hauptsächlich ein Mittel der fürstlichen Einnahmensteigerung. Die bekanntesten unter diesen Schriften sind die „Fünff underschiedlichen Secreta Politica Von Anstellung, Erhaltung und Vermehrung guter Policey ..."[117] von Georg Obrecht; ähnliche Ratschläge finden sich aber auch in heute ganz vergessenen Büchern wie den „Trinum Secretorum Politicorum" von Hermann Doverinus[118] und „Mammonia oder Schlüssel deß Reichthumbs" von Johannes Ruremundus[119].

Liest man z. B. die sieben „cautiones", die Obrecht als allgemeine Maßregeln für die Steuerpolitik aufstellt[120], so wird klar, wie der Autor beständig den Zweck — die dauerhafte Vermehrung fürstlichen Vermögens — im Auge behält und die Mittel zum Zweck auf ihre Brauchbarkeit hin untersucht. Seine Weitsichtigkeit veranlaßt ihn allerdings, auch das Wohl der Untertanen nicht aus den Augen zu verlieren: Durch zu hohe oder auf die falschen Waren gelegte Steuern könnten die Untertanen nämlich „zur ungedult, und ungehorsam angereizt"[121] werden. Innere Unruhe, „Mißtrawen und Uneinigkeit"[122] sind indes unbedingt zu vermeiden, weil sie das Wachstum des Wohlstandes im Lande hemmen und sich auf die Kasse des Fürsten nachteilig auswirken würden.

Diese Geisteshaltung hat in großem Ausmaß Nachfolge gefunden. Insbesondere vom letzten Drittel des 17. Jahrhunderts an wird es zu einem Lieblingsthema der Staats- und Wirtschaftstheorie, den engen Zusammenhang zwischen dem Reichtum des Fürsten und dem Wohlergehen der Bevölkerung aufzuzeigen. Die ganz und gar finanzpolitisch orientierte Schrift „Fürstliche Schatz- und Rent-Cammer"[123] aus dem Jahre 1686 mißt alle staatlichen Wirtschaftsmaßnahmen am Eigeninteresse des Fürsten: „Es ist ja ein Fürst gleich einem haus-vater ... Nun muß ein haus-vater seinen acker düngen und pflügen, will er davon

---

117 Siehe dazu oben Fußnote 99.

118 *Hermannus Doverinus*, Trinum Secretorum Politicorum. Politische Geheimnussen warinnen Fürsten Herren und Obrigkeiten; dero Räthe, und Officianten; So dann: die Stätte insonderheit sich nutzlichen zuersehen haben. Straßburg 1622.

119 Siehe dazu oben Fußnote 84. — Inwieweit Ruremundus und Doverinus von Obrechts Arbeiten beeinflußt sind, bedürfte näherer Untersuchung. Große Ähnlichkeiten sind unverkennbar. *Ruremundus*, S. 62, zitiert aus dem (1623 noch nicht veröffentlichten) Werk Obrechts.

120 *Obrecht*, Politisch Bedencken, S. 12 ff.

121 *Obrecht*, Politisch Bedencken, S. 13.

122 *Obrecht*, Politisch Bedencken, S. 15.

123 *Wilhelm Freyherr von Schröder*, Fürstliche Schatz- und Rent-Cammer (1. Ausgabe 1686), Leipzig 1721.

Zu Schröder vgl.: *Zielenziger*, S. 295 ff.; *Marchet*, S. 115 ff.; *Stoltenberg*, S. 98 ff.

etwas erndten. Die teiche muß er mit guter Brut besetzen, will er denselben zu seiner zeit fischen. Das vieh muß er mästen, will er es schlachten, und die kühe muß er wohl füttern, wann er will, daß sie sollen viel milch geben. Also muß ein Fürst seinen Unterthanen erst zu einer guten nahrung helffen, wann er von ihnen etwas nehmen will[124].“ Derart ausschließlich vom Standpunkt des Fürsten her beurteilen allerdings auch im ausgehenden 17. und im 18. Jahrhundert nur wenige Schriften die Relation Reichtum des Fürsten — Wohlstand der Untertanen.

Auf all das wird an späterer Stelle noch einmal einzugehen sein. An dieser Stelle genügt die Feststellung, daß schon in Regimentstraktaten vom Beginn des 17. Jahrhunderts der materielle Nutzen des Fürsten als Neben- oder Hauptzweck der Einrichtung „guter Policey“ genannt wird. Das Leitbild der „guten Policey“ vereinigte ganz offenbar — auch und gerade dann, wenn es um Wirtschaftsfragen ging — unterschiedliche Aspekte.

b) Wenn man die verschiedenen Themen der Regimentstraktate durchsieht, dann stellt man fest, daß einige besonders deutlich erkennen lassen, wie die gedanklichen Quellen der „guten Policey“ zu einem Vorstellungsbild zusammengeflossen sind und wie hier die eine Strömung, dort die andere in den Vordergrund drängt.

Als anschauliches Beispiel dafür kann das Schrifttum über die Luxusgesetzgebung dienen.

Der übermäßige Aufwand in Kleidung und Schmuck sowie die Verschwendung auf Verlöbnissen, Hochzeiten, Kindstaufen, Fastnacht, Kirchweih und dergleichen stellte ein Problem dar, gegen das die Obrigkeit allerorten mit immer neuen Polizeiverordnungen unermüdlich vorging[125].

Man hatte keinen Zweifel, daß die Untertanen durch hoheitliche Gewalt vom „Freß- und Kleiderluxus“ abgebracht werden sollten. Unter den Regimentsschriftstellern herrschte völlige Einmütigkeit darüber, daß einschlägige Maßnahmen notwendig seien; nur wurde die Frage nach dem „Warum“ erstaunlicherweise recht unterschiedlich beantwortet.

Beginnen wir mit Osses “Testament“, so fallen zuerst standespolitische Erwägungen ins Auge; Osse ereifert sich, daß Bürgersfrauen und -töchter herausgeputzt „wie grosser mechtiger hern weiber und freulein hergehen“, so daß es schließlich so weit kommen müsse, „daß große fursten und hern ersto ansehens im gebrenge ire gemahel unter solchen

---

[124] *Schröder,* Vorrede § 11.

[125] Vgl. dazu etwa *Schmelzeisen,* Polizeiordnungen und Privatrecht, S. 288 ff.; *Veronika Baur,* Kleiderordnungen in Bayern vom 14. bis zum 19. Jahrhundert, 1975.

schmuckweibern und jungfrauen"[126] nicht erkennen. Daneben gibt Osse sehr deutlich der Sorge Ausdruck, die Verschwendungssucht der Damen werde die betroffenen Familien finanziell zugrunde richten[127], und zwar gleichermaßen im Adel wie im bürgerlichen Stand. Mit dem dritten Gesichtspunkt krönt er seine Argumentation: „Und ist ein sache vor fremde nacion und vor die kaufleut und hendler, die bekommen vor unnotdurftige ware das geld und gut diser lande, das wird in andere land gewant, und gehet gemeiner notz diser lande, welcher durch geld und gut der landleut nicht weniger dan ein menschlicher leib durch adern und blut erhalten wird, zuboden. Den gleichwi die egeln das blut aussaugen, also seuget solcher unnotzer pracht ... das geld ausm lande[128]." Zur Bemühung um die Aufrechterhaltung der ständischen Gesellschaftsordnung tritt also bei Osse die Sorge um die „gute Nahrung", das materielle „gute Leben" der Untertanen, eine hervorragende Rolle spielen aber auch finanzpolitische Erwägungen.

Ähnlich gemischt sind die Argumente, die Ruremundus gegen den Verbrauch von Luxuswaren anführt: „Dann es seind dise Wahren nicht alleyn dem gemeynen Mann schädlich, und bringen manchen ins verderben, sondern sie nutzen dem aerario, und Statt Kasten auch nichts, weil hiervon entweder nach ihrem wehrt, gar wenig, oder gantz kein Zoll gegeben wert[129]." Gegenüber Osse ist bei Ruremundus neu, daß er dem unwirtschaftlichen Aufwand nicht allein durch Verbote, sondern zusätzlich durch eine Über-Besteuerung begegnen will. Das Mittel-Zweck-Denken hat sich damit schon wesentlich verkompliziert. Indes ändert Ruremundus nur das Mittel: Verteuerung anstelle von Verboten. Bezüglich des Zweckes verbleibt er in überkommenen Vorstellungen — er stellt als (Haupt- oder Neben-)Zweck der steuerlichen Maßnahme erstaunlicherweise mit keinem Wort die Erhöhung der fürstlichen Einnahmen in Aussicht, sondern wünscht sich als Ergebnis nur, „gebrauch und tracht" der Luxuswaren mögen endlich „den Fürsten, und Herren wohl allein gelassen werden"[130].

Abweichend stellt sich der Hauptnutzen der Luxusgesetzgebung für Obrecht dar, dessen Gedanken in dieser wie in allen anderen Angelegen-

126 *Osse*, S. 462.

127 *Osse*, S. 462 f. Die Ehemänner und Väter nennt Osse „die armen elenden merterer", S. 462.

128 *Osse*, S. 463.

129 *Ruremundus*, S. 33.

130 Ebenda. — Auch *Lauterbeck* sorgt sich um die Verarmung der Bevölkerung durch den Luxus. Ebenso stark kommt bei ihm aber auch der Kummer über die Verwischung ständischer Unterschiede zum Ausdruck: „das man schier nicht erkennen kan, welchs ein Doctor, Handwercks- oder Edelmann ist, wenn man die Kleidung ansihet", 4. Buch, 10. Cap., S. CCXXXIX rechts; vgl. auch das 12. Cap.: „Wie sich die Alten in essen, trincken und Kleidung, so messig gehalten, und was daraus zu lernen", S. CCLII links ff.

heiten präzis auf die „Vermehrung“ des fürstlichen Einkommens gerichtet sind. Auch er tritt für strenge Ordnungen gegen Verschwendung aller Art ein, aber ihm gilt als wichtigster Bestandteil solcher Ordnungen anscheinend die Gebührentabelle. So legt er Wert darauf, Vorschriften gegen das Übermaß an Geschenken und üppiger Bewirtung bei Hochzeiten zu verbinden mit der Regelung, jeder Heiratskandidat habe eine bestimmte Gebühr zu entrichten — als Vorwand möge dienen, daß „diß gelt gleichsam die arra ist, damit sich verpflicht, der gemachten Ordnung nachzukommen“[131]. Da die Untertanen trotzdem weiterhin dem Laster der Verschwendung anhängen werden — wie Obrecht voraussetzt —, eröffnet sich durch möglichst strenge Luxusordnungen eine zweite Einnahmequelle: Bei Verstößen gegen die Vorschriften werden „Geltbussen“[132] fällig. Der Einziehung dieser Gelder[133] und den Möglichkeiten, über sie Buch zu führen, wendet Obrecht seine ganze Aufmerksamkeit zu[134].

Wieder anders sieht Friedtlieb die Lage. Er verurteilt das „ubermessige, stetige Fressen, sauffen und pancketiren“ sowie die „ubermessige prechtige Kleydungen“ aus dem gleichen Grund wie etwa das „unnötige übermessige Bawen“: Die Untertanen sollen statt dessen lieber sparen und „Vorrath“ anlegen[135]. Dabei ist nicht ganz deutlich, ob es ihm mehr um die materielle Sicherheit des kleinen Mannes oder mehr um den wachsenden Wohlstand des Landes geht. Klar wird jedenfalls, daß auch nach Friedtliebs Ansicht insbesondere der Import von Luxusgütern zu verurteilen ist, weil durch die Hingabe von Gold und Silber für Kleidung und Schmuck das eigene Land geschwächt, das Ausfuhrland dagegen gestärkt werde[136].

In Seckendorffs „Fürstenstaat“ schließlich stehen als Ziel der Luxusgesetzgebung gleichwertig nebeneinander wirtschaftlicher Nutzen und das weltliche Wohlergehen der Untertanen: Die „erhaltung des landes“ und „eines jeden vermögens“ gehen Hand in Hand[137]. — In Secken-

---

131 *Obrecht*, Politisch Bedencken, S. 18.

132 *Obrecht*, Politisch Bedencken, S. 77 ff. Obrecht möchte noch bei vielen anderen Angelegenheiten eine Geldquelle aus Gebühren und Geldbußen erschließen; wenn es nach ihm ginge, müßten für jedes Handeln der Verwaltung einige „Batzen“ entrichtet werden (S. 21 f.), Richter und „Advocaten“ würden durch „nammhafte geltpeen“ zur treuen Pflichterfüllung angehalten (S. 54 ff.), der Verlierer eines Zivilprozesses sollte nicht nur die Gerichtskosten tragen, sondern zusätzlich „straff“ (S. 63 ff.) an den Staat zahlen, etc.

133 z. B. durch das „Rüggericht“, S. 91.

134 Wobei er auch schon an „Ersatzstrafen“ (Haft) denkt, S. 89.

135 *Friedtlieb*, 10. Cap., S. 170 ff.

136 *Friedtlieb*, S. 172 f.

137 *Seckendorff*, Fürstenstaat, II. Teil, 8. cap., § 9, Nr. 8, Nr. 9, S. 224 f. Auch Seckendorff erwähnt den merkantilistischen Grundsatz, daß allgemein der Verbrauch der inländischen Erzeugnisse unterstützt und die Einfuhr gedros-

dorffs Alterswerk, dem „Christenstaat", äußert sich eine veränderte Anschauung. Noch immer beklagt Seckendorff zwar die übermäßige Verschwendung auch deswegen als „übel", weil dadurch „der leute nahrung offenbahrlich vermindert wird"[138], doch in erster Linie deswegen, weil sie gegen christlich-sittliche Grundsätze verstoße[139]. Ganz entschieden wendet er sich gegen eine einseitig finanziell-steuerliche Sicht der Angelegenheit: „welcher wolte wohl so verwegen seyn, wann er selbst ein Christ wäre, oder deren Regenten, wann er diese vor Christen hielte, vorschlagen, (wie man gleichwohl erfähret, daß es geschehe), man solle die unordnung mit kleidern, fressen und sauffen, nachsehen, damit die anlagen, so auf die waaren oder speiß unn tranck gemacht sind, mehr eintrügen, oder stärckere straffen einkämen. Das Christenhtum erheischet ja nicht allein, daß man das böse straffen, sondern auch die gelegenheit darzu abschneiden und verhüten solle[140]."

Welchen Wert Seckendorff darauf legt, über Sinn und Zweck der Luxusordnungen nachzudenken, zeigt sich noch an einer anderen Stelle, wo er zu den Kleiderordnungen sagt: „Noch ist nicht erlebet worden, daß die ordnungen in unserem Teutschlande, ausser bey geringen örtern ... wider dieses übel geholffen: ursach, es wird nicht erkennet, daß es eine verfehlung des menschlichen haupt-zwecks[141], und also eine sünde sey, sondern man hält die ordnungen vor eine unnöthige schärffe der Obrigkeit ...[142]."

Im gleichen Jahrzehnt, in dem Seckendorff so nachdrücklich den erzieherischen Zweck der Luxusordnungen betont, verfolgen andere Autoren dasselbe Ziel, die Einschränkung übermäßigen Aufwands, ohne dabei auch nur einen Gedanken an Sitte, Moral oder die ewige Seligkeit zu verschwenden. Für einen Kameralisten wie Hornick geht es bei der Einrichtung „guter Policey" einzig und allein um die „wohlbestellte Lands-Oeconomie"[143]. Wenn er mit Entschiedenheit eine Einschränkung

---

selt werden solle, damit „die mittel ... im lande selbst ... behalten werden", Fürstenstaat, II. Teil, 8. cap., § 9, Nr. 10, S. 225.

138 *Seckendorff*, Christenstaat, 2. Buch, 13. cap., § 3, S. 354.

139 Ebenda.

140 Ebenda. Vgl. dazu *Johann Heumann*, Der Geist der Gesetze der Teutschen, Nürnberg 1761, S. 28 f.: „Man könnte diese Eitelkeit durch gute Policey-Gesetze und wichtige Vorbilder noch wohl verbannen; es scheint aber das Finanz-Wesen allzusehr damit verbunden zu seyn ..."

141 Unter dem menschlichen „haupt-zweck" versteht *Seckendorff* im „Christenstaat" die Erlangung der ewigen Seligkeit, vgl. 1. Buch, 8. cap., § 3, S. 90; 9. cap., § 1, S. 99, § 2, S. 100; 10. cap., § 2, S. 111, § 4, S. 113 und passim.

142 *Seckendorff*, Christenstaat, 2. Buch, 2. cap., § 12.

143 *Philipp Wilhelm von Hornick*, Oesterreich über alles, wann es nur will. Das ist: Wohlmeynender Fürschlag, Wie mittelst einer wohlbestellten Lands-Oeconomie, die Kayserlichen Erb-Lande in kurzem über alle andere Staate von Europa zu erheben, und mehr als einiger derselben, von denen andern

des Luxus fordert[144], so sind dafür erkennbar ausschließlich wirtschafts- und handelspolitische Gesichtspunkte maßgebend.

Die Reihe dieser Beispiele — zeitlich von der Mitte des 16. bis zum Ende des 17. Jahrhunderts reichend — macht deutlich, daß die einheitliche Überzeugung jener Epoche, man müsse die (angebliche oder tatsächliche) Verschwendungssucht der Bevölkerung eindämmen, durchaus unterschiedlichen Motivationen entsprang[145]. Empörung über die Verwischung der Standesmerkmale, väterliche Fürsorge für die „Nahrung" der Untertanen, christliche Sorge um ihr Seelenheil bildeten ebenso den Hintergrund für die Beschäftigung mit Kleider-, Eß- und Trinkordnungen wie wirtschafts-, finanz- und handelspolitische Erwägungen aller Schattierungen. Der unmäßige Aufwand war ein Thema, das durch die wirtschaftlichen und ständisch-gesellschaftlichen Umwälzungen gleichermaßen wie durch die dem Regenten auferlegte Sorge um das zeitliche und ewige Wohl der Untertanen aktuell geworden war und sich später auch dem merkantilistischen Ideengebäude vorzüglich einpaßte.

Ähnliches gilt von vielen Themen, die zum Umkreis der „guten Policey" gehörten: Aus verschiedenen gedanklichen Quellen bildeten sich Vorstellungen über bestimmte Angelegenheiten des Gemeinwesens heraus, die man aus dem einen oder anderen Grund erledigt zu sehen wünschte und die man — da eine andere Instanz sich nicht anbot — dem Fürsten auferlegte.

Auf diese Art und Weise trieben die Regimentstraktate mit ihrer Theorie der „guten Policey" die Ausdehnung des staatlichen Betätigungsfeldes voran.

Wenn manche dieser Schriften ausgeartet sind zu einer voluminösen, katalogartigen Aneinanderreihung aller denkbaren hoheitlichen Verwaltungstätigkeiten[146], so zeugt auch das immerhin von ihrem Bestreben, eine rundherum perfekte Ordnung des Staates zu entwerfen.

Gelegentlich lehnten sich Erörterungen über die „gute Policey" auch bewußt an Regelungen an, wie sie in „fortschrittlichen" Territorien schon Wirklichkeit geworden waren. Es ergaben sich daraus breit angelegte Beschreibungen, „wie es an einem oder andern ort des Reichs

---

independent zu machen, Regensburg 1708. (Die erste Ausgabe erschien 1684.) Der Name des Verfassers wird auch Hornigk, Hörnigk u. ä. geschrieben.

Vgl. zu Hornick: *Roscher*, S. 289 ff.; *Zielenziger*, S. 278 ff.; *Stoltenberg*, S. 96 ff.

144 *Hornick*, Cap. IX, S. 31 sowie Cap. XXIV, S. 117, 120.

145 Zum entsprechenden Ergebnis hinsichtlich tatsächlich erlassener Kleiderordnungen gelangt *Baur*, S. 120 ff.

146 Bei *Löhneyß* z. B. handelt das gesamte 3. Buch, S. 233 bis 677 von der Einrichtung einer Verwaltung und gibt dadurch einen sehr eindrucksvollen Überblick über die vom Staate entfalteten Aktivitäten.

in solchen sachen bißher gehalten worden"[147]. Dem entspricht in der Praxis die Tatsache, daß so manche Polizeigesetze aus unterschiedlichen Territorien inhaltlich voneinander abhingen, weil die fürstlichen Gesetzgeber als Vorlage für eigene Anordnungen gerne ein anderswo schon bewährtes Polizeigesetz benutzten[148]. Wenn anderswo hoheitliche Maßnahmen einen Erfolg gehabt hatten, den man auch für das eigene Territorium als wünschenswert ansah, so lag ihre Nachahmung nahe.

II. Die theoretische Einordnung der vom Staat neu übernommenen Tätigkeiten. Die Entwicklung der Staatszweckvorstellungen

Wer die ganze Entwicklung vom heutigen Standpunkt aus überblickt, der wird ohne Schwierigkeiten erkennen, wie sich die Aufgaben der deutschen Fürsten zu Beginn der Neuzeit auf Bereiche ausdehnten, die bis zu jener Zeit noch keinerlei rechtliche Durchformung erfahren hatten. Hingegen erscheint es durchaus zweifelhaft, ob den zeitgenössischen Regimentsschriftstellern die Neuartigkeit der Aufgabenbereiche, die der Staat mit ihrer Unterstützung übernahm, überhaupt bewußt wurde.

Die Traktate selbst enthalten in dieser Beziehung jedenfalls keinerlei ausdrückliche Aussage. Auch die Stellen, die sich mit dem „unterscheid der zeit und lebens"[149] und der „Wandlung der Dinge"[150] befassen, lassen höchstens einen negativen Schluß zu; denn eine theoretische Erörterung darüber, daß die „ander zeyt" auch die Tätigkeitsbereiche des Staates wesensmäßig verändert habe, findet sich nicht.

Die Einstellung der Autoren zu den neuartigen staatlichen Tätigkeiten läßt sich aber vielleicht dort aufspüren, wo sie sich Gedanken über die Ziele und Aufgaben des Staates machen.

Dem nachzugehen, bedeutet zugleich, die Entwicklung der Staatszweckvorstellung in den frühen Regimentstraktaten zu verfolgen.

Weil dabei unvermeidbar von „Zwecken" und „zweckmäßigen" Mitteln die Rede sein wird, ist es wichtig, im vorhinein klarzustellen, daß

---

[147] *Löhneyß*, 3. Buch, 6. cap., S. 263; vgl. z. B. auch *Seckendorff*, Fürstenstaat, II. Teil, 8. cap., S. 216 f.; *Ruremundus*, S. 33 ff. stellt als „Regulam, modell, und richtschnur" die „Churfürstl. Säxische Policey und Kleiderordnung" von 1612 dar. — Man findet Regimentstraktate auch gelegentlich mit Ausgaben von Polizeiordnungen zusammengebunden, so z. B. Oldekops „Politischen Unterricht" mit der „Policey- und Kleider Ordnung des ... Herrn Johann Georgen, Herzogen zu Sachsen, Jülich, Cleve und Berg ..." von 1612, in dem Band, den die Bibliothek Göttingen unter der Signatur Polit II / 7875 führt.

[148] *Schmelzeisen*, Polizei- und Landesordnungen, Bd. 1, S. 30.

[149] *Ferrarius*, Vorrede.

[150] *Oldendorp*, Ratschläge, in der Übersetzung von Wolf, S. 37.

die ältesten Regimentstraktate beide Worte noch nicht kannten. Die Entwicklung vom althochdeutschen „zwec“ = Nagel, die über den Begriffsinhalt „Pflock inmitten der Zielscheibe“ führte, gelangte zur übertragenen Bedeutung „Absicht, Sinn, Ziel jeder Bemühung“ erst gegen Ende des 16. Jahrhunderts[151]. Speziell von einem „Zweck“ des Regierens oder dem „Zweck“ bestimmter Gesetze sprach man kaum vor Seckendorffs „Fürstenstaat“[152], und vom „Zweck“ des Staates zu sprechen, wurde erst im 18. Jahrhundert üblich[153]. Noch später — nicht vor der Mitte des 18. Jahrhunderts — tauchte die Ableitung „zweckmäßig“ als Adjektiv oder Adverb auf[154].

---

[151] *Duden Etymologie*, Herkunftswörterbuch der deutschen Sprache, 1963, Artikel „Zweck“; *Friedrich Kluge*, Etymologisches Wörterbuch der deutschen Sprache, 20. Auflage 1967, Artikel „Zweck“.

Die frühesten Zeugnisse für die übertragene Bedeutung von „Zweck“, auf die ich in den von mir untersuchten Quellen stieß, seien hier kurz wiedergegeben:

a) Bei *Lauterbeck*, S. LXXXVIII (ebenso in der früheren Ausgabe, 1559, S. LVIII rechts) steht die Wortbedeutung „Zielpunkt“ vielleicht im Vordergrund: „... möcht ich gerne sehen, wenn sich ir sechs oder sieben ... zusammen nider setzten, und einer keme, und brechte eine böse und verwirrete sache, welche wol einer Disputation bedürffte, ... wie dieselben nidergesetzten ... nach der Vernunfft das Urteil dermassen aussprechen wolten, damit sie den Zweck treffen, und der rechten bahn nicht fehlen möchten.“

b) In der 1580 von *Nigrinus* übersetzten Vorrede des Gentillet (siehe Abschnitt B I 1 c) taucht auf S. 13 links der Seitenvermerk auf: „Zweck dieser Schrift“; im Text heißt es dort: „Diß ist mein Zweck, darauff ich alles zurichten fürgenommen habe.“

c) In: Discursus politicus, De vero justoque principe. Das ist: Ein Discurs, Von der Edlen tewren und werten Kunst, wie ein Fürst sein Land und Leute ... regieren sol. Anfenglich in Italianischer Sprache beschrieben durch ... Fulvius Pacianus .. zu Modena ... übersetzt durch *Statium Borchholten*, ... Hamburg 1614, heißt es in der „Vorrede“: „Es haben die vernunfftigen Heyden ... sich höchstes fleisses bemühet zuerfahren, welches doch das summum bonum, oder das höchste Gut were, dahin ein Mensch, als zu einem Zweck alle seine Gedanken, ja alle seine mühe und arbeit wenden solle ...“

d) 1617 schreibt *Johannes Thomas Obrecht* in seiner Vorrede zum Buch des Vaters: „Damit (jeder) verstehen möge, zu was Zweck und End er den Obrigkeiten nach newen Einkommen ... zutrachten ... rathe.“

Die in Heckers Ausgabe von *Osses* „Testament“ auftauchende Überschrift „Eingang von dem Zweck und vorhaben dieser schrift“, S. 380, stammt nicht etwa aus dem Jahre 1555, sondern ist später von Thomasius eingefügt worden, siehe *Hecker*, ebenda, Anmerkung c.

[152] Dort II. Teil, 8. Cap., § 2, S. 205: „Der Hauptzweck dessen allen ist die heilsame erhaltung der policey oder gantzen regiments, in seiner ehre, krafft und hoheit, und das letzte Ziel ist die ehre Gottes ...“

[153] Darauf wird weiter unten eingegangen werden.

[154] Vgl. *Deutsches Wörterbuch* (Grimm), 16. Bd., Artikel „zweckmäßig“; *Kluge*, Artikel „zweckmäßig“. Weder bei *Johann Christoph Adelung*, Wörterbuch der Hochdeutschen Mundart, 1811, noch im Wörterbuch der Deutschen Sprache, Hrsg. *Joachim Heinrich Campe*, 1811, ist die Wortbildung „zweckmäßig“ schon vermerkt. Ich fand sie erstmalig bei *Gottfried Achenwall*, Die Staatsklugheit nach ihren ersten Grundsätzen, (1. Ausgabe 1761) 2. Ausgabe 1763, S. 26: „Der Staat muß sich seiner Kräfte zweckmäßig bedienen.“

Wenn auch das Wort fehlte, mag der Begriff doch lebendig gewesen sein. Wenn wir etwas von der Vorstellung der Regimentsschriftsteller über die Zwecke des Gemeinwesens wissen wollen, müssen wir eben nach dessen Sinn und Ziel, auch nach Amt und Aufgabe der Obrigkeit fragen; wenn wir etwas über zweckmäßige Mittel erfahren möchten, können uns Ausdrücke wie nützlich, gut, dienlich, nötig den Weg weisen.

Beginnen wir mit Oldendorps „Ratschlägen": Dort wird wiederholt betont, daß die Einrichtung „guter Policey" ein bestimmtes Ziel habe — die „gemeine Wohlfahrt" (oder, gleichbedeutend, das „gemeine Beste"). Die „gemeine Wohlfahrt"[155] ist für Oldendorp aber noch nicht ein verselbständigtes Leitbild obrigkeitlicher Fürsorge, sondern ergibt sich zuvorderst daraus, „daß ein jeder sich selbst auf den rechten Weg, der zu guter Policey und glückseligem Zustande des gemeinen Wesens förderlich sein kann und dienen mag, weise und schicke"[156]. „Gemeine Wohlfahrt" wird nach seiner Ansicht alleine dadurch verhindert, daß das Gemeinwesen unter drei großen menschlichen Schwächen leidet; in Unglaube, Habgier und Unverstand sieht er die höchsten Gefahren für ein gedeihliches Zusammenleben[157]. „Wenn aber Gott und der Nächste lange genug verachtet und alle guten Gesetze verschüttet sind, die Lehre und Erfahrenheit guter Policey vergessen ist — dann beginnt ein solcher Zustand Gott, andern Leuten und uns selbst übel zu gefallen und zuletzt fällt alles zusammen, das Gute mit dem Bösen, gerade wie ein Haus, das ohne festes Fundament allzu hoch und außer dem rechten Maß verbaut worden ist[158]." Die Aufgabe der Obrigkeit, die diese mittels Rechtsetzung und „Vollstreckung" zu erfüllen hat, faßt Oldendorp darum gleichsam negativ: Es geht ihm um die Abschaffung konkreter Übel, um „die Mittel dagegen"[159].

Diese Auffassung — daß nämlich Herstellung „guter Policey" durch die Beseitigung von Störungen zu geschehen habe — entspricht ganz derjenigen, die im „Vorspruch" der Reichspolizeiordnung von 1530 zum Ausdruck kommt: Dies Gesetz soll dienen „zur Abstellung von Unordnung, Mängeln und Gebrechen". Als Zweck des Gesetzes betrachtet man

---

155 Vgl. *Erik Wolf*, Rechtsdenker, S. 156: Der Begriff meine bei Oldendorp „jenen althergebrachten, sittlichen Gemeinschaftsgedanken, in dem die Ideen des praktischen Nutzens, des ‚guten alten Rechts' und der deutschrechtlichen Genossenschaft zusammenfließen".

156 *Oldendorp*, Ratschläge, in der Übersetzung von Wolf, S. 52. Wolf hat hier das niederdeutsche „gude politie" mit „guter Verwaltung" übersetzt. Da dadurch der Sinngehalt des Ausdrucks verkürzt wird, ziehe ich „gute Policey" vor. Vgl. auch *Freybe*, Vorwort, S. 4 f.

157 *Oldendorp*, Ratschläge, in der Übersetzung von Wolf, S. 43 ff.

158 *Oldendorp*, Ratschläge, in der Übersetzung von Wolf, S. 44.

159 *Oldendorp*, Ratschläge, in der Übersetzung von Wolf, S. 45.

es also, ungute Zustände (die man ihrer Natur nach für behebbar hält) zu beseitigen[160].

Oldendorp analysiert die Mißstände des Gemeinwesens, indem er nach ihren Ursachen fragt: „wolltest du etwas Schlimmes vermeiden oder abwenden, so beseitige zuerst die Ursache des Übels[161].“ Auf diesem Weg kommt er ganz selbstverständlich zu Gegenmaßnahmen. Die Gegenmaßnahmen müssen dem Zweck, der Beseitigung der Mißstände und damit der „gemeinen Wohlfahrt“ angemessen sein — sie müssen zweckmäßig sein. Dieser Grundsatz gewinnt bei Oldendorp wohl zum ersten Male im deutschsprachigen Schrifttum klare Konturen. Es geht dem Autor grundsätzlich darum, „zu erwägen, was am nützlichsten getan oder unterlassen sein möchte“[162]. Daß die Entscheidung darüber nicht immer einfach ist, weiß er wohl: „Ferner müssen, weil unter guten Vorschlägen oftmals einer besser ist wie der andere, unter vielen schlechten, die man doch nicht alle vermeiden kann, aber einer weniger böse als der andere ist, alle solchen Umstände durch Ratschlagen recht erwogen werden, wie aus zwei guten der beste, aus zwei bösen der mindest arge Rat zu erwählen ist[163].“

Oldendorp bringt nun seine eigenen Vorschläge dazu, wie man den Mißständen des Gemeinwesens zweckmäßig begegnen könne.

Als ein „nötiges Mittel“ gegen den Unglauben empfiehlt er, den Untertanen Gottes Wort „durch gelehrte, erfahrene und getreue Prediger“ verkünden zu lassen, „und dieselben auch mit Lebensunterhalt ehrbarlich“ zu versorgen[164].

Dem Zweck, die Habgier der Menschen zu vereiteln, dienen nach Oldendorps Ansicht zwei Gruppen von Gesetzen und Verordnungen: diejenigen, nach denen man „in Städten und Landen ... Ämter, Kauf-

160 Siehe *Franz-Ludwig Knemeyer*, Polizeibegriffe in Gesetzen des 15. bis 18. Jahrhunderts, in: AöR Bd. 92 (1962), S. 153 ff., 160.

161 *Oldendorp*, Ratschläge, in der Übersetzung von Wolf, S. 33; unter Bezugnahme darauf S. 43.

162 *Oldendorp*, Ratschläge, in der Übersetzung von Wolf, S. 43. Im Original heißt es: „wat nüttest ghedan edder gelaten syn mochte.“ *Forstenow* übersetzt mit „nützesten“, S. 48.

163 *Oldendorp*, Ratschläge, in der Übersetzung von Wolf, S. 33.

Der gleiche Gedanke findet sich schon in der 1529 in Rostock erschienenen Schrift *Oldendorps* „Wat byllick unn recht ys, eyne korte erklaring, allen stenden denstlick“; photographische Neuausgabe von A. Freybe, Was billig und recht ist, 1894. Übertragung ins Neuhochdeutsche: siehe oben Fußnote 25. Dort S. 19: „... es kann oftmals ein Weg zur Beurteilung eines Handels gut und nützlich scheinen oder auch nicht böse sein und doch auf eine andere Weise besser und nützlicher und demnach auch billiger entschieden werden. Item: es fallen auch oft Händel vor, darin nicht ein guter, sondern eitel böse und beschwerliche Wege vorhanden sind — da ist es nützlich und billig, das geringere Übel zu erwählen und das größere zu vermeiden.“

164 *Oldendorp*, Ratschläge, in der Übersetzung von Wolf, S. 45.

mannschaft und alle Hantierungen beurteilt und ordnet“[165] sowie diejenigen, mit denen „man überflüssigen oder undienstlichen Ausgaben in Städten und Landen begegnet“[166]. Weil Oldendorp glaubt, daß solche Gesetze das rechte Mittel sind, um gegen die gemeinschädliche Habgier vorzugehen, gehört ihr Erlaß und ebenso ihre Vollziehung für ihn zum selbstverständlichen Aufgabenkreis der Obrigkeit.

Ihm ist auch klar, daß die allgemeine Unwissenheit und der Mangel an „brauchbaren Leuten“ „wie: Prediger, Magistraten, Räte, Beisitzer, Syndicos, Sekretäre, Ärzte und dergleichen“[167] dem Gemeinwesen schweren Schaden zufügen. Ihn zu beheben, gibt es nur ein Mittel: die Unterrichtung der Jugend. Daraus zieht Oldendorp konsequenterweise den Schluß, die Obrigkeit müsse sich der Schulen und Universitäten annehmen.

So ergibt sich, daß für Oldendorp die Aufgaben des Gemeinwesens ganz natürlich aus den Mißständen der öffentlichen Ordnung erwuchsen. Die „gemeine Wohlfahrt“ war ihm im Grunde das selbstverständliche Ergebnis des gerechten sozialen Miteinanders in einer von Gott gestifteten Ordnung. Nur weil diese Ordnung brüchig geworden war und Schäden zeigte, mußte die Obrigkeit vorsichtig regulierend eingreifen.

Für Oldendorp ergab sich ein Konflikt mit älteren Vorstellungen, die das Herrscheramt auf Friede- und Rechtswahrung beschränkten, schon deswegen nicht, weil er seine politische Einsicht im praktischen Studium städtischer Einrichtungen ausgebildet hatte[168]. Von daher war es ihm nichts Neues, die Obrigkeit auf das wirtschaftliche und sittliche Verhalten der Bürger Einfluß nehmen zu sehen.

Ferrarius dagegen scheint stärker von traditionellen Auffassungen geprägt gewesen zu sein. Wo er grundsätzliche Ausführungen über das „ampt der obern“ macht, da nennt er nur „zweyerley“: „schutzen und rechtsprechen[169].“ „Das erste dienet gemeinem frieden, dadurch die widderwertigen und feinde abgewendt, die unruwigen und bösen gestrafft, gemeine strassen versichert, und gutte ordenung zu burgerlicher geselschafft furgenömen werde ... Dann wo die sachen also stunden, dastu alle mal, so du etwas schwerlich erarbeitet hettest, und dein schefflin unters tach bracht, des feindes inbruch gewarten must, und sehen solliche deien narung hynweg nemen, haus und hoff abbrennen, weib und kinde schleppen, ... darzu alle stunde von dein nachpawren des hantgreiffs und anderer uberfarung inn sorgen stundest, und das

---

[165] *Oldendorp,* Ratschläge, in der Übersetzung von Wolf, S. 47.

[166] *Oldendorp,* Ratschläge, in der Übersetzung von Wolf, S. 49.

[167] *Oldendorp,* Ratschläge, in der Übersetzung von Wolf, S. 51.

[168] Siehe z. B. *Erik Wolf,* Rechtsdenker, S. 154.

[169] *Ferrarius,* S. XII.

sonder alle auffsehens unn gegenwere, wurde dich sehr verdrossen machen, etwas bestendigs vorzunemen, auch wol inn der welt zu leben[170]. ... Das ander amtp der weltlichen oberkeit, dient den enzeln personen, und ist auch der gemein von nöten, als in recht sprechen, des velzyhung, und derogleichen wirckungen. Dan so wir das Recht ansehen, inn massen es geschrieben ist, odder von gewonheit herbracht, so ists an macht, tod unn vergeblich, Darumb müssen obern sein, als Keisere, Könige, Furstenn, Herrn, Statthalter, Schultheißen, Burgermeister, Rath, und andere beuelch haber, die das recht mittheiln, in sein wirckung brengen, und das zu volstrecken gewalt haben ...[171].“

Allerdings fließt an anderer Stelle auch bei Ferrarius der Satz ein, durch die Obrigkeit müsse „in alle wege das gedeyen der hintersassen gesucht werden“[172]. So wenig wie bei Oldendorp ist dieses „gedeyen“ aber eine gegenüber Recht und Frieden verselbständigte Motivation politischen Handelns; vielmehr stellt es sich als Ergebnis der Wahrung einer christlichen Gerechtigkeitsordnung dar.

Der Aufgabenkreis der Obrigkeit weitet sich in Ferrarius' Darstellung an dem Punkt, wo sie zu den „Burgermeister und Rathspersonen“ in den Städten gelangt[173]. Zum Regiment der Städte gehören, sagt Ferrarius, „auch“ die „zweyerley“ herkömmlichen Gebiete: „Schutzen, straffen“ einerseits und „urtheiln“ andererseits, welche ganz entsprechend den bis dahin gegebenen Regeln zu handhaben seien[174]. „Inn sonderheit“ gibt es nun aber einen ganzen Katalog hoheitlicher Pflichten zur Aufsicht und zu tätiger Fürsorge „zu gedeyen gemeiner stat“[175].

Erst hieran anschließend wendet sich Ferrarius — ohne sich etwa weiter auf die Städte zu beschränken — wichtigen neuen Verwaltungsgebieten zu, die der Staat übernommen hatte, insbesondere dem Schulwesen[176] und der Armenfürsorge[177]. Er handelt sie ab, ohne ein Wort darüber zu verlieren, wie er sie in sein Schema von den „zweyerley“ Herrscheraufgaben einzuordnen gedenkt.

Man wird aus dem Aufbau der Erörterung vielleicht schließen dürfen, daß die grundsätzliche Beschränkung der Herrscheraufgaben auf Friede- und Rechtswahrung noch zu fest im Bewußtsein des Autors verankert

---

[170] *Ferrarius*, S. XI rechts.

[171] *Ferrarius*, S. XII links.

[172] *Ferrarius*, S. XXIX links.

[173] *Ferrarius*, S. XL links ff.

[174] *Ferrarius*, S. XLV links. Die Seitenzählung ist hier in der Erstausgabe durcheinandergeraten, es folgen aufeinander: XL, XL, XLI, XLII, XLII, XLV, XLVII, XLVII etc. Ich zitiere nach den Originalziffern.

[175] *Ferrarius*, S. XLV links.

[176] *Ferrarius*, VIII. Cap., S. XLV ff.

[177] *Ferrarius*, S. LX ff.

war, als daß er in seiner Schilderung vom „ampt" der Obrigkeit hätte darüber hinausgehen können. Die Entwicklung der staatlichen Wirklichkeit — insbesondere der Zerfall der kirchlichen Ordnung — hatte den Rahmen der hoheitlichen Tätigkeit aber bereits ausgedehnt und den Herrschern weitergehende Aufgaben auferlegt. Daß ihre Inangriffnahme zum „gedeyen der gemeyn" dringend erforderlich war, hat Ferrarius erkannt. Da er es als Gottes Willen betrachtete, „in alle wege den gemeinen nutz"[178] zu fördern, konnte er diese Aufgaben in seiner Erörterung nicht übergehen. Seine systematisierende Kraft reichte aber noch nicht aus, die neuen Aufgaben in ein Verhältnis zu den alten Oberbegriffen Friede- und Rechtswahrung zu bringen.

Ferrarius geht während seiner ganzen Erörterung von den einzelnen Aufgaben der Obrigkeit wie von feststehenden Gegebenheiten aus und diskutiert sie nur im Hinblick darauf, wie sie christlich und recht zu erfüllen seien. Welchem Zweck die Erfüllung dieser Aufgaben letztlich dienen soll, diese Frage stellt er überraschenderweise erst nachträglich. Auf den allerletzten Seiten seines Buches spricht er über das Ziel der staatlichen Gemeinschaft. „Wann die Gemeyn nu also zugericht, das alles im schwang gehet, unnd ein iedes darinn gehörig, auff sein ampt und beruffung sihet, Der Furst schutzt, schirmpt, und lesst einem ieden gedeyen was recht ist, ... Die hintersassen sein gehorsam, stehen iren hendelen und hantyrungen trewlich fur, Die armen werden notturftiglichen versehen, ... So mussen wir auch furt schreiten, und gedencken, warumb sollichs geschehen soll, und was darinn zu suchen, und endlich zu gewarten sey[179]."

Als mögliche Antworten auf diese Frage führt Ferrarius antike Staatszweckvorstellungen an. Er beginnt mit Aristoteles und den „Philosophi"[180], die meinten, „das so inn sollicher burgerlicher gemeinschafft endlich gesucht werde, solt sein, das man inn das gemeyn und vor sich selbst wol lebe" und „inn einem stillen lebenn, den umbkreyß der welt, der vernunfft nach, durchsucht ..."[181]. Dann fährt er fort: „Die andern so mit dem beschawlichen leben sich nit so hoch bekumern, beharren auff dem gemeyn gedeyen." Dies „gedeyen" sei nur dann zu erreichen, wenn jeder einzelne sein Teil dazu beitrage. Vom Fürsten erwarte man insoweit, daß er für Schutz und Gerechtigkeit sorge „unnd darzu sein lande mircklich gepessert hab, als die Rhömer vorhatten, und darumb vettere des vatterlands und mehrer des reichs genant sein worden"[182].

---

[178] *Ferrarius*, S. III rechts.

[179] *Ferrarius*, S. LXIIII links.

[180] Ebenda; am Rand sind neben Aristoteles die Namen Cicero und Seneca vermerkt.

[181] Ebenda.

[182] *Ferrarius*, S. LXIIII rechts.

Weiter führt Ferrarius unter Heranziehung historischer Beispiele aus, daß andere das Ziel des staatlichen Zusammenlebens in Ehre und Ruhm, im Reichtum, ja — schändlicherweise — sogar im „fressen, sauffen, mussiggang“ gesehen hätten[183].

Nach alledem schließt er mit den Worten: „Aber wir Christen sollen es nit darbey lassen, das unser gemein nutz in schwanck gehet ... lande und leute sig bessern, ... sonder sollen furtfarn und ein bessers suchen, nemlich die ehr Gottes[184].“

Die im Staate zu verwirklichenden Aufgaben ergeben sich demnach für Ferrarius letztlich aus dem Streben nach überirdischen Gütern. Die vorgetragenen Auffassungen des Altertums vom „gemeyn gedeyen“ haben Ferrarius aber anscheinend doch so beeinflußt, daß er in dieser Schlußerörterung das äußerliche Wohlergehen von Land und Leuten als untergeordneten Staatszweck durchaus voll akzeptiert — er will es eben nur „nit darbey lassen“.

Alles in allem gewinnt man den Eindruck, daß Ferrarius nicht aus eigenem Antrieb über den Zweck des Staats nachdachte, sondern daß es dazu des Anstoßes durch die antiken Philosophen bedurfte. Die Frage, „warumb sollichs geschehen soll“, lag ihm im Grunde wohl fern. In seiner Vorstellungswelt hatten Fürst wie Untertanen je ihre von Gott gestellten Aufgaben. Dem Fürsten war die Sorge für Schutz und Gerechtigkeit auferlegt, dem Untertanen die Pflicht, zu gehorchen und seiner „Nahrung“ redlich nachzugehen. Beide Seiten standen unter dem obersten Gebot, für den „gemein nutz“ tätig zu sein. Wenn nun der „gemein nutz“ erforderte, daß man sich um Schulen und Armenhäuser kümmere, so mußten diese Angelegenheiten dem Aufgabenkreis des Fürsten zuwachsen, weil niemand sonst sie übernehmen konnte. Die Pflicht zur Erfüllung dieser Kultur- und Fürsorgeaufgaben aus einem eigenen „Zweck“ der Staates abzuleiten, daran dachte Ferrarius nicht. Ihm war es selbstverständlich, diese Aufgaben dem durch das Christentum geprägten „ampt und beruffung“ des Herrschers einzugliedern.

Ähnliches gilt von Osse. Er baut seine Erörterung auf dem Grundgedanken auf, die Obrigkeit sei „pflichtigk ..., gut regement auch gericht und gerechtikeit zu erhalten, bose leute zu strafen, die frommen zu schutzen, zu handhaben und zu vortedigen, dan dorum ist die obrikeit von got geordent“[185]. Eine gute Obrigkeit beweist ihre „tugend und geschicklikeit durch zweierlei wege“, „Erstlich in zeit des krigs durch manliche taten ... und beschutz irer lande und untertanen, zum andern durch ordnung und erhaltung guter gotseligen rechtmeßigen regirung,

[183] *Ferrarius*, S. LXIIII rechts ff.

[184] *Ferrarius*, S. LXVI links.

[185] *Osse*, S. 271.

gerichtbarkeit und policei in zeit des frides“[186]. In der Erörterung einer „rechtmeßigen regirung und justicien“ stellt Osse allen anderen Aufgaben der Obrigkeit voran die Sorge um die Religion[187], wozu gehört, daß sowohl „die alten coerciones ecclesiasticas und kirchengezwenge“[188] als auch der Inhalt der Predigten[189] und die Einheitlichkeit der Lehre[190] überwacht werden. Bemerkenswerterweise bezeichnet Osse diesen gesamten Bereich als „stucke der justicien“[191]. Es geht ihm dabei ganz deutlich um die Wiederherstellung von Zucht und Ordnung im Volk. „Es wird auch leichtfertikeit, roher und wilder wandel bei dem volk so gemein, daß man schir keiner sunde und schande mehr acht, auch wenig warheit, treue, glaubens und erbarkeit bein leuten diser zeit zu befinden. Do solte gut sein, daß die weltliche obrikeit ir schwert wetzte, ... dormit die leut ... sich der alten teutschen erbarkeit widerum zu fleißigen anfingen[192].“ Ihm ist offenbar klar, daß die Obrigkeit durch die Möglichkeit, die Religion „zu handhaben“[193], großen Einfluß auf die Bevölkerung gewinnen kann. In diesem Sinn begründet er auch die Notwendigkeit, jede — auch noch so geringe — Spaltung unter den „theologi, pharhern und predicanten“ eines Territoriums durch obrigkeitliche Aufsicht zu verhindern: Ansonsten könnten den einfachen Mann grundsätzliche Zweifel befallen und „unter den einwohnern rotten, zwitracht und vil ubels“ entstehen[194].

Osse ist demnach schon stark von dem Gedanken durchdrungen, daß es eine Obliegenheit des Staates sei, die Untertanen sittlich zu erziehen. Woraus sich Befugnis und Verpflichtung, solches zu tun, für den Staat ergeben — diese Frage stellt Osse nicht; nicht einmal auf einen göttlichen Auftrag greift er in diesem Zusammenhang ausdrücklich zurück. Er läßt sich durchaus von dem Gesichtspunkt der Nützlichkeit leiten. Sein Wunschdenken richtet sich auf die Wiederherstellung der „alten teutschen erbarkeit“ und „einikeit“, und nach diesem Zweck bestimmt er die Aufgaben der Obrigkeit.

Im weiteren betrachtet er die Regierung nach alter Tradition unter dem Gesichtspunkt der zum guten Regiment erforderlichen Tugenden:

---

[186] *Osse*, S. 276.

[187] *Osse*, S. 292 ff.

[188] *Osse*, S. 292.

[189] *Osse*, S. 294.

[190] Ebenda.

[191] *Osse*, S. 295. Auf S. 292 bezeichnet Osse die Sorge um die Religion als „amt einer iden obrikeit (so justiciam halten will)“.

[192] *Osse*, S. 292.

[193] Ebenda.

[194] *Osse*, S. 294.

prudencia singularis vel particularis[195], prudencia oeconomica[196] und prudencia regnativa[197]. Er kennt daneben auch eine prudencia politica[198], die er aber in seiner allgemeinen Darstellung ausläßt; davon, meint er, „will ich hernach sagen, wan ich von der policey meines liben vaterlandes handeln werde“[199]. Offenbar empfindet er diese “prudencia politica“ als so stark auf die praktischen Erfordernisse der Regierungswirklichkeit ausgerichtet, daß er sie lieber nicht theoretisch, sondern am konkreten Beispiel erörtern will.

In seinem „exempel eines guten regements“[200] behandelt er dann zunächst das gesamte Schul- und Universitätswesen[201], anschließend die „justicien“[202] und zum Schluß die „gute policei“[203]. Wo es um die „policei“ geht, kommt Osse noch einmal ausführlich auf die Pflichten des Herrschers gegenüber seinen Untertanen zurück. Daß er das gerade an dieser Stelle tut, zeigt: Es ist der Bereich der „guten policei“, der die Impulse gibt, die Aufgaben des Staates anders als vordem zu sehen. Die Akzente sind stark in Richtung auf obrigkeitliche Lenkung und Fürsorge hin verschoben. „Dan ein herre und regent ist seinem ime von got befolenen volk dreierlei schuldig: nemlich daß er dasselbige in gutem gedeihlichen wesen erhelt — welchs als dan beschit, wan das volk tugendhaftig lebet und etzliche unter ine zur lahr guter konste gefordert und vil weiser gelarter leute vorhanden, von den die andern gute unterweisung nemen und die finsternus der unwissenheit sie in irrtum nicht leiten — und daß die untertanen an gute und vormogen zunemen und (daß) alles, dordurch solche gemeinnotzige sachen vorhinderung haben, durch den hern vorhut aber abgewant werde[204].“

Konkret zeichnet sich in den Vorschlägen, die Osse zur Verbesserung der kursächsischen „Policey“ macht, eine in verschiedenen Punkten erweiterte Auffassung von den Aufgaben der Obrigkeit ab[205]; ins Auge fällt beispielsweise die Forderung nach Eingriffen des Staates in gestörte familiäre Verhältnisse wie im Fall verarmter adeliger Witwen und Waisen[206]. Das Anliegen, das Osse zu so weitgehenden Vorschlägen

---

[195] *Osse*, S. 296 ff.

[196] *Osse*, S. 303 ff.

[197] *Osse*, S. 325 ff.

[198] *Osse*, S. 379.

[199] Ebenda.

[200] *Osse*, S. 380 ff.

[201] *Osse*, S. 382 ff.

[202] *Osse*, S. 429 ff.

[203] *Osse*, S. 457 ff.

[204] *Osse*, S. 457.

[205] Vgl. dazu und zum folgenden: *Hans Maier*, Ältere Staats- und Verwaltungslehre, S. 144 ff.

[206] *Osse*, S. 460.

treibt, ist die Aufrechterhaltung der guten alten Ordnung. Seine Vorstellung von einer „guten Policey“ wurzelt eigentlich in einem traditionellen Verständnis von einem „gemeinen nutz“, in dem Bild eines gefestigten ständischen Systems, worin jeder einzelne willig den ihm vorbestimmten Platz einnimmt. Gerade in Osses beharrlicher Anhänglichkeit an die alte Ständeordnung liegt freilich der Keim zu seiner (wohl unbewußten) Bereitschaft, den hoheitlichen Aufgabenbereich zu erweitern; denn je stärker die Stände aus ihren Ordnungen heraustreten, desto umfangreicher werden zwangsläufig auch die „polizeilichen“ Maßnahmen, die dieser Entwicklung gegensteuern sollen. Die Folge liegt auf der Hand: „Der Konservativismus der Gesinnung befördert nicht die Stabilisierung der wankenden Ständeordnung, sondern dient der Ausbreitung der staatlichen Macht. In ihrer Hand aber wird die ‚gute Polizei‘ — ursprünglich zur Stützung der bestehenden Ordnung bestimmt — allmählich zum Selbstzweck; sie greift radikal ändernd in die Gesellschaft ein und droht das ganze bürgerliche Leben ihrem Gebot zu unterwerfen[207].“

Osse hat diese Einsicht, die sich uns rückblickend erschließt, nicht besessen und wohl auch nicht besitzen können. Eine grundsätzliche Erweiterung des staatlichen Tätigkeitsbereiches lag zweifellos nicht in seiner Absicht — wahrscheinlich hat ihm sogar das Bewußtsein einer solchen Entwicklung gefehlt. Er hatte als erstrebenswertes Ziel vor Augen die Wiederherstellung einer (seiner Meinung nach) guten und gerechten Ordnung, in der ein jeder an dem ihm gebührenden Platz sein hinlängliches Auskommen fände. Dieses Ziel zu erreichen, suchte er die geeigneten Mittel. Er fand sie in Gestalt hoheitlich-regulativer Maßnahmen. Daß diese Maßnahmen als Mittel zum Zweck der Erhaltung guter alter Ordnung in den Aufgabenkreis des Fürsten gehörten, war ihm anscheinend eine Selbstverständlichkeit, die keiner Begründung bedurfte.

Das im gleichen Jahrzehnt wie Osses Werk geschriebene „Regentenbuch“ von Lauterbeck verzichtet fast gänzlich auf Reflexionen über den Inhalt des Herrscheramtes oder den Zweck einzelner empfohlener Maßnahmen. Lauterbeck weist der Obrigkeit vielfältige Aufgaben zu; an Stelle einer Begründung greift er indes zumeist auf biblische oder historische Beispiele zurück. Es geht ihm bei seinem Katalog hoheitlicher Aufgaben kaum um die Frage nach dem „Warum“, ihm genügt es im großen und ganzen, zu konstatieren, *daß* es dem Regenten zukomme, dies oder jenes zu tun[208].

Bemerkenswert erscheint, daß Lauterbeck die detaillierte Aufzählung der hoheitlichen Verwaltungstätigkeiten unter die Überschrift faßt:

---

[207] *Hans Maier*, Ältere Staats- und Verwaltungslehre, S. 146.

[208] Vgl. dazu z. B. die Formulierung der Überschriften im 4. Buch.

„Vom Regiment der Stedte“[209], daß er sich in den einzelnen Punkten aber gerade nicht auf die „Stedte“ beschränkt, sondern seine Ausführungen in aller Regel durch Floskeln wie „auch sonsten“, „und anderswo“ verallgemeinert.

Man gewinnt aus alledem den Eindruck, daß hier ein Autor versuchte, all das, was er an staatlichen Maßnahmen in Stadt und Land, in seinem Heimatterritorium oder anderswo beobachtet und für nützlich befunden hatte, zusammenzustellen. Er ging von den tatsächlichen Gegebenheiten aus, wie sie sich ihm darstellten; und es fiel ihm nicht ein, zu untersuchen, wie es dazu gekommen war oder was das Endziel all dieser Maßnahmen sein sollte.

Eine ganz andersartige Behandlung erfährt die Frage nach den Aufgaben des Fürsten z. B. durch Hartmann[210].

Im ersten Satz seiner kleinen Abhandlung gibt Hartmann der Überzeugung Ausdruck, Gott habe von Anbeginn der Welt Obrigkeiten eingesetzt, damit sie das Volk „nach seinem Göttlichen willen leiten, führen und regiren“[211] sollten. Auf welches Ziel die Regierung auszurichten ist, darüber erfährt der Leser allerdings wenig. Die Aufgaben der Obrigkeit werden nur kursorisch beschrieben: „Als erstlich und fürnemlich inpflanzung der rechten waren Christlichen Religion. Zum andern, in handhabung der Justitien und Gerechtigkeit. Zum dritten, in auff und anrichtung guter Policey und Ordnung.“ Leider beschränken sich Hartmanns weitere Ausführungen bezüglich des Aufgabenbereichs Rechtswesen auf Lobpreisungen der Unparteilichkeit und Unbestechlichkeit. Vollends die Behandlung der „guten Policey“ läßt jeden konkreten Vorschlag vermissen: „Was denn den dritten unn letzten Puncten betrifft, gute Policey unn Ordnung zuhalten, würdt der Herr mit vorgehen dem zeitlichen Raht und nachdencken seiner Räht, nach gelegenheit des Chur oder Fürstenthumbs anzurichten wol wissen. Und nachdem solche bedacht, und männiglichen publicirt und verkündt“, kommt es laut Hartmann nur noch darauf an, daß der Regent selbst nach seinen Vorschriften lebt und durch sein Vorbild die Untertanen „zu underthenigem gehorsam“ veranlaßt. Hier ist noch stark die Vorstellung lebendig, daß für jedes Problem des Gemeinwesens in verantwortlicher Beratung und persönlicher Entscheidung eine Lösung zu finden sei. Hartmann setzt seine Zuversicht darein, daß die Obrigkeit bei vernünftiger Überlegung in jedem Fall die richtigen Schritte zum Wohl des Landes unternehmen wird. Darum reduziert sich das Anliegen seiner Schrift — abgesehen von der Ermahnung zur „Gottseligkeit“ —

[209] *Lauterbeck*, 4. Teil, S. CCXX ff.

[210] Vgl. oben Fußnote 82.

[211] *Hartmannus*, (ohne Seitenzählung).

im wesentlichen auf eine Anpreisung guter Räte. Dem Regenten wird ans Herz gelegt, er möge nur ja nicht so vermessen sein, „auß seinem freyen ungezwungenen mutwillen, nach seinen infällen, ohn einigen Raht“ regieren zu wollen. Alles andere wird sich bei Beachtung dieser Ermahnung — so Hartmanns Überzeugung — von selber ergeben.

Hartmanns Sicht auf Verfassung und Verwaltung des Staates ist gänzlich vom Moment des persönlichen Vertrauens geprägt. Alles wird dem Sachverstand erfahrener Räte und der Einsicht des Regenten anheimgestellt. Von daher ergibt sich für den Autor keine Notwendigkeit, konkrete Leitsätze für eine gute Verwaltung aufzustellen; es erübrigt sich für ihn insbesondere, gewisse hoheitliche Maßnahmen von ihrem Zweck her zu bestimmen. Die Ausweitung des hoheitlichen Tätigkeitsbereiches auf neuartige Aufgaben kann er darum unmöglich als Problem erkennen.

Die stärker um grundsätzliche Richtlinien bemühte Abhandlung von Detlev Langebek, „Der ander Teil des Regentenbuchs“[212] formuliert den ursprünglichen Zweck der Obrigkeiten bedeutend enger als Hartmann, nämlich ganz im mittelalterlichen Sinn: „Davon denn erstlich bey allen Völckern der Welt hergekomen, das man Könige, Fürsten, Herrn und Oberkeit erkoren und gesetzt hat, nemlich, das sie sonderliche gewaltige Leute sein solten, die der bosheit wehren und widerstand thun, und einem jedem nach seinem anligen und beschwerungen, Rechts verhelffen köndten und möchten, ...[213].“ Von diesem Ausgangspunkt aus gilt ihm die „gute Policey“ nur als Randproblem, das er im Rahmen seiner allgemeinen Erörterung über die Gesetze streift: „Zum andern, gehören zu den Gesetzen gute Policey und Bürgerliche ordnung, die denn in den Griechischen Stedten gar trefflich und gut gewesen[214].“

Was das Buch Langebeks in dem hier anstehenden Zusammenhang interessant macht, ist die Betrachtung der staatlichen Gesetze von ihrem Zweck her. Es ist Langebek selbstverständlich, davon auszugehen, daß „Gesetze ... zu gemeiner wolfart auffgerichtet sein“[215]. „Nachdem auch alle Stedte und Communen zu erhaltung unn beschützung der Gemeine gestifftet werden, so müssen je zu dem ende auch alle Gesetze und Ordnung gerichtet sein, nemlich, das sie der Gemeine nützlich und gut, und ein jeder in sonderheit nicht etliche allein dadurch an narung, frieden, und wolstande müge zunemen und gedeien, sonst köndte es

---

[212] *Detlev Langebek*, Der ander Teil des Regentenbuchs, De iustitia, iure et aequitate. Von der Rechtfertigkeit, auch was Recht und Billigkeit sey und heiße. Wittenberg 1572.

Vgl. dazu: *Stoltenberg*, S. 47 ff.

[213] *Langebek*, S. 18 rechts.

[214] *Langebek*, S. 61 rechts.

[215] *Langebek*, S. 86 links.

den namen Reipublicae, das ist des gemeinen besten, nimer nicht haben[216].“

Bemerkenswert ist, wie die Begriffe „narung“ und „wolstand“ hier ins Spiel kommen, obwohl doch Langebek zuvor als Ursprung der Obrigkeit die Aufgaben der Rechts- und Friedewahrung bezeichnet hatte. Der darin liegende Widerspruch ist aber nur gering, wenn man berücksichtigt, daß Langebek den Zweck der Gesetze letztlich auf die „erhaltung unn beschützung der Gemeine“ zurückführt[217]. Gesetze sind demnach „nützlich und gut“, wenn sie eine dauerhafte Friedensordnung herbeiführen; als deren selbstverständliches Ergebnis stellt sich die gleichmäßige Möglichkeit für alle ein, „narung“ und Wohlstand zu erwerben.

In der Zeitspanne, die dann zwischen Langebek und Seckendorff liegt, nimmt die Vorstellung vom Amt des Fürsten und den Zielen des Staates immer stärker die „gute Nahrung“ der Untertanen in sich auf[218]. Interessant ist zu beobachten, wie sich die Rangfolge der Herrscheraufgaben z. B. bei Jacobi verschoben hat. Jacobi, dem sich aus der Situation des Dreißigjährigen Krieges heraus das materielle Elend von Land und Volk als größtes Problem darstellt[219], behandelt unter der Überschrift „Von Ordnung eines Regiments“ zuerst die wirtschaftlich-sozialen Pflichten des Fürsten. Dann fügt er — fast beiläufig — an: „Auff den Beruff und Nahrung folget die Beschützung, so wol in Frieden als Kriegszeiten. In Friedens-Zeiten werden die Unterthanen von ihren Obern beschützet, wenn sie nach der Gerechtigkeit regiret, ohne Furcht sicher unter ihnen seyn und wohnen können[220].“ Hier wird die Akzentverschiebung von der Wahrung des Rechtsfriedens zu tätiger Fürsorge deutlich. Das Gewicht hat sich auf den Staatszweck „Wohlfahrt“ verlagert.

Zugleich wird den Autoren in dieser Zeit ein Zweck-Mittel-Denken geläufiger. Das zeigt sich schon an der Häufung von Ausdrücken, die das noch fehlende Wort „zweckmäßig“[221] ersetzen und umschreiben; man liest jetzt immer öfter, bestimmte Maßnahmen seien „nötig, nutz

---

216 *Langebek*, S. 86 rechts.

217 Eine gewisse Übereinstimmung zeigt sich hier z. B. mit *Ulrich Zasius:* „Der Zweck des Gesetzes ist das Gemeine Beste. Das bedeutet: es wirkt eine heilsame Einigkeit unter den Menschen und Erhaltung sowohl der Ruhe als auch der Sicherheit.“ Siehe *Ulrich Zasius,* Von wahrer und falscher Jurisprudenz, Aus Schriften, Reden und Briefen 1507 bis 1526, in der Reihe: Deutsches Rechtsdenken, Hrsg. Erik Wolf, 1948, S. 34.

218 Vgl. z. B. *Friedtlieb*, S. 31.

219 *Jacobi*, vgl. auch oben I 2 a.

220 *Jacobi*, S. 98 f. Vgl. dagegen z. B. die Bemerkung bei *von Gierke*, Althusius, S. 301, Fußnote 95, daß etwa Besold die salus publica nur für den entfernteren, die iustitia für den nächsten Staatszweck erklärt habe.

221 Siehe dazu oben Fußnote 151 ff.

und dienlich"[222], „nutzlich"[223], „nutz und ersprießlich"[224]. Bei Autoren von der Art Obrechts ergibt sich das aus der Zwangsläufigkeit, mit der wirtschaftspolitische Erwägungen Zweckmäßigkeitsprüfungen erfordern. Aber auch darüber hinaus setzt sich die Auffassung durch, daß alles hoheitliche Handeln bestimmte Zwecke verfolge oder verfolgen solle. Man argumentiert etwa, es müsse „... alles was ein Fürst anfähet oder vornimpt zu beförderung deß gemeinen Nutzes und zu erhaltung seiner Hochheit ... gerichtet und gewendet werden"[225]. Man mahnt, daß „auch dieweil so viel schwere und unterschiedliche Zufäll, als im Rechten casus zu determiniern gefunden werden möchten, in Policey und Regimenten sich alle Augenblick erfinden lassen, daß nicht minder Streit, ja viel grössere Gefährligkeiten gebiert, wo man deß rechten Zwecks nicht in acht nimbt"[226]; oder: „Es soll ein Fürst und Oberkeit in ... wichtigen sachen, seiner Rhäte consilia und bedencken selber wohl erwegen und probieren, und Sehen, ob der Rathschlag zu einem Ehrlichen und dem gemeinen Nutz heilsamen Zweck und Ende gerichtet seye[227]." Entsprechend wird eine bestimmte „Beschaffenheit" aller Gesetze gefordert, „Daß sie gerecht sey, so wol des Zwecks dahin sie zielet, (welches allein das gemeine Beste ist,) als dessen Ansehens wegen der es verordnet hat"[228].

Ihre deutlichste Ausprägung erfährt die Frage nach dem Zweck hoheitlicher Maßnahmen dann schließlich bei Seckendorff.

Eine der „Teutschen Reden" Seckendorffs gibt uns ein schönes Zeugnis für die Bedeutung, die der Autor der Frage nach dem Zweck zumißt. Es geht um eine „Vergleichung zwischen der Architectur oder der Baukunst und der Regierkunst"[229]. Dazu heißt es: „Nun ist in allen Dingen zuförderst auff den Zweck und Nutzen zu sehen: Der Zweck eines Gebäues ist, dessen Gebrauch ... Nicht anders ist es bey dem

---

[222] Siehe z. B. *Friedtlieb*, an sehr vielen Stellen in den unterschiedlichsten Zusammensetzungen wie „nütz, gut und dienlich", „nütz, dienlich und hoch nötig" etc.

[223] z. B. *Obrecht*, Politisch Bedencken, S. 12 und anderswo.

[224] z. B. *Doverinus*, S. 10 (Sect. IX), S. 14 (Sect. XIII).

[225] *Löhneyß*, 2. Buch, 21. cap., S. 114.

[226] *Michael Kreps*, Teutsche Politick oder Von der Weise wol zu Regieren In Frieden und Kriegszeitten, Erster Theil, Frankfurt a. M. 1620, Vorrede, S. 22.

[227] *Ruremundus*, S. 172 f. Er übersetzt damit ein lateinisches Zitat, dessen Herkunft er mit „teste Haenon. disput. polit. 4. thes. 43 & eod. Dn. Besold de Consil. polit. n. 624" bezeichnet.

[228] *Carl Melchior Grottnitz von Grodnow*, Teutsch gekleideter Regiments-Rath, Stettin 1647, S. 132.
Vgl. dazu: *Stoltenberg*, S. 64 ff.

[229] *Seckendorff*, Teutsche Reden, Nr. XXI, S. 189 ff.: Rede bey Publication des Stiffts-Tags Abschieds, Anno 1678 in ... Herzog Moritzens Namen an die Stiffts-Stände.

Politischen Regiments-Bau, was wäre so viel Sorge, Mühseligkeit und Gefahr, die Herren und Diener dabey anzuwenden und auszustehen haben, nütze, wann deren niemand gebessert wäre, und nicht allerseits die Wohlfarth und Vergnügung des Regenten und der Unterthanen, dadurch nach Müglichkeit behauptet würde ... Zwar muß das Haupt-Werck getroffen, und die gemeine Wohlfahrt zwischen Herrschafft und Unterthanen nicht verfehlt seyn; Der Baumeister wäre nicht Ehren werth, der nur darum bauete, daß er seinen Sold und Lohn davon brächte, Gott gebe, das Gebäude möchte gleich gerathen oder verderben; Was sollte man von einem Regenten halten, der alles nur zu seinem eigenen Nutzen, oder zu seiner Belustigung vornehme und anwendete, unbekümmert, ob die Unterthanen in Gerechtigkeit und Friede bey ihrer Nahrung bestehen könten, oder nicht? und was wären diß vor übele Unterthanen, welche meyneten, der Regent müsse sich nebenst seinen Angehörigen und Dienern ihrentwegen zu todte sorgen und arbeite, ob sie gleich ihm davor wenig oder nichts zu gute thäten oder beytrügen? Nein, es muß der Regiments-Bau ... beyder Theile Wohlergehen zum Zweck und Absehen haben[230].“

Im „Fürstenstaat“ definiert Seckendorff den Charakter der hoheitlichen Gewalt insgesamt von ihrem Zweck her: „Es bestehet aber ... die landesfürstliche Regierung in erzehlung und behauptung gemeines nutzes und wohlstandes in geist- und weltlichen Sachen[231].“

Für einen „hauptpunct der regiments-geschäffte“ hält er „die aufrichtung guter gesetze und ordnungen“[232]. Die Erörterung hierüber nimmt ihren Ausgang ohne Umschweife vom Zweck: „Allhier ist nun ferner absonderlich anzuführen, wohin doch solche ordnungen in weltlichen sachen gerichtet zu werden pflegen, oder was sie betreffen. Insgemein zwar ist gedacht, daß dadurch gerechtigkeit, friede und aufnehmen, oder wohlfarth des landes, und der leute, gesuchet werde[233].“

Interessant ist es, zu verfolgen, wie in Seckendorffs Darstellung diese drei Zwecke ineinander verwoben sind. „Nun bestehet aber die gerechtigkeit, wie bekannt ist, auf diesen dreyen haupt-reguln, nehmlich, daß ein jedweder erbar und züchtig lebe, einem jeden dasjenige, was ihme gebühret, gebe, und wiederfahren lasse, und niemand beleidige. — Der Friede, oder die innerliche ruhe des landes, und sicherheit von den feinden, fliesset her aus der gerechtigkeit, und die wird hinwiederum

---

230 *Seckendorff*, Teutsche Reden, XXI, S. 190, 192.

231 *Seckendorff*, Fürstenstaat, II. Teil, Cap. 1, § 6, S. 37; auch II. Teil, Cap. 1, § 2, S. 33; im weiteren (§ 8, S. 40) bezieht sich Seckendorff ausdrücklich darauf: „... erweiset sich die landes-fürstliche hoheit ... zu dem obigen zweck des gemeinen nutzes und wohlstandes.“

232 *Seckendorff*, Fürstenstaat, II. Teil, Cap. 8, § 1, S. 203.

233 *Seckendorff*, Fürstenstaat, II. Teil, Cap. 8, § 2, S. 204.

durch friede und ruhe befördert, also, daß diese beyde stücke freylich, nach der lehre des Königes Davids einander küssen, und eines ohne das andere nicht wohl bestehet. Endlich das Aufnehmen und die wohlfahrt, gründen sich zwar fürnehmlich in denen zwey vorhergehenden gaben Gottes, erweisen sich aber auch absonderlich in guter Nahrung und Vermehrung der leute, und ihres vermögens, handels und wandels. Der Hauptzweck dessen allen ist die heilsame erhaltung der policey oder ganzen regiments, in seiner ehre, krafft und hoheit, und das letzte ziel ist die ehre Gottes[234]."

Von den drei Zwecken der Gesetzgebung steht für Seckendorff noch die Wahrung der Gerechtigkeit im Vordergrund. Von ihr hängen — getreu der mittelalterlichen Sicht — alle anderen Güter ab. Allerdings hat sich ihr Inhalt verändert, wie Seckendorff selbst wohl empfunden hat; er sagt: „Es ist zwar sonsten zu einem weltlichen regiment das absehen der gesetze mehr auf die andern beyden puncten der gerechtigkeit, und abschaffung der groben verbrechen, dadurch andere leute an ihren personen oder gütern beleidiget werden, ... gerichtet." Daß er demgegenüber das Gewicht verlagert hat auf „ein erbar und züchtig leben und wandel", begründet er so: „Aber in einer Christlichen policey kan und muß die obrigkeit hierinnen auch weiter gehen, und nicht allein die ordnung auf die groben äusserlichen mißhandlungen, welche wider die menschliche gesellschafft, einigkeit und Friede der unterthanen, ganz offenbarlich streiten, sondern auch etwas weiters, auf pflanzung ehre und tugend in den gemüthern, und gemeinen leben und wandel richten[235]." Zu diesem Bereich der Gerechtigkeit zählt er dann „eine gebührliche äusserliche feyer der sonn- und fest-tage, ein nüchtern und mäßiges leben, und vermeidung des schändlichen vollsaufens ... und was zu dem ende von gewisser zeit des tages, da man mit zechen und schencken aufhören muß, geordnet. Ferner ein rechtmäßiger beruff und handthierung, und vermeidung des müßiggangs, ... Die erhaltung einer gebührlichen ordnung und vorzugs, zwischen den ständen und unterthanen des landes, nach ihrem ehrenstande und amt, bey allen begebenheiten und zusammenkünfften, so wohl auch in kleidung, und andern äusserlichen dingen, ... Und was etwan dergleichen mehr seyn kan, welches die tugend, und auch die ehre und stand, einer jeden person der unterthanen betrifft[236]."

Zum andern zählt Seckendorff unter die „Gerechtigkeit" „die gesetze und ordnungen des landes auf alle der unterthanen eigenschafften, handthierung, thun und lassen, als fern ein solches einen andern und dritten angehet"[237]. Darunter werden unter anderem „handel und wan-

---

[234] *Seckendorff,* Fürstenstaat, II. Teil, Cap. 8, § 2, S. 204 f.

[235] *Seckendorff,* Fürstenstaat, II. Teil, Cap. 8, § 4, S. 206 f.

[236] Ebenda, S. 207 f.

del“, Vermögens- und Erbrecht, Vormundschaftsrecht und Strafrecht gezogen[238].

Es wird hier offenbar, wie sehr sich die Vorstellung von der „Gerechtigkeit“ ausgeweitet und wie sie einen großen Teil der neuen Staatsfunktionen in sich aufgenommen hat.

Der zweite Zweck der Landesordnungen, der Friede, ist demgegenüber bei Seckendorff nur äußerst knapp behandelt. Im wesentlichen sagt Seckendorff dazu nur, er erfordere eine wohlgeordnete Gerichtsbarkeit und die Unterdrückung der Selbsthilfe[239]. Der Friedensbegriff ist noch fast der herkömmliche. Nicht unter den Friedens-, sondern unter den Rechtszweck ordnet Seckendorff also eine große Anzahl der neuen Aufgaben des Staates ein!

Das Neue an Seckendorffs Systematik ist nun, daß er neben Recht und Frieden ausdrücklich einen dritten, gleichberechtigten Zweck der „guten Ordnung“ setzt: die Wohlfahrt, das ist „die erhaltung und vermehrung der leute und ihres vermögens“[240]. Auf diesen Punkt geht Seckendorff in aller Ausführlichkeit ein und stellt uns das Bild eines in Gesundheits- und Nahrungspolizei, in wirtschaftlicher Reglementierung und Vorsorge eifrig tätigen Staates vor Augen[241].

Die „Gerichtbarkeit“[242] sowie die „handhabungsmittel“[243] der fürstlichen Regierung behandelt Seckendorff gesondert, ebenso wie das „Landes-Fürstliche Regiment in geistlichen Sachen“[244] (einschließlich des Schulwesens[245]) und die einen großen Teil des Buches beanspruchende Finanzverwaltung[246]. Diese hoheitlichen Funktionen ordnet er keinem der Zwecke Gerechtigkeit, Friede oder Wohlfahrt ausdrücklich und unmittelbar zu. Auch der grundsätzlich übergeordnete Zweck des Staates, die Ehre Gottes[247], deckt diese Aufgaben aber höchstens zum Teil. Es bleibt insoweit nur die Unterordnung unter die allgemeine, ganz am Anfang der Abhandlung als Richtlinie aufgestellte Formel vom „Zweck des gemeinen nutzes und wolstandes“[248]. Indes greift Seckendorff auf

---

[237] *Seckendorff*, Fürstenstaat, II. Teil, Cap. 8, § 5, S. 209.

[238] Ebenda, S. 209 ff.

[239] *Seckendorff*, Fürstenstaat, II. Teil, Cap. 8, § 6, S. 214 f.

[240] *Seckendorff*, Fürstenstaat, II. Teil, Cap. 8, § 7, S. 215.

[241] *Seckendorff*, Fürstenstaat, II. Teil, Cap. 8, § 7 ff., S. 215 ff.

[242] *Seckendorff*, Fürstenstaat, II. Teil, Cap. 9, S. 232 ff.

[243] *Seckendorff*, Fürstenstaat, II. Teil, Cap. 10, S. 258 ff.

[244] *Seckendorff*, Fürstenstaat, II. Teil, Cap. 11 ff., S. 280 ff.

[245] *Seckendorff*, Fürstenstaat, II. Teil, Cap. 14 ff., S. 329 ff.

[246] *Seckendorff*, Fürstenstaat, III. Teil, S. 357 ff.

[247] Vgl. *Seckendorff*, Fürstenstaat, II. Teil, Cap. 1, § 6, S. 37.

[248] Siehe *Seckendorff*, Fürstenstaat, II. Teil, Cap. 1, § 2, S. 33; § 6, S. 37; § 8, S. 40.

sie bei Erörterung der einzelnen Punkte nicht mehr zurück — vielleicht, weil er selbst empfunden haben mag, daß sie zu vage ist, um aus ihr praktikable, richtungweisende Regeln für hoheitliches Handeln abzuleiten.

Seckendorff hat keine abstrakte, sondern eine an den tatsächlichen Verhältnissen des deutschen Fürstenstaats sehr konkret orientierte Abhandlung geschrieben. Er hat nicht im luftleeren Raum darüber theoretisiert, wie ein Staat und seine Verwaltung einzurichten seien. Hätte er das getan, so wäre er vielleicht zu einem geschlossenen Aufbau von den drei Staatszwecken Recht, Friede und Wohlfahrt her gelangt; er hätte vielleicht eine Staatszwecklehre entworfen, in der jede hoheitliche Maßnahme durch ihre Zuordnung zu einem der drei Zwecke legitimiert worden wäre. Doch Seckendorffs Anliegen war nicht auf die Vermittlung abstrakter Theorien gerichtet, sondern auf die Praxis der „guten Policey", der Staatsverwaltung. Dabei sah er sich einem Konglomerat hoheitlicher Tätigkeiten gegenüber, das in jahrzehntelanger oder auch jahrhundertelanger Entwicklung gewachsen war. Er fand seine Aufgabe darin, diese tatsächlichen Gegebenheiten nachträglich zu sichten, sie zu ordnen, in ein System zu bringen und hier und da neue oder ergänzende Gesichtspunkte hinzuzufügen.

So finden wir bei ihm einen vollständigen Überblick über die seit dem Ausgang des Mittelalters vom Staat übernommenen Tätigkeitsbereiche. Jetzt — in der Mitte des 17. Jahrhunderts — sind die weitgefächerten neuen Aufgaben mit aller Selbstverständlichkeit in das Gefüge der hoheitlichen Aufgaben integriert.

Dieser Integrationsprozeß ist seit dem Ende des Mittelalters — soviel uns die Theoretiker des frühen deutschen Fürstenstaates aus ihren Schriften erkennen lassen — allmählich und beinahe unbemerkt vor sich gegangen. Die neuen Aufgaben erwuchsen aus den Erfordernissen des „gemein nutzes"; sie wurden geboren aus dem Wunsch nach der Abwehr und der Abschaffung von Mißständen. Man empfand, daß die öffentliche Ordnung Mängel aufwies. Meistens begriff man diese Mängel als Schäden: als ungünstige Veränderungen gegenüber einem ursprünglich guten Zustand. Aus dieser Sicht heraus trat man für Maßnahmen ein, die diese Schäden beseitigen sollten. Dabei ging es anfangs um die Behebung ganz bestimmter unliebsamer Zustände. Man erwartete von der Obrigkeit, alles zu tun, um die alte, gute Ordnung zu bewahren oder wiederherzustellen. Die daraus sich ergebenden Aufgaben und die zu ihrer Erfüllung erforderlichen Befugnisse wuchsen ohne weiteres dem Herrscher zu. Über ihre Neuartigkeit machten sich die auf Einrichtung „guter Policey" ausgerichteten Theoretiker des frühen deutschen Fürstenstaates anscheinend keinerlei Gedanken. Sie gingen wie von einer unumstößlichen Grundlage davon aus, daß das, was zur Erhaltung oder Wiedereinführung guter Ordnung nötig war, zum Aufgabenbereich, zum „Amt", zur „Pflicht" und „Schuldigkeit" des Herrschers gehörte.

Erst im Laufe einer längeren Entwicklung führte dann das Bestreben, die — als unumgänglich notwendig empfundene — Wahrnehmung dieser Aufgaben auch theoretisch zu fundieren, dahin, sie ausdrücklich einzelnen Staatszwecken zuzuordnen und sie dadurch zu begründen.

C. Die Anerkennung neuen, zweckmäßig gesetzten Rechts

Die Voraussetzung dafür, daß der Staat mittels Polizei- und Landesordnungen, Edikten, Mandaten und Erlassen in neue Tätigkeitsbereiche vorzudringen vermochte, war die grundlegende Veränderung des Rechtsbewußtseins.

I. Das Vordringen geschriebenen Rechts

Es ist schon die Rede davon gewesen[1], daß die in Landes- und Polizeiordnungen betätigte Gebotsgewalt der Territorialherren zunächst in einen — nach mittelalterlicher Auffassung — „rechts"freien Raum vorstieß. In dem Maße jedoch, in dem das als geschriebene Ordnung nach dem Willen des „Staates" sich darstellende Rechtsgebot des Fürsten mehr und mehr Bereiche des täglichen Lebens regelte, schrumpfte die Bedeutung des „eigentlichen" Rechts[2]. Zugleich vergrößerte sich mit der zunehmenden Differenziertheit der Lebensumstände das Bedürfnis nach festen Entscheidungsregeln, wie man sie nur im aufgeschriebenen oder geschriebenen Recht finden konnte. „Je häufiger aber die Juristen ihre Weisheiten auf das Corpus Juris, die Schöffen ihr Urteil auf den Sachsenspiegel oder das geschriebene Landrecht, die Ratsherren auf das Stadtbuch stützten, desto mehr festigte sich die Gewohnheit, in der geschriebenen Quelle ein verbindliches Gesetz zu sehen, ohne Rücksicht auf die Art seiner Entstehung." Im gleichen Maße wuchs die Neigung, alles Recht als von einem Herrscher gesetzt aufzufassen. Damit eröffnete sich die Möglichkeit, an eine bewußte, planmäßige Neuschaffung des Rechts zu denken.

1. Die Anerkennung des geschriebenen Rechts — insbesondere des römischen — war für die Theoretiker der „guten Policey" im 16. Jahrhundert durchweg selbstverständlich.

Oldendorp legt in seiner — ein Jahr vor den „Ratschlägen" erschienenen — Naturrechtslehre „Wat byllick unn recht ys"[3] das Vorhandensein von zweierlei weltlichen Gesetzen zugrunde: „Geschriebenes Recht ist durch den Senat zu Rom und folgends durch die Kaiser, auch andere Stände eines jeden Ortes, in Schrift verfaßt worden und zu halten von

[1] Vgl. oben Abschnitt A IV 4.

[2] Hierzu und zum folgenden: *Ebel*, S. 63 f.; dort auch das Zitat.

[3] Vgl. oben Abschnitt B II, Fußnote 163.

der Obrigkeit geboten. Ungeschriebenes Recht sind löbliche Gewohnheiten, die mit richterlicher Zustimmung der Gemeinde lange Zeit gehalten werden[4]."

Zwar hat er begründete Zweifel, „welches besser sein möchte: viele geschriebene Rechte zu haben und sie nicht zu halten oder keine Schrift zu gebrauchen und den hergebrachten Gewohnheiten stracks nachzufolgen"[5]. Das ist bei ihm aber keine Frage des Prinzips, er sieht eine einfache Lösung in der Herabsetzung der Zahl schriftlicher Gesetze auf ein überschaubares Maß, denn dann seien sie jedenfalls „nützlicher denn allzu viele ungewisse Gewohnheiten, welche auch oft in große Mißbräuche abirren und mit der Zeit vergessen werden"[6].

Andere Autoren der gleichen Zeit verteidigen Wert und Notwendigkeit geschriebenen Rechts mit größerer Vehemenz. Es wird aus ihren Erörterungen deutlich, daß die Frage, ob geschriebenes Recht freier Rechtsfindung vorzuziehen sei, in der ersten Hälfte des 16. Jahrhunderts lebhaft diskutiert worden ist[7].

So weiß Ferrarius von Leuten, die „in allen bade und barbirstuben furgeben, und den gemeinen pöppel dahin richten, man bedürff des geschrieben rechten gar nit, sondern möge ein jede gemein on das durch eygene gewonheit und wolgefallen der oberkeit regirt und erhalten werden"[8]. Ferrarius hält diese Auffassung für höchst schädlich; er meint, daß jene Leute „gröblich ... irren", und er kann sich nur zwei Gründe für diese Auffassung denken: Entweder, die Leute reden so „auß unverstant" oder aber „damit sie den gewalt zu üben desto mehr platz hetten". Er warnt davor, daß „die gewonheiten offt driegen" und „von wenigen ingefürt werden, und vielmals von denen die nit wissen, was ein gutte gewonheit ist ... geschweige das sie wissen solten, was der gemein nutz sey, darauff die gewonheiten gericht werden sollen"[9]. Er befürchtet die Gefahr des bewußten oder unbewußten Mißbrauchs. „Darzu sind wir alle menschen, die in irem eigen furhaben bald irren kunden, und unsern eigen nutz durch solche wege suchen, besonder so uns ein bevelch, er sey als geringe er ymmer wölle, odder gewalt uber ein andern geben wurdt ... Solt auch unter vielen nit wol einen finden, der nit sein eigen sachen und nutz mit unter laß laufen. Wo nun alhie kein zaum were auß den geschrieben rechten, damit der schalck ge-

---

[4] *Oldendorp*, Was billig und recht ist, in der Übersetzung von Wolf, S. 11.

[5] Ebenda.

[6] *Oldendorp*, Was billig und recht ist, in der Übersetzung von Wolf, S. 12.

[7] Siehe dazu schon die Rede Melanchthons „De legibus", bei: *Guido Kisch*, Melanchthons Rechts- und Soziallehre, 1967, S. 85, vgl. dort auch S. 175. Zum „Kampf um das positive Recht" vgl. auch *Stintzing*, S. 267 ff.

[8] *Ferrarius*, S. VII links.

[9] Ebenda.

halten, und allein zu dem das recht und billich, auch dem gemeinen nutz zutreglich ist, gelassen wurde, so must manch arm man zu boden gehen, des seinen mit unrecht und gewalt verlustig werden, Unnd kundt ein jeder bevelhaber solche ungeschickte gewalt am hendel wol schmükken, und mit einer erdichten farbe malen, als beschehe sollichs von gewonheit des orts, oder sunst auß richterlichem gewalt, welchs der arme alles kein wissen trüge[10]." Willkür und Gewaltherrschaft sieht Ferrarius also als Folge einer Rechtsfindung ohne Bindung an geschriebenes Recht an. „Solchem vorzukomen ist das gemeine geschrieben recht ein einige richtschnür, und verfassung des gemeinen nutzes", denn in der Gestalt, wie es im Reich gilt — von den Römern herfließend und von den Kaisern geordnet —, enthält es nicht nur die von den Alten geschriebenen Gesetze, sondern auch alle guten Gewohnheiten und Sitten, die man hat finden können, „dem gemeinen nutz und eusserlichen frieden dienend"[11]. Natürlich erkennt auch Ferrarius — das betont er ausdrücklich — „„gute gewonheit", die in manchen Ländern neben dem geschriebenen Recht gelte, grundsätzlich an; aber seine Zweifel wiegen ihm schwer: „sollen aber gewarnt sein, damit wir das kein gewonheit achten, so nach rechtlicher ordenung nit herbracht ist, sunst wurde eine ieder auff gewonheit und herkommen sich stewren, und den nehisten mit unrecht umb das seine brengen, und also kein bestendig recht in den politien erfunden[12]."

Auch Lauterbeck bemüht sich eifrig um den Nachweis, daß es „viel besser und bequemer sey, das man ein bestendig und beschrieben Recht habe, denn das einer dis, der ander jenes, für recht und billich halte"[13]. Sein Hauptargument lautet: „Denn erstlich möcht ich gerne sehen, wenn sich ir sechs oder sieben, mehr oder weniger zusammen nidersetzten, und einer keme, und brechte eine böse und verwirrete sache, welche wol einer Disputation bedürffte, ... wie dieselben nidergesetzten der Billigkeit reumen, und nach der Vernunfft das Urteil dermassen aussprechen wolten, damit sie den Zweck treffen, und der rechten bahn nicht fehlen möchten[14]."

Ganz ähnlich wie zuvor Ferrarius klagt schließlich auch Osse über „etzliche, auch zum teil nicht geringes stands sondern ansehenliche

[10] *Ferrarius*, S. VII rechts. Vgl. auch die ganz gleichartige Argumentation bei Melanchthon: *Kisch*, S. 85.

[11] *Ferrarius*, S. VIII links.

[12] *Ferrarius*, S. VIII links.

[13] *Lauterbeck*, 2. Buch, 10. Cap., S. LXXXVIII links. Er gibt allerdings zu, daß mancherlei Argumente dafür sprächen, „man thete die Juristen und das beschrieben Recht gar aus dem wege ... Un sein diejenigen, so solche gedancken haben, nicht schlechte Leute, Sondern man findet darunter grosse Fürsten, Herrn von Adel, und andere Weltweise und verstendige Leute ..." 2. Teil, 10. Cap., S. LXXXVIII links.

[14] *Lauterbeck*, S. LXXXVIII links f.

leute", welche eine höchst schädliche Meinung vertreten: Sie beschränken sich nicht etwa darauf, „daß si die gemeinen recht ires gefallens reformiren, deuten aber glossiren, sondern sie wollen, daß man solche recht genzlich aufheben, abtuen und dorvor ein willkorlich recht, ius arbitrarium, annemen soll, dormit ein itzliche obrikeit, regirung und befelchhabere die untertan entscheide nach irem besten vorstendnus und wi si solchs gleich und billig dunkt"[15]. Die Befürworter dieser Meinung loben die Rechtsfindung in Deutschland vor der Rezeption des römischen Rechts: „sagen auch, es sei in landen nihe baß gestanden, dan do man der leut vortrag gehabt und alle sachen nach leiischem und reutervorstande vorrichtet[16]." Davon will Osse aber nichts wissen: „solchs ist nicht allein ein ungutige sondern ein teufelische mainung, dordurch alle gute wolgeordente regement zuruttet werden ... Dan wu ein solch jus arbitrarium in ein land komt, do ein itzlicher nach seinem willen und vorstande regiren mag, do sind mancherlei und so vil recht auf einen fall, so vil kopf in der regierung seind. Was einem recht ist, das ist dem andern unrecht; do hat ein itzlicher, so gewalt hat, raum, sein zorn, neid, haß, abgonst und widerwill ins werk zu setzen, die leut zu drucken und zu beschweren[17]." Weil eine solche Rechtsunsicherheit und Rechtlosigkeit Osse als Gift für das Wohl eines Landes erscheint, ist er überzeugt, der allmächtige Gott habe den Menschen „die heilsame erznei der gewissen vornunftigen gesetze durch kluge weise leut ... gegeben"[18].

2. Osses Wertschätzung des „ius scriptum" geht so weit, daß er jede — nicht aus dem Gesetz sich ergebende — mildernde Anpassung an eine konkrete Situation ablehnt[19]. Seiner Meinung nach ist keines Menschen Vernunft und Verstand „so rein und vurtrefflich, daß er den beschribenen rechten und gesetzen, so durch viler weiser leute unparteisch eintrechtig bedenken geordent, vorzuzihen aber daß dorum die recht anders, dan di gemeinlich vorstanden und in brauch angenommen, solten gedeutet werden. Dan um billikeit aber equitet willen soll man von ausdrucklicher vorordnung gemeiner recht und satzung nicht abweichen, sondern ein beschriben recht, wi scharf und schwer auch solches scheint, soll der billikeit, die in den rechten und gesetzen nicht gemeldt wird, vorgezogen werden[20]." Nur bei Gesetzeslücken „und in allen fellen, so die recht in ermessung des richters stellen", hält Osse

[15] *Osse*, S. 288.

[16] *Osse*, S. 288. Vgl. dazu die Anmerkung des Thomasius, die bei *Hecker* (Osse), S. 289, Fußnote 35, wiedergegeben ist.

[17] *Osse*, S. 289.

[18] Ebenda.

[19] *Osse*, S. 286 ff. — Auch hier zeigen sich Übereinstimmungen mit der Ansicht Melanchthons, siehe *Kisch*, S. 168 ff.

[20] *Osse*, S. 287.

es für zulässig, daß die Obrigkeit ungeschriebene Billigkeitsgesichtspunkte zur Geltung bringt, sofern sie dabei „nach irem besten vorstande" und „mit rechter masentscheidung" vorgeht[21]. Billigkeitserwägungen eine größere Bedeutung für die Regierung einzuräumen, erscheint ihm ganz abwegig, „Dan sonderliche gedanken konnen wol ein klugen scharfsinnigen regenten trigen, dorum soll keiner seinem eigen kopf und sin so vil nachhengen, und ein ide gotforchtige gerechte obrikeit soll solchem miswahn keins wegs statt geben sondern den beschribenen rechten und gesetzen in rechten gemeinen vorstande iren lauft unvorhindert lassen soll"[22].

Grundsätzlich anderer Meinung über die Bedeutung der Billigkeit ist Oldendorp. Er lehrt, daß „alle geschriebenen Rechte, alle Gewohnheiten und Handlungen weltlichen Regiments der Billigkeit stattgeben und weichen" müßten[23].

3. Von daher ist für Oldendorp auch klar: „Wenn in gemeinen Rechten oder Gewohnheiten etwas aus billigen Ursachen so zu verändern wäre, daß es dauernd bleiben und für ein Gesetz in allen Sachen gelten sollte, so müßte die ordentliche Obrigkeit sich dessen annehmen[24]."

a) Den Zusammenhang zwischen der Veränderung sozialen Lebens und der Bildung neuen Rechts hat Oldendorp mit großer Klarheit erkannt. Er spricht darüber in seinen „Ratschlägen" unter der Überschrift: „Van gelegenheyt der tydt", „Von den Umständen der Zeit[25]". „In allen Ratschlägen will auch wohl erwogen und bedacht sein, daß sie mit der Zeit übereinstimmen." Es „kann in Ratschlägen nichts Beständiges gefunden oder geordnet werden, wenn man nicht auf die Umstände der Zeit und des Ortes, daß diese übereinstimmen, gut acht gibt[26]. Zeit bringt Wandlung aller Dinge auf Erden; ... Wandlung der Dinge

---

[21] *Osse*, S. 287 f.

[22] *Osse*, S. 288.

[23] *Oldendorp*, Was billig und recht ist, in der Übersetzung von Wolf, S. 10.

[24] *Oldendorp*, Was billig und recht ist, in der Übersetzung von Wolf, S. 12 f.

[25] *Oldendorp*, Ratschläge, in der Übersetzung von Wolf, S. 37 ff. — Das Original ist (auch in Freybes Nachdruck) ohne Seitenzählung.

[26] Auch in „Was billig und recht ist", in der Übersetzung von Wolf, S. 17, lehrt *Oldendorp* die entsprechende Regel: „Daß wir in allen Sachen aus der besonderen (thofelligen) Beschaffenheit der Personen und Dinge, des Ortes und der Zeit erwägen und ermessen sollen, was billig ist." S. 19: „Der Orte halber muß man auch acht haben auf die Billigkeit. Denn weil nicht alle Gesetze an jedem Ort dienstlich sind, so ist es billig, daß die Verhältnisse des Ortes, wo der Handel vorgefallen, fleißig erwogen werde. Es kann oftmals geschehen, daß an einem Ort etwas nützlich und gut, aber in einem anderen Lande schädlich sein möchte ... Die Zeit zu erwägen, bringt auch nicht geringe Frucht zur Erforschung der Billigkeit, weil alle Dinge von Natur ihre zugewiesene Zeit haben. Und kann wohl ein Statut oder Gesetz nach Gelegenheit der Dinge in einem Jahr gut und in dem anderen böse sein."

... macht es nötig, Verfassungen und Gesetze, welche darum aufgerichtet sind, jeweils etwas zu verändern. Die Arznei muß sich ja nach der Krankheit richten. Weil es nicht in deiner Gewalt steht, daß du die Zeit und den Lauf der Welt wider Gottes Willen aufhaltest oder nach deiner Verordnung allenthalben drängest, so mußt du wiederum deine Ordnungen nach Gelegenheit der Zeit biegen und verändern[27]."

Eindeutig spricht sich Oldendorp dafür aus, dort, wo Erfordernisse des Gemeinwohls es unumgänglich machen, neues Recht zu schaffen: „Not bricht jeden Bund[28]; wo immer billige, begründete Ursachen dafür vorhanden sind, warum etwas nach Gelegenheit der Zeit zu verändern sei, wäre es eine große Torheit und täte dem gemeinen Besten Abbruch, wenn du dich solchem in fleißigem Ratschlagen zu bessern nicht annehmen und es lieber seinen Weg, wie ein Schiff ohne Ruder, fahren lassen wolltest[29]."

Freilich ist eine Anpassung an neue Verhältnisse nicht bei allem Recht statthaft.

Schon in seiner Schrift „Was billig und recht ist" hatte Oldendorp die Trennung des natürlichen vom positiven Recht vollzogen und die Bedeutung ihrer Verschiedenheit unterstrichen: „Göttliches und natürliches Recht bleibt unverändert, aber menschliche Gesetze und weltliches Regiment sind wandelbar[30]."

Dementsprechend unterscheidet Oldendorp auch in seinen Vorschlägen an die Ratsherren „zweierlei Gewohnheiten, Gesetze und Verordnungen. Etliche nennt man ewige, die so gegründet sind, daß sie nicht ganz abgetan werden mögen. Von diesen ist zu ratschlagen, wie man bestehenden guten Gebrauch aufrecht erhalten und die abgekommenen Gebräuche wieder aufrichten möge. Etliche werden zeitliche genannt und auch deshalb angenommen, damit sie der Zeit dienen sollen. Hier kommt dir zu ratschlagen zu, was dem gemeinen Nutzen nach Gelegenheit der Zeit förderlich sei oder nicht[31]."

Zu dem Bereich der Gesetze, die nicht die Unantastbarkeit des „ewigen Rechts" haben, sondern nur „der Zeit dienen sollen", gehörte naturgemäß alles, was man unter dem Begriff der „guten Policey" zusammenfaßte. Solche — aus der neuen Zeit sich ergebenden — Angelegenheiten zu regeln, war ja schon nach dem Empfinden der Väter nicht Sache des „richtigen" Rechts gewesen. Dort war also der Bereich,

---

27 *Oldendorp*, Ratschläge, in der Übersetzung von Wolf, S. 37 ff.

28 Im Original: „nodt brickt ehe."

29 *Oldendorp*, Ratschläge, in der Übersetzung von Wolf, S. 38.

30 *Oldendorp*, Was billig und recht ist, in der Übersetzung von Wolf, S. 23.

31 *Oldendorp*, Ratschläge, in der Übersetzung von Wolf, S. 38.

in dem es der Obrigkeit aufgegeben war, durch zweckmäßig abgeändertes oder neu gesetztes Recht Erfordernisse des öffentlichen Wohls durchzusetzen[32].

Die Gedanken Oldendorps finden sich in ähnlicher Form auch bei Langebek in seinem „ander Teil des Regentenbuchs“. Langebek unterscheidet „dreierley recht“: „allgemein natürlich recht“, „allgemein Menschen recht“ und „sonderlich Bürgerrecht“[33]. Er erklärt die Unterschiede so: Das „allgemein natürlich recht“ sei nur jenes, „das die Menschen mit allen Thieren gemein haben“. „Das allgemein Menschen Recht ist, das alle vernünfftige Menschen, und alle Völcker auff Erden, für Recht halten und gebrauchen ... Als sonderliche Civil oder Bürgerliche Recht aber ist, das ein jeder Stad oder Land, irer art und gelegenheit nach, zu sonderlichem irem nutz und wolfart auffgesetzt, welchs denn nicht einförmig, sondern mancherley art ist, so das an einem ort dis, an einem andern ort das ... Recht gehalten wird. Denn weil es fast derer Dinge ist, die zuvor, und ehe sie zu rechte verordnet werden, ob sie geschehen oder nicht geschehen, keinen unterscheid des Rechten oder unrechten haben, so ist nichts daran gelegen, ob es anfenglich dieser oder anderer gestalt verordnet wird, so bald es aber auffgesetzt, und bewilligt ist, so gilt es für recht und mus an demselbigen orte stracks gehalten werden ... Daraus auch erfolget, das das natürliche Recht, weil es bey allen Menschen so gemein, und in den Hertzen derselbigen gepflanzet ist, gantz und gar unwandelbar sey, und nicht verkeret werden könne ... Dagegen aber so ist das Civil Recht wandelbar, und kan aus ursachen, nach gelegenheit der zeit, und anders halben, nicht allein verendert, sondern auch gantz und gar auffgehaben, und ein anders an die stat verordnet werden.“ Die Begründung ist folgerichtig: „Denn gleich als es anfenglich allein aus ursachen also gesetzt ist, so können auch ursache fürfallen, dadurch man bewogen werde, es wider abzuthun. Und ist solchs nicht unrecht, wie es auch nicht unrecht gewesen, wann es erstlich anders statuiret were worden[34].“ Auch Langebek hat sich also — wenn auch in etwas abgewandelter Form — die naturrechtliche Denkweise zu eigen gemacht, hat das Recht zerlegt in vergängliche Menschensatzung und unwandelbare, ewige Normen. Dadurch gewinnt er die Rechtfertigung, menschliche Satzungen den Erfordernissen des Gemeinwesens nach Zweckmäßigkeitserwägungen anzupassen[35].

---

[32] Vgl. zu Oldendorps Naturrechtslehre die zusammenfassende Darstellung bei *Wolf*, Rechtsdenker, S. 143 ff., 160 ff.; zu seiner Befürwortung zweckhaft gesetzten neuen Rechts insbesondere *Hans Maier*, Ältere Staats- und Verwaltungslehre, S. 137 ff.

[33] *Langebek*, S. 47 rechts.

[34] *Langebek*, S. 49 links f.

[35] Vgl. dazu schon oben Abschnitt A II 2.

b) Nun darf man aber nicht etwa annehmen, daß in allen Regimentstraktaten jener Zeit die dogmatische Scheidung zwischen göttlichem oder natürlichem Recht[36] und positivem Recht eine Rolle gespielt hätte.

Vielfach tritt die theoretische Erörterung ganz zurück gegenüber dem Ruf nach Einrichtung und Verbesserung „guter Policey". Alle Überlegung geht dann von der — als feststehend angenommenen — Grundlage aus, es sei heiligste und wichtigste Pflicht der Obrigkeiten, daß sie „die unterdanen durch geschrieben Rechte ader sunst gute ordnunge in gehorsam brengen, die bößheit straffen, und die tugent in alle wege furzyhen"[37]. Dahinter steht die Überzeugung, daß die „gemeine ... bawfellig" sei und ihr durch Aufrichtung einer straffen Ordnung geholfen werden müsse[38]. Weil aber „je ein andere zeit ein ander leben furdert, und mit sich brengt"[39], setzt sich sehr schnell die Erkenntnis durch, daß Anordnungen der Obrigkeit nur dann den Zustand des Gemeinwesens beeinflussen können, wenn sie sich nach den ganz konkreten Umständen richten. „Dweil aber allen tag was news sich zutregt, und auch gelegenheit der lande und leuthe, und dero hendel ettwan der massen furfalln, das sie durch beschriebene Rechte, odder herbrachte gewonheiten nit so statlich mögen entscheiden, und regirt werden, ist von nöten auff newe ordnung und statuten der gelegenheit nach zu dencken, damit die gemeyn nit versewmet, der wol furgestanden, und in alle wege das gedeyen der hintersassen gesucht werde[40]."

Es wird allgemeine Anschauung, das Rechtsleben bedürfe der Regelung durch hoheitliche Erlasse, welche die aktuellen Bedürfnisse zeitgemäß berücksichtigten. Zwar heißt es im Grundsatz: „Was die Justitiam oder das Recht anlangt, sol sich ein Fürst an der Römer beschrieben Rechten unnd Satzungen begnügen lassen[41]." Doch die Ausnahme ist in ihren Voraussetzungen so allgemein gehalten, daß sie zwangsläufig zur Regel werden muß: „Wann aber wegen der Menschen Boßheit und Laster, der von tage zu tage mehr werden, etwas zu endern oder wider anzurichten were, welches zum ansehen des Regiments und zum gemeinen besten dienet, alßdann sol ein Herr durch öffentliche Edicta gebieten, was man thun oder lassen sol[42]."

---

36 Zur Stellung des Naturrechts in der Rechtstheologie des Luthertums vgl. die Hinweise bei *Dreitzel*, S. 28.

37 *Ferrarius*, Vorrede (ohne Seitenzählung). Vgl. z. B. auch *Lauterbeck*, 4. Buch, 1. Cap., S. LLXXI links: „Und kan ein Herr seinen Unterthanen, Stedten und Landen, nicht besser thun, dann das er inen gute Gesetz und Ordnung gebe, welche der vernunfft, erbar und billigkeit gemess sein ..."

38 *Ferrarius*, Vorrede.

39 *Ferrarius*, S. XLV links.

40 *Ferrarius*, S. XXIX links.

41 *Löhneyß*, 2. Buch, 22. Cap., S. 115.

42 Ebenda.

Den Autoren ist klar, daß es eingehender Überlegungen bedarf, um die zu „verbesserung des Gemeinen nutzes" dienlichen Maßnahmen zu treffen, „es seye mit angebung neüwer gesatzen die zu besserung dienen, wie dann die selbigen zu setzen und ordnen allen oberkeitten von Gott je nach gelegenheit der sachen hochsam befolhen seind, oder seye mit verbesserung der alten, die etwa durch lenge der zeit, enderungen der menschen oder anderen zufälligen dingen, geschwechert und gemindert, oder sonst auß ehehafften zu verenderen seind"[43]. Der Gedanke, daß jede hoheitliche Maßnahme, insbesondere jedes Gesetz, die augenblicklichen Verhältnisse des Landes berücksichtigen müsse, wird den deutschen Regimentsschriftstellern zu einem beliebten Thema ihrer Erörterungen[44]. Als ein Beispiel aus der Mitte des 17. Jahrhunderts sei Grottnitz von Grodnows „Teutsch gekleideter Regiments-Rath" angeführt: „Es soll das Gesetze auch der Natur und derer Stande die demselben gehorchen und unterwürffig, so wol nach des Landes Orth und Gebrauch gemäß gerichtet seyn: Dann ein Land geniesset guter Gesetze, welche in einem anderen schon nicht nützlich weren. Es müssen die Gesetze auch nach der Zeit und nicht ohngefähr gerichtet werden, dann es ist von nöthen, daß ein Regiment (nach Arth eines Stewermanns, der sein Schiff nach dem Winde zu richten pfleget,) regieret werde: Und daß das Gesetze allen, oder den meisten nützlich[45]."

Andererseits finden sich auch bei vielen Autoren deutliche und dringende Warnungen vor allzu leichtfertigen Veränderungen von Gesetzen[46].

Auch hierin ist Oldendorp allen anderen vorausgegangen, wenn er mahnt: „Gleichwohl sollen nun alte Gesetze oder Gewohnheiten eines jeden Ortes nicht leichtlich verändert, viel weniger abgeschafft werden ... Und wahrlich. das haben vorzeiten alle Rechtserfahrenen festgehalten, daß nichts Gewohnheitswidriges vorgenommen werde[47]."

Sehr viel eindringlicher klingt die Mahnung bei Langebek; es drängt sich fast die Vermutung auf, daß das zwischen den beiden Autoren liegende halbe Jahrhundert praktischer Erfahrung mit den „newen ordnung und statuten" die Möglichkeit so manchen Mißbrauchs aufgezeigt

---

[43] *Wissenburg* in der Vorrede zu *Fritius Modrevius* (ohne Seitenzählung).

[44] Dem entspricht es, wenn *Schmelzeisen*, Polizei- und Landesordnungen, Bd. 1, S. 16, über das Wesen der Polizeigesetzgebung sagt, sie habe „sich immer von den jeweiligen Notwendigkeiten des gesellschaftlichen Lebens leiten lassen".

[45] *Grodnow*, S. 132 f. — Vgl. auch noch *Oldekop*, 4. Teil, XXVII, S. 43.

[46] Vgl. zur Praxis der Gesetzgebung *Ebel*, S. 70 f. *Schmelzeisen*, Polizei- und Landesordnungen, Bd. 1, S. 29 f., weist darauf hin, daß fast sämtliche Polizei- und Landesordnungen schon nach wenigen Jahren erneuert oder ergänzt worden sind.

[47] *Oldendorp*, Ratschläge, in der Übersetzung von Wolf, S. 38.

hat. „So ist auch alle Mutation und verenderung, die nicht aus wichtigen nötigen ursachen geschicht ... gar schedlich und gefehrlich, so das gemeiniglich allerley zerstörung und unrat daraus zu folgen pflegt, Derhalben denn in Stedten und Landen nicht leichtlich die alten Rechte und Gebreuche zuverendern noch abzuthun, Denn schnelle Mutation aller dinge, ist ein zeichen grosser leichtfertigkeit, und unweises, unbestendiges gemüts, auch solcher Leute, die allein zu eigenem nutze und eiteler ehrgeitzigkeit und Ambition geneigt sein[48]." Langebek kann sich gar nicht genug tun, die Gesetzgeber zu beschwören: „Denn es ist allewege besser, eine kleine Ungelegenheit der alten Gesetze zu tragen, als der Mutation und trennung aller dinge eine ursache geben[49]." Auch wenn er einräumt, daß es gerechte und wichtige Gründe für eine zweckmäßige Veränderung von Gesetzen geben mag, so erfüllt ihn die Manipulierbarkeit menschlicher Ordnungen doch mit tiefem Mißtrauen: „Das alles denn aber nicht also zuvernemen, gleich als ob alle verenderung der Statuten unrecht und verboten sein solte, Denn es möchten etliche Artickel so seltsam und unbillich sein, auch die zeit sich also zutragen, das sie müsten reformirt werden, aber leichtfertiglich und one grosse wichtige ursache solchs zuthun, ist stets schedlich gewesen, zugeschweigen, das es umbs gelts, gunstes, affection ... willen ... geschehen[50]."

Auch Reinkingk warnt vor unnötigen neuen Regelungen. Er fürchtet, daß sie das Volk zum Widerstand reizen: „Es ist gewiß unnd hat es die Erfahrung von Anbegin geben, daß alle mutationes und sonderbahre Enderungen, so wider altes Herkommen, Sitten und Gewonheit in dem gemeinen Geist- und Weltlichen Wesen von Regenten vorgenommen werden, gleich bey den Ständen und Unterthanen eine diffidenz und Mißtrawen erwecket, darauß gleichsamb als auß einer schädlichen Quelle, Unruhe, Uffstand, Krieg und große Gefahr sich leichtlich entspindet[51]." Indes erkennt auch er an, daß eine Neugestaltung des Rechts zuweilen erforderlich ist: „Dieses muß aber nicht dahin außgedeutet und verstanden werden, als wenn ganz keine Enderung unnd Verbesserung in Geist- und Weltlichem Statu Gottes geoffenbahrtem Wort und Willen nach vorzunehmen, offentlich eingeschlichene Irrthume nicht abzuthun, noch schädliche der gesunden Vernunfft und natürlichen Billigkeit zu wider lauffende böse Sitten unnd Gewonheiten, gar nicht zu endern, sondern daß es nicht temerè, unvorsichtig GOttes Wort zuwider, ohne Noth, Recht und Nutzen deß gemeinen Besten geschehe[52]."

---

[48] *Langebek*, S. 56 rechts.

[49] Ebenda.

[50] *Langebek*, S. 60 rechts.

[51] *Reinkingk*, Ax. CXIX, S. 473.

Ein treffliches Beispiel für die Art und Weise, mit der ein Fürst sich gegebenenfalls über solcherlei Bedenken hinwegsetzen konnte, bietet uns Obrecht. In einem Anhang zu seinen „Secreta Politica" rechtfertigt er seine zuvor gegebenen (in das tägliche Leben der Untertanen teilweise tief eingreifenden) Vorschläge für eine „gute Policey" gegen fiktive Einwände. „Die andere Einred ist, Es bringen alle sieben Sanctiones in allen Stätten, Flecken, und Dörfferen, ja auch in einem gantzen Königreich, Fürstenthumb unnd Herrschafft, allerhand Newerungen mit sich, welche gewohnlich gefährlich seind, und etwan die Unterthanen zur Ungedult, und Wiedersetzung anreitzen, unnd verursachen mögen ...[53]." Die Art, wie er durch „Responsiones" diesem Einwand den Boden entzieht, ist bemerkenswert. Er argumentiert zunächst, nur schädliche und unbillige Neuerungen brächten Unruhe unter die Bevölkerung; die von ihm vorgeschlagenen Neuerungen seien aber nützlich und billig. „Ergò!" Dann beweist er, daß derartige Maßnahmen eigentlich überhaupt nicht als Neuerungen anzusehen seien: „So ist zum anderen dieses für kein Newerung zu halten, wann eine Oberkeit auß erheblichen, billichen, und rechtmässigen Ursachen allerhand nutzliche Ordnungen und Constitutiones, zu Anrichtung, Vermehrung, unnd Erhaltung guter Policey, und beständiger Regierung, publiciren, und den Underthanen befehlen last, denselben nachzukommen, Dann eine Oberkeit, vermög tragenden Ampts, solches zuthun, fug und macht hat, auch darzu verpflichtet ist, wie nicht weniger die Underthanen dagegen zu gehorsamen schuldig seind[54]."

Damit dürfte ein für die fürstenstaatliche Regierungsauffassung typischer Gedankengang gekennzeichnet sein: Es wird zu Recht und Pflicht der Obrigkeit erklärt, alles zu tun, was der „guten Policey" nützlich sein könnte. Neue Gesetze und Erlasse rechtfertigen sich allein schon aus ihrem Zweck, der „gemeinen Wolfarth" förderlich zu sein; ja, die Obrigkeit ist zur Einführung solcher nützlicher neuer Regelungen sogar verpflichtet[55]. Hier ist der Keim gelegt für die immer mehr Lebensbereiche regeln-wollende Hypertrophie späterer Polizeigesetze.

c) Die Konsequenz, die sich aus dieser Auffassung für die Position der Untertanen ergibt, liegt auf der Hand. Obrecht selbst weist ausdrücklich darauf hin: „Wann dann zum andern ein jede Oberkeit Ampts halben berührte Sanctiones ins Werck zu richten, und darobzuhalten pflichtig ist, so seind dagegen, ex vi relatorum, die Underthanen schuldig, solchen Sanctionibus gutwillig zu pariren, diweil sie zu Anrichtung,

---

52 *Reinkingk*, Ax. CXIX, S. 474. — Zur gleichgelagerten Ansicht von Contzen siehe *Seils*, S. 67.

53 *Obrecht*, Beylag D der Secreta Politica, S. 280.

54 *Obrecht*, Beylag D der Secreta Politica, S. 280 f.

55 Vgl. dazu auch *Ebel*, S. 70.

Vermehrung und Erhaltung guter Policey, und beständiger Regierung, auch zubefürderung ihres eigenen Nutzen dirigirt seind[56]."

Trat dann die Vorstellung hinzu, daß der Regent mit Einrichtung „guter Policey" für eine Gott wohlgefällige Ordnung sorge, dann erhielt die willige Unterwerfung des Untertanen unter diese Ordnung den Charakter einer quasi-religiösen Pflichterfüllung. Deutlich kommt diese Gedankenverbindung z. B. in der „Vorrede" zum Ausdruck, die Johann Thomas Obrecht dem Buche seines Vaters voranstellte: „Denn es wird gewißlich ein jeder Underthan, welcher für einen ehrlichen Christlichen Biederman will angesehen und gehalten seyn, sich wol bedencken, seiner ihme von GOtt fürgesetzten Obrigkeit in einem so Christlichen und hochnutzlichen Werck zuwidersetzen, damit er nicht so wol bey der Obrigkeit, als auch anderen Ehrliebenden Leuthen, in den verdacht komme, daß er aller vernünftigen aequitet und Billichkeit entgegen und zuwider daßjenige, was GOtt der Allmächtig ... gebotten ..., hinderen ... wolle[57]."

Keiner der Theoretiker des deutschen Fürstenstaates bestritt dem Regenten das grundsätzliche Recht, den Umkreis dessen, was er zur Einführung und Erhaltung „guter Policey" zu tun für nötig hielt, nach eigenem Ermessen zu bestimmen. Friedtliebs Meinung steht für viele: „Nun heist aber unterthan sein dem der gewalt uber einen hat, nicht demselben gleich, viel weniger mehr und uber demselben sein, und ihme was man von ihme haben wolle, und wie er Regieren oder was er sonst thun solle, vorschreiben, sondern deßen allen von demselben gewertig sein und ihme, in dem und anderm, allen unterthänigen schüldigen gehorsamb leisten, gleich die Kinder ihrem Vater zu thun schüldig sein, dahero auch die Regenten Lands Väter genennet werden[58]." Aus diesem Grunde „mögen ... die Unterthanen ihre beschwerung, welche sie zu haben vermeinen, ihrem Regenten und Herrn wol vorbringen, und umb abschaffung deren bitten, ingleichen was sie vermeinen dem Lande nütz oder schädlich zu sein, unterthänig mit gebührender bescheidenheit erinnern, jedoch gebühret inen solches alles zu des Regenten und Heren ermessen unn gut achten, was dessen gut und anzurichten, oder schädlich und abzuschaffen sey, unterthänig zustellen, mitnichten aber was er dießfals thun oder lassen solle, praecise vorzuschreiben, vielweniger das er auch das eben also thun wolle, verpflichtung von ihm zufordern"[59].

---

[56] *Obrecht*, Beylag E der Secreta Politica, S. 289.

[57] *Johannes Thomas Obrecht* in der „Vorrede" zu den Secreta Politica (ohne Seitenzählung).

[58] *Friedtlieb*, S. 417.

[59] *Friedtlieb*, S. 418 f. Bezeichnend ist auch, wie Friedtlieb die Unterwerfungspflicht unter das „ermessen" des Regenten dadurch beschönigt,

Damit war es ganz in die Hand des Landesherrn gegeben, die innere Ordnung des Landes nach von ihm selbst getroffenen Nützlichkeits- und Zweckmäßigkeitserwägungen einzurichten.

II. Die Bindung der Gebotsgewalt an das „gemeine Beste“

Wohl unterlag der Regent nach der einheitlichen Anschauung der Regimentstraktate inhaltlichen Bindungen an die Pflichten des ihm von Gott übertragenen Amtes.

So ist es allen Autoren selbstverständlich, davon auszugehen, daß die Obrigkeit in allen ihren Maßnahmen an das göttliche und natürliche sowie an das Recht des Reiches gebunden sei[60].

Das Recht des Reiches kann hier, da es die innere Ordnung der Territorien kaum betraf, außer acht bleiben. Berücksichtigung verdienen aber die Bindungen des göttlichen und natürlichen Rechts, als deren interessanteste die Bindung an den umfassenden Begriff des „gemeinen Nutzens“ kurz dargestellt werden soll[61].

Welche Rolle der Begriff des „gemeinen Nutzens“, des „gemeinen Besten“ oder der „gemeinen Wohlfahrt“ in der Entwicklung der Staatszwecklehre des 16. und 17. Jahrhunderts gespielt hat, ist schon an früherer Stelle dieser Untersuchung aus verschiedenen dort angeführten Quellen deutlich geworden[62]. Fast stets, wenn in den Regimentslehren von den Aufgaben der Obrigkeit die Rede war, tauchte — mehr oder minder betont — der Gesichtspunkt der Gemeinnützigkeit auf. Als besonders deutliches Beispiel mag hier noch die Mahnung des Ferrarius angefügt werden: „Zum ersten sal ein jede Oberkeit darauff sehen, das ire furhaben auff den gemeinen nutz gericht sey unn ires eigen nutzs vergeß, dann solchs ist das principal und hauptstuck einer vor genomen regirung, das der unterdanen, und nit der regenten nutz gesucht werde, sunst were es kein regiment, sonder ein eygennutzickeit gnant[63].“

---

daß er gleichzeitig das Wunschbild eines „mit gnedigem willen und gebührender sanfftmütigkeit“ regierenden Herrschers zeichnet, siehe S. 420 ff.

[60] Siehe z. B. *Seckendorff*, Fürstenstaat, II. Teil, Cap. 4, § 1, S. 58. Dazu auch *Schmelzeisen*, Der verfassungsrechtliche Grundriß, S. 204 ff.

[61] Dabei werden die grundlegenden Ausführungen *von Gierkes*, Althusius, S. 297 ff., über die naturrechtlichen Bindungen des Regenten nicht im einzelnen wiederholt. Zum „gemeinen Besten“ als Rechtsschranke siehe *Merk*, S. 66 ff.; zur Frage des Widerstandsrechtes gegen Übergriffe des Staates vgl. *Kurt Wolzendorff*, Staatsrecht und Naturrecht in der Lehre vom Widerstandsrecht des Volkes gegen rechtswidrige Ausübung der Staatsgewalt, 1916, zur Unterordnung des Herrschers unter das „gemeine Beste“ dort S. 517 ff.

[62] Siehe oben Abschnitt B II.

[63] *Ferrarius*, S. XXIII rechts.

Insbesondere im Zusammenhang mit der Abänderung und zweckmäßigen Neuschaffung von Gesetzen kam den Erfordernissen des „gemeinen Nutzes“ allergrößte Bedeutung zu. In allen Regimentslehren galt es als selbstverständliches Merkmal jeder guten gesetzlichen Neuregelung, daß sie „zum gemeinen Besten dienet“[64].

Dieser Grundeinstellung entsprach es, daß sich schon in der ersten Hälfte des 17. Jahrhunderts gelegentlich der abstrakt formulierte Hinweis fand, „Zweck“ aller Gesetze sei — ohne nähere Differenzierung — das „gemeine Beste“[65].

Ob er sich die Bindung des Herrschers an die Richtschnur des „gemeinen Besten“ als — in unserem Sinne — rechtliche oder bloß als ethisch-moralische dachte, läßt sich allerdings bei kaum einem Regimentsschriftsteller mit Eindeutigkeit feststellen; zu stark verwischten sich die Grenzen zwischen Recht und Moral in Anbetracht der religiösen Verpflichtung eines „Amptmannes Gottes“, zu eng waren natürliches und göttliches Recht verflochten mit Ethik und Politik als Bereichen der praktischen Philosophie[66].

Welche Folgen es aber haben sollte, wenn der Regent alle Gesichtspunkte des gemeinen Nutzens mißachtete und sich von eigenen Interessen leiten ließ — über diese uns so bedeutsam scheinende Frage bestand unter den Autoren der Regimentstraktate (wie im gesamten Staatsdenken des 16. und 17. Jahrhunderts[67]) keine Einigkeit.

Selten findet sich eine Stimme, die den Untertanen ein echtes Widerstandsrecht einräumt. Noch mit am deutlichsten spricht sich Löhneyß in dieser Richtung aus: „Ein Fürst soll nichts schaffen, verordnen noch gebieten, was er selbst wil, sondern was GOttes Wort, den beschriebenen Rechten und ublichen Landesgebräuchen gemäß ist, dann es ist löblich, wann sich ein Regent selbst den Legibus unterwirfft, da auch die Fürsten etwas, so gegen Gottes Wort, die beschriebenen Rechte, Zucht und Erbarkeit leufft, verordnen, so sind solches nicht mehr leges und constitutiones, sie sind auch nicht mehr eine ordentliche Obrigkeit, sondern es sind Praecepta iniustitiae und der Constituens ist ein Tyrann, welchem man sich kühnlich widersetzen darff, dann Gott muß man mehr und höher respectiren als die Menschen[68].“

[64] Vgl. dazu insbesondere *Oldendorp*, Ratschläge, in der Übersetzung von Wolf, S. 38; ähnlich *Ferrarius*, S. XXIX links; *Löhneyß*, 2. Buch, 22. Cap., S. 115; *Reinkingk*, Ax. CXIX, S. 474.

[65] z. B. bei *Grodnow*, S. 132.

[66] Die Feststellungen *von Gierkes*, Althusius, S. 297 ff., zu dieser Frage gehen wohl von einer zu einseitig juristisch orientierten Sicht des Naturrechts aus, vgl. die Kritik bei *Hennis*, Politik und praktische Philosophie, S. 27 f.

[67] Dazu ausführlich *von Gierke*, Althusius, S. 305 ff. mit Nachweisen.

[68] *Löhneyß*, 2. Buch, 22. cap., S. 116.

An dem Satze, daß man Gott mehr zu gehorchen habe als den Menschen, hält allerdings auch die herrschende Ansicht fest; doch wird er in engem Sinne nur auf die Fälle echter Gewissensnot bezogen und aus ihm lediglich das Recht zu passivem Widerstand abgeleitet[69]. Ansonsten tendiert man — schon wegen der Vorstellung einer von Gott eingesetzten Obrigkeit — dazu, vom Untertanen Duldung und schweigenden Gehorsam zu fordern[70], auch wenn „die Oberkeit ... den Gemeinen nutz nicht achtet"[71]. „Ein Sündhaffte und Gottlose Obrigkeit ist unnd bleibet dennoch eine Obrigkeit[72]."

Osse hat dieser herrschenden Ansicht in beispielhafter Deutlichkeit Ausdruck gegeben: „Den untertanen stehet in allewege zu, ... iren hern zu liben, zu ehren und ime in allen billigen sachen, die wider got (welcher als der alleroberste her in allen vorpflichtungen ausgenommen) nicht seind, zu gehorsamen, nicht allein um der straf willen sondern auch, wie sanct Paulus sagt, gewißens halb, und sollen sich doran nicht vorhindern lassen, ob sie gleich von irem hern vorunrechtet, beschwert aber betrubt werden, sollen als cristen leiden und gleich wol von gotlichem befelch nicht abweichen[73]."

Auf dem Boden dieser herrschenden Anschauung war also eine Orientierung der hoheitlichen Maßnahmen an der Richtschnur des Gemeinnutzes nicht erzwingbar. Zu der Problematik, die sich daraus ergab, äußerten sich die Autoren der Regimentstraktate nur am Rande: Sie nahmen ihre Zuflucht zu dem Lobpreis eines christlichen Liebe- und Treueverhältnisses zwischen Regent und Untertanen[74] sowie zu der Hoffnung, Gott werde einen bösen Regenten strafen[75].

---

[69] z. B. macht *Reinkingk* eine einzige Ausnahme von der allgemeinen Gehorsamspflicht: „Der Obrigkeit Gebott und Befehl so wider Gott, sein Wort, das Gewissen und die Liebe deß Nächsten, laufen, soll und muß niemand vollbringen." So im 2. Buch, Ax. XXV, S. 205; sehr deutlich auch *Lauterbeck*, IV. Buch, 21. Cap., S. CCXCIX links ff., S. CCC links. — Vgl. dazu etwa *Näf*, Epochen, Bd. 1, S. 435; *Kurt von Raumer*, Absoluter Staat, korporative Libertät, persönliche Freiheit, in: Die Entstehung des modernen souveränen Staates (Hrsg. Hanns Hubert Hofmann), 1967, S. 173 ff., 190 f.

[70] Typisch z. B. *Lauterbeck*, 4. Buch, 21. Cap., S. CCXCVIII: „Wer nu der Oberkeit widerstrebet, der widerstrebet Gottes Ordnung." Vgl. auch *Osse*, S. 281 f. Hingegen spielt der Gesichtspunkt der formellen Verbindlichkeit eines jeden Herrscheraktes im Sinne der Souveränitätslehren, der in *von Gierkes* Untersuchung, Althusius, S. 305 ff., im Vordergrund steht, in den deutschen Regimentstraktaten praktisch keine Rolle; vgl. für Seckendorff auch *Schmelzeisen*, Der verfassungsrechtliche Grundriß, S. 205.

[71] *Rorarius*, „Beweisung" des V. Stücks.

[72] *Reinkingk*, 1. Buch, Ax. XXXVI, S. 91.

[73] *Osse*, S. 326.

[74] Vgl. z. B. *Osse*, S. 326 f.; auch *Seckendorff*, „Additiones" zum Fürstenstaat, § 28, S. 123.

[75] *Hartmannus* warnt den Regenten davor, aus Habgier die Untertanen mit großen Steuerlasten zu belegen, denn die Folge könnte sein, daß die

So setzt etwa Seckendorff in seinem Alterswerk sein ganzes Vertrauen auf die Kraft der christlichen Lehre: „Daraus ... unwidersprechlich folget, daß in dem hertzen eines christlichen Regenten nimmermehr die meynung hafften kan, daß er der unterthanen haab, ehr und leib, nach eigenem willen und gewalt zu seinem nutzen und gefallen zu brauchen befugt sey, sondern daß er ihnen, als die ja nicht nur seine mit-menschen, sondern auch mit-christen sind, nach dem viel höhern grad, nemlich der christ- und brüderlichen liebe schuldig sey, ihr bestes nach aller möglichkeit zu bedencken und zu suchen, wann auch gleich nimmermehr keine verbindliche capitulationes, oder dergleichen verabschiedungen vorhanden wären ...[76]."

Alles kam auf die Redlichkeit und persönliche Rechtschaffenheit des Regenten an[77]; darum war es auch so ungeheuer wichtig, daß der Fürst in der rechten Weise erzogen wurde, (und von daher erhalten auch die seitenlangen Anweisungen für die Prinzenerziehung, die sich noch bei Seckendorff[78] finden und die dem heutigen Leser in einer Regierungs- und Verwaltungslehre fehl am Platz scheinen, ihren eigenen Sinn[79]).

Wenn auch dem Gesichtspunkt des gemeinen Wohls die Durchsetzbarkeit schon theoretisch — wohl erst recht praktisch — fehlte, haben sich die deutschen Fürsten der frühen Neuzeit doch anscheinend in zufriedenstellendem Ausmaß daran gehalten[80]. Im Gefüge der Vorstel-

---

Untertanen „mit grossem hunger und kummer tag und nacht zu Gott schreyen müssen, welcher sie warlich einmal erhören, unn mit schwerer straff Herrn und Knecht, so solches thun unnd verursachen, heimsuchen würdt" (ohne Seitenzählung). Ähnlich ist *Lauterbeck* sehr darum bemüht, die „grossen Herren" daran zu erinnern, daß sie „auch einen Herren und Richter haben, der sie züchtigen kan, und wenn sie ihres beruffs vergessen, anfahen stoltz und hoffertig zu werden, und ire unterthanen zudrücken, das er in kan in die Würffel greiffen", 2. Teil, 1. Cap., S. XLVII rechts. Für *Reinkingk* hat die Beobachtung der Geschichte zwar eindeutig gezeigt: „Die wenigsten Regenten haben löblich und wol regiert", 2. Buch, Ax. VI, S. 164, aber er vertraut auch insoweit auf die Verheißungen der Bibel, z. B.: „Er weiß den Tyrannen einen Rinck in die Nase zu werffen, und ein Gebiß ins Maul zulegen, daß sie nicht weiter kommen können", S. 12 der Dedicatio.

[76] *Seckendorff*, Christenstaat, 2. Buch, 7. Cap., § 4, S. 227.

[77] Siehe dazu *Osse*, S. 291: „Disfalls ist an des hern person zum hochsten gelegen, dan doran leidt alle wolfart ...", auch S. 296.

[78] *Seckendorff*, Fürstenstaat, II. Teil, Cap. 7, §§ 27 ff., S. 170 ff. — Vgl. zu diesem Thema insbesondere die spezielle Abhandlung von Christofferus *Vischer*, Bericht aus Gottes Wort und verstendiger Leut Büchern, Wie man junge Fürsten und Herren dermassen aufferzihen solle, das sie hie nützliche Gefes und heilsame Regenten, und dort in jenem leben Himelsfürsten werden mögen. ... Schmalkalden 1573.

[79] *Reinkingk*, 2. Buch, Ax. IX, S. 172, betont: „An guter education unnd Aufferziehung deren so Land unnd Leuthe regieren sollen, ist sehr viel gelegen." — Vgl. zu diesem Thema noch *Nielsen*, S. 65 f.

[80] Vgl. auch *Hans Maier*, Der Bürger im Obrigkeitsstaat, in: Politische Wissenschaft in Deutschland, 1969, S. 152 ff., 162.

lungen vom „Ampt“ der christlichen Obrigkeit muß sich die Bindung an den Gemeinnutz immerhin als so tragfähig erwiesen haben, daß Seckendorff sagen konnte: „Wir wissen, Gottlob, in teutschen landen von keiner solchen macht, welche von einem einigen menschen im lande, der sich für den obersten hielte, und die meiste gewalt mit oder ohne recht hätte, über die andern alle, zu seinem nuz und vortheil, nach seinem belieben allein, geführet und ausgeübet würde, wie etwa ein herr über seine leibeigene knechte und mägde zu gebieten pflegt, und ihnen bald dieses, bald jenes, was ihm in seinem hause nutzen bringet, oder wozu er beliebung trägt, anschaffet[81].“

Wir dürfen bei alledem natürlich nicht vergessen, daß die Bindung an den gemeinen Nutzen dem Regenten einen außerordentlich weiten Spielraum für jedwede hoheitliche Anordnung ließ. Allein beim Regenten lag ja die Kompetenz, zu entscheiden, welche inhaltlichen Anforderungen das Gemeinwohl im praktischen Einzelfall stellte. — Wenn man sich das deutlich vor Augen hält, wird erneut klar, wie wichtig es den Autoren der Regimentstraktate erscheinen mußte, auf die Entschlüsse des fürstlichen Gesetzgebers mit wohlmeinenden Ratschlägen einzuwirken. Es erscheint dann als geradezu selbstverständlich, daß die Richtlinien für die Schaffung und für die Abänderung von Rechtsnormen in den deutschen Regimentslehren des 16. und 17. Jahrhunderts breiten Raum einnahmen.

---

[81] *Seckendorff*, Fürstenstaat, II. Teil, Cap. 1, § 1, S. 32.

D. Die Durchsetzung von Zwecken unter Überwindung von Rechtsschranken

Natürlich stellte sich den Autoren der Regimentstraktate auch die Frage, ob es dem Fürsten erlaubt sei, sich im Einzelfall über gültiges Recht und allgemeine Regeln der Gerechtigkeit hinwegzusetzen.

I. Die Bindungen des Regenten an gesetztes Recht

Dem Charakter der Regimentstraktate, die ja praktische Leitfäden für die fürstenstaatliche Regierung und Verwaltung sein wollten, entspricht es, daß sich in ihnen kaum eine „wissenschaftliche" Auseinandersetzung mit der Lehre von der „potestas legibus soluta" findet. Während die spätmittelalterliche Publicistik die Entbundenheit des Souveräns vom positiven Recht streng durchgeführt hatte und unter zeitgenössischen Rechtsgelehrten eine heftige Diskussion um die Geltung dieses römisch-rechtlichen Satzes geführt wurde[1], versuchten die deutschen Regimentsschriftsteller das Problem mit Argumenten der Moral einerseits und des Nutzens andererseits zu lösen.

Eine der wenigen Stellen, die sich ausdrücklich mit der Lehre von der rechtlichen Ungebundenheit des Regenten befassen, findet sich bei Lauterbeck. Dort heißt es: „Es ist eine grosse Disputation bey vielen Leuten, Gelerten und Ungelerten, ob auch ein König, Fürst oder Regent schuldig sey, sich nach dem Rechten zuverhalten, und demselben gehorsam, und unterworffen zu sein. Und wenn man die alten beschrieben Recht ansihet, so befindet sich, das dieselben sagen und haben wollen, das ein Keiser oder Fürst, zum Rechten unverbunden sein sol, Wie Ulpianus sagt, Princeps autem ipse legibus solutus est, Der Fürst ist von dem Rechten entbunden. Welchen Text ich doch also verstehe, das die Unterthanen einem Fürsten oder Regenten, kein Gesetze fürzuschreiben haben, sondern der Fürst den Unterthanen. Was sich aber der Fürst mit seinen Unterthanen vergleichet, gelobet und zusaget, das er gleichwol schüldig sey, dasselbige zuhalten. Wenn es aber ein andern verstand haben solt, als nemlich, das ein Fürst zu keinen Rechten wolt verbunden sein, so were es mehr der Tyranney, denn dem Rechten zuvergleichen[2]." Von der Nichtbeachtung eines Gesetzes aufgrund einer

---

[1] Vgl. dazu *von Gierke*, Althusius, S. 281 ff.

[2] *Lauterbeck*, 2. Buch, 9. Cap., S. LXXXIIII links. — Ein bemerkenswertes Gefühl für die Problematik zeigt z. B. die Stellungnahme des *Fritius*

Staatsnotwendigkeit weiß Lauterbeck noch nichts, er denkt nur an Fälle, in denen der Herrscher sich aus Eigennutz über Rechtsschranken hinweg setzt.

Das entspricht der Auffassung, die auch in anderen frühen Regimentstraktaten zutage tritt. Die Autoren verhehlten sich nicht, daß der Herrscher in der Realität des erstarkenden Fürstenregiments viele Möglichkeiten besaß, Gesetze zu umgehen und zu brechen, ohne daß Aussicht bestanden hätte, ihn dafür zur Rechenschaft zu ziehen.

1. Gerade deswegen versuchten sie, dem Fürsten klar zu machen, wie wichtig es sowohl für sein Ansehen als auch für die Durchsetzbarkeit der Gesetze im Volk sei, daß er sich selbst an die Gesetze halte. „Wo das nit geschicht", sagt Ferrarius[3], wäre es besser, man gäbe gar keine Gesetze, „dann wer ordnung inn der gemein und statuten vorgibt, und die nit gedenckt zu halten, der macht sich selbst verechtlich, ane das er der gemein ein grossen schaden thut, nach dem er verhellt, das vor dero nutz und gedeyen angesehen ist." Dabei dachte man in ganz naiver Weise zuvorderst an das gute Beispiel, das der Landesvater seinen Untertanen geben sollte, indem er selbst nach den aufgestellten Regeln lebte[4]. Wie stark auch insoweit die erzieherischen Grundsätze „guter Policey" im Vordergrund standen, zeigt das „exempel", auf das Ferrarius zurückgreift: „Es ist bewust, wie offt im Rhömischen reich unter Fursten und Stenden das fullsauffen und uberschwencklich zudrincken unter anderm verpotten ist, aber wie es gehalten ist, wissen wir auch, Dann die ersten so es brechen, sein die selbigen die es eben verpieten solln, und das es nit also inreisse, auffsehen thun."

2. Als Grund für die bewußte Mißachtung und Umgehung des Rechts stellten sich die Autoren der frühen Regimentstraktate Eigennutz und sündhafte Schwäche der Herrschenden vor.

a) So ging Ferrarius ohne weiteres davon aus, daß der Zweck einer wissentlichen Überschreitung von Rechtsschranken im Bereich privater Interessen zu suchen sei: „Dermassen gehet es allenthalben zu,

---

Modrevius, nach der deutschen Übersetzung, II. Buch, XX. Cap., S. CXXXVI: „Wann nun solche verbesserung der gsatzen gemacht, so soll darnach trewlich fürsehen werden, das nichts krafft habe, auch deß Fürsten gebott selbs nit, was solchen gesatzen zuwider. Denn der gemein nutz soll nit nach deß Fürsten willen und gefallen, sonders nach fürschreibung der gsatzen verwaltet werden. Es ist ein grausame und Tyrannische meinung da man erdichtet, das der Fürst wider die gesatz etwas handlen möge, deßhalb ist sy außzulöschen und auß dem gemeinen nutz zu verjagen, als ein brennende fackel, damitt deß Fürsten hertz zu vyl bösem angezündt werden möchte."

[3] *Ferrarius*, S. XXX links.

[4] Vgl. auch etwa *Rorarius*, IV. Stück mit „Beweisung"; *Hartmannus* (ohne Seitenzählung); ausführlich *Oldekop*, 1. Teil, I ff., z. B. S. 10: „Wie der Regent sein Sach anstelt, Also die Landschafft sich auch helt, Sein Leben auch mehr nachtrucks hat, Als offt das scherffste Herrn Mandat."

macht die Herrschafft ein gesatz oder statutu, ist irgent ein grosser dem es nit gelegen, der uberkommet erleupnus das zu brechen, ader springet sunst daruber, unn denckt es sunst bey dem Herrn sonder ene geltnus abzutragen, Also krigt die ordnung ein loch, ... In gleichnus geschicht bei den stetten auch, Dann ob wol etwan gutte ordnung troffen werden, und verkundigt, in verkauff und derogleichen, so sein etwan die Herrn und obern die ersten die solliche brechen[5]."

Ganz im gleichen Sinn verurteilte etwa auch Langebek die — anscheinend geläufige — Methode, Gesetze im Bedarfsfalle zu umgehen: „Denn so balde einem, der die gewalt hat, ... ein Gesetz zuwider ist, weis man wunderbaliche ursache und Glosen zu finden, damit es hinter die banck kome, oder demselbigen nicht gelte ... Denn wie lose und unbestendig, die Leute itzt von hertzen und gemüte selbst sein, so wollen sie die Gesetze auch haben, und sollen allein nach irem willen und gefallen, bisweilen gelten, bisweilen nichts gelten[6]."

b) Ausschließlich dem Bereich persönlicher Unredlichkeit des Herrschers rechneten die Autoren der deutschen Regimentstraktate auch die von Machiavelli empfohlenen Praktiken zu.

Das Machiavellische Konzept fürstlicher Machtkunst, das im Konfliktsfall zwischen Nutzen und Moral dem ersteren den Vorzug gibt[7], rief bei den deutschen Regimentsschriftstellern nicht zuletzt deswegen von Anfang an so viel Widerstand hervor, weil diese den „Nutzen" als Privatnutzen eines Fürsten interpretierten, während sie auf der Seite der „Moral" die ethischen und religiösen Pflichten einordneten, die das „Ampt" des christlichen Regenten überhaupt erst ausmachten. Die „Moral" hintanzusetzen, hätte für sie eine völlige Verkehrung des Herrscherbildes bedeutet und hätte ihrem auf „gute Policey" gerichteten Staatsdenken den Boden entzogen.

Nicht umsonst betonte die gegen Machiavelli gerichtete Polemik immer wieder die Sündhaftigkeit seiner Ratschläge[8].

Eine der sicherlich frühesten einschlägigen Stellungnahmen, die in Deutschland erschienen sind (Nigrinus, 1580), nennt den Florentiner „Lehrmeister aller tyrannischen Bubenstück" und seine Lehre schlicht „gottlos"[9]. Religiös fundiert ist denn auch die damit einhergehende Mahnung an alle Regenten, daß sie „sich und ire Hendel besehen, unnd wann sie auff böser Ban, umbwenden, oder beyzeit auffhören möchten,

---

[5] *Ferrarius*, S. XXX links f.

[6] *Langebek*, S. 57 rechts.

[7] Vgl. etwa *Weinacht*, Staat, S. 146.

[8] Zu Parallelen in der populären Literatur vgl. *Weinacht*, Staat, S. 151 f.; *ders.*, Der Politiker als „Staatsmann", in: Civitas, Bd. 9 (1970), S. 65 ff., 72, 75.

[9] *Nigrinus* (siehe oben Abschnitt B I 1 c), Vorrede I (ohne Seitenzählung).

eh sie von Gott, der allen Tyrannen feindt, gestürtzt werden"[10]. Die Machiavellischen Praktiken gelten als der Inbegriff einer sittlich verwerflichen Herrschaftsausübung; ihre moralische Verurteilung meint schlechthin das „Böse", das den Regenten zum Bruch des Rechts verleitet. Nigrinus selbst macht klar, daß er in den Ratschlägen Machiavellis nichts spezifisch Neues, sondern ein allgemeines Prinzip des Handelns nach „deß Satans List und Practicken" erkennt: „Dann ob wol Machiavelli Schrifften in Teutschlanden nicht vil bekannt, so seyen doch leider seine Gebott und Practicken nicht so gar frembd und unbekannt, unnd seyen wol bey etlichen in besserer ubung, dann sie Machiavellus je auff die Ban bracht hat[11]."

Auch für Reinkingk ist die „Ratio Status ... so alt, als der Teuffel unnd die erste durch ihn verführte Menschen"[12] und wird für jegliche Sündhaftigkeit verantwortlich gemacht: Sie „reitzete" den Satan zum Abfall von Gott, war „Motiva und Ursach" des „schändlichen Abfalls unserer ersten Eltern", erweckte dem Kain „allerhand böse Gedancken", sie veranlaßte unter anderem den Turmbau zu Babel, den versuchten Brudermord an Joseph, den Kindermord des Herodes und die Auslieferung Christi durch die Hohepriester[13]. Da nimmt es nicht Wunder, daß Reinkingk die „Machiavellische ars decipiendi, oder Betriegkunst, Tyrannei, List und Tücke"[14] verdammt und ihm Ratio Status nichts anderes ist als „Diaboli Decalogus, deß Teuffels zehen Gebott"[15]. Er ist sicher: „... wer diese in seinen Politischen Staats Catechismum bringen will, der kan es thun suo periculo, deme er dann hie zeitlich gedienet, der wird ihme auch den ewigen Lohn ... geben, in seinem Reich obenansetzen, und warm genug halten. Worauß auch gewiß daß ein solcher Staatist oder Mann von Staat so lang er ein Staatist ist und bleibet, kein Theil am Reiche GOttes haben und erlangen kan[16]."

Die moralische Verurteilung rechts- und vertragsbrüchiger Fürsten verbinden Autoren auch noch in späteren Jahrzehnten gerne mit Ausfällen gegen Machiavelli, auch wenn die Liste der dem Florentiner zugeschriebenen bösen Ratschläge gelegentlich recht oberflächlich gerät. Beispielsweise schreibt ein gewisser Flämizer 1688: „Wir wissen zwar gar wol, was der heutigen mit dem Staats-Mantel ausgezierten Atheisten, welche bey der Langmuth Gottes mit dem Eidbruch nur zu kurtzweilen pflegen, ihre zur Berechtfertigung an der Hand habende Machia-

[10] *Nigrinus*, Vorrede I.

[11] Ebenda.

[12] *Reinkingk*, 2. Buch, Ax. XXXVII, S. 241.

[13] *Reinkingk*, 2. Buch, Ax. XXXVII, S. 242 ff.

[14] *Reinkingk*, S. 11 der „Dedicatio".

[15] *Reinkingk*, 2. Buch, Ax. XXXVIII, S. 273.

[16] Ebenda.

vellische Wayd-Sprüche seyen, nemlichen: foedera diutius non durare, quam ut prosint, regnandi causa jus violandum, in coeteris vero pietatem colendam: item, Principes legibus solutos esse, et ideo ludere cum juramentis, sicut pueros cum astragulis: und was dergleichen verdammliche principia mehr seyn mögen, etc.[17]." Solcherart werden alle möglichen Regierungspraktiken und Lehrsätze, die die Mißbilligung des Autors hervorrufen, in einen Topf geworfen und mit dem ohne weiteres diskriminierenden Eigenschaftswort „machiavellisch" geschmäht.

Gelegentlich unternehmen Regimentsschriftsteller wohl auch den Versuch, den Fürsten von der Unzweckmäßigkeit der Ratschläge Machiavellis zu überzeugen. So fügt Friedtlieb seinen moralischen Ermahnungen eine Erwägung hinzu, die die ältere Vorstellung weiterentwickelt, daß der Regent den Untertanen die Gesetzestreue vorleben müsse. Friedtlieb legt dar, daß der Fürst, der sich nach „des Machiavelli und seines gleichen Lehr" richtet, davon Schaden hat, „man rede davon Theologicè oder Politicè", denn in diesem Fall „werden seine Rhäte, Befehlichhabere, Diener und Unterthanen, auch derogleichen thun, und weder Eydt noch Pflicht, ... in acht haben". Dadurch werde der Fürst dann stets große „Gefahr außstehen müssen" und seiner Regierungsmacht nie sicher sein. Dagegen sei das gute Beispiel des Regenten um vieles nutzbringender, denn es würde auch die Untertanen zur Gottesfurcht — damit zu Treue und Gehorsam — anleiten[18].

Auch wenn hier die Frage nach dem Wert oder Unwert machiavellischer Praktiken eine etwas modifizierte Antwort erfährt, so beziehen sich Frage und Antwort doch unverändert nicht auf ein „staatliches" Interesse, sondern auf den persönlichen Nutzen oder Schaden des Regenten.

II. Die Freistellung des Herrschers von Rechtsschranken

Eine Vorstellung von „Staatsraison", von eigengesetzlichen Interessen des Gemeinwesens, verbanden die Regimentstraktate zunächst nicht mit Namen und Lehre Machiavellis[19].

1. Die Interessen des Gemeinwesens ordneten sie in altvertrauter Weise ein unter den Begriff „gemeines Bestes", dessen Beachtung ihnen

---

[17] *Johann Nicolao Flämizer*, Politico-Militarischer Staats-Minister, Oder vielmehr: Prudentia Politico-Militaris ..., Nürnberg 1688.

[18] *Friedtlieb*, S. 18. Vgl. dazu auch etwa *Oldekop*, 1. Teil, I ff.

[19] Wobei es nicht darauf ankommt, daß Machiavelli das Schlagwort „ragion di stato" selbst noch nicht geprägt hatte.

Zu den Schwierigkeiten, die man in Deutschland mit dem Verständnis und der Übersetzung dieses Schlagwortes hatte, vgl. *Weinacht*, Staat, S. 140; auch oben Abschnitt B I 1 c, Fußnote 60.

als göttlich-naturrechtliches Gebot galt und mit Religion, Moral und Herkommen in Einklang stand.

Die Methode einer bewußten Beschränkung der Politik auf das Interesse des Staates gerade durch Abwehr aller Ansprüche der Religion, der Moral und des Herkommens mußte ihnen unbegreiflich erscheinen. Darum konnte sich der Gedanke der Staatsraison in der fürstenstaatlichen Regierungslehre nur in ausdrücklicher Opposition gegen Machiavelli durchsetzen.

a) Den Weg hat die gelehrte deutsche Publicistik — ihrerseits an Botero und andere anschließend — vorgezeichnet[20]. Sie hat die eigentliche Neuartigkeit des Machiavellischen Herrscherbildes nicht angenommen: Während Machiavelli im „Principe" im literarischen Gewande eines „Fürstenspiegels" das die ganze Gattung bestimmende Theorem, die Unterscheidung zwischen König und Tyrann, stillschweigend hatte fallen lassen[21], hielt die deutsche Staatsraisonliteratur in ihrer Gesamtheit unbeirrbar daran fest.

Sie schränkte das radikale Prinzip der Zweckmäßigkeit, wie es Machiavelli vertreten hatte, sowohl hinsichtlich des Zwecks als auch hinsichtlich des Mittels ein.

Als Zweck schied sie den privaten Vorteil des Fürsten aus und ließ allein das bonum commune gelten.

Richtungweisend war das Werk des Clapmarius[22] (das statt der Formel ratio status den — fast sinngleichen — klassischen Namen „arcana imperii" einführte[23]). Es leitete die dem Herrscher zur Verfügung stehenden Mittel, Rechtsschranken zu überwinden, die „arcana rerum publicarum", aus einem speziellen Herrschaftsrecht, dem „ius dominationis", ab. Doch wurde betont, nur im Interesse des bonum publicum

[20] Vgl. dazu *Meinecke,* S. 152 ff.; auch *von Mohl,* Die Geschichte und Literatur der Staatswissenschaften, Bd. 3, 1858, S. 542 ff.; *Reinhard Kunkel,* Die Staatsraison in der Publizistik des 17. Jahrhunderts mit besonderer Berücksichtigung der deutschen Publizistik, Auszug, 1922.

[21] Vgl. *Hennis,* Politik und praktische Philosophie, S. 31, 71.

[22] *Arnold Clapmarius,* De arcanis rerum publicarum libri VI, geschrieben vor 1604, erstmals erschienen 1605; von mir benutzte Ausgabe: Amsterdam 1641.

Eine ausführliche Übersicht gibt *Hermann Hegels,* Arnold Clapmarius und die Publizistik über die arcana imperii im 17. Jahrhundert, 1918.

[23] Zum Verhältnis der Begriffe ragione di stato — ratio status — arcana imperii vgl. etwa *Weinacht,* Staat, S. 141 f., insbesondere Fußnote 39. — Zur Ersatzfunktion des Tacitus für Machiavelli (hauptsächlich im außerdeutschen Raum) siehe *Else-Lilly Etter,* Tacitus in der Geistesgeschichte des 16. und 17. Jahrhunderts, 1966. — Unhaltbar scheint die These, die deutsche staatswissenschaftliche Literatur zu Beginn des 17. Jahrhunderts sei nicht spürbar von den italienischen ragion-di-stato-Lehren beeinflußt worden, so aber *Georg Lenz,* Zur Lehre von der Staatsräson, AöR Bd. 9 NF. (1925), S. 261 ff., 268. Dagegen schon *Meinecke,* S. 155; jetzt *Weinacht,* Staat, S. 142.

dürfe der Souverän davon Gebrauch machen und sich über das „ius commune seu ordinarium" hinwegsetzen[24]. Sobald mit seiner Ausübung im letzten Grunde nicht mehr das Interesse der „salus publica" verfolgt, sondern ein privater Vorteil erstrebt werde, werde das „ius dominationis" zur „flagitia", der Herrscher zum Tyrann[25].

In dem gleichgerichteten Bemühen, den unterschiedlichen Zweck rechter und verwerflicher „arcana" deutlich zu machen, griff dann Besold[26] auf den alten Begriff der aequitas zurück: „Ratio politica, quam nunc vocant de Statu (olim aequitas ...) transgreditur legis, scripto vel voce promulgatae; literam, sed non sensum et finem ... Ratio autem status hodierna, est inventio Tyrannorum ad aequitatis similitudinem, ... Verum differentia est inter rationem status et aequitatem: quoniam haec bonum publicum respicit verumque: illa vero privatum apparensque Dominatoris[27]."

Schließlich wurde die Einschränkung des Zwecks auch von Hippolithus a Lapide betont: „Meta quidem et finis suprema est, Bonum publicum, sive Salus Reipublicae ... Nec sane assentiri possumus illis, qui Rationem Status, ajunt, esse, normam quandam, ingeniis Magnatum impressam, qua illi plerasque actiones suas ad utilitatem et commodu proprium unice dirigunt[28]."

Zu der Beschränkung des Zwecks trat die Beschränkung der Mittel. Die deutsche Publicistik versuchte von Anfang an, die Grenzen der Moral gegenüber ratio status und arcana imperii zu wahren. „Limites hujus artis sunt ponendae: Religio, fides, pudor, quos egredi non licet[29]." Nichtachtung dieser Grenzen machte den Regenten zum Tyrannen, verkehrte die „vera ratio status" in „flagitia dominationis" und „cattiva ragione di stato"[30].

---

[24] *Clapmarius*, arcana, Lib. IV, cap. 1 ff. (*Hegels*, S. 40 ff.); Lib. IV, cap. 2, S. 181: „Sicut enim alias privilegia, in iure civili sunt correctio legis, circa unius atque alterius commodum: ita jura dominationis sunt correctio legum circa salutem et commodum multorum; hoc est, et ipsius Principis, et civium. Addo boni publici causa, cujus tam sancta tamque antiqua ratio haberi debet; cui omnia jura adeoque ipse Princeps cedere debet."

[25] *Clapmarius*, arcana, Lib. V, cap. 1, S. 234 f. (*Hegels*, S. 43 ff.).

[26] *Christophorus Besold*, De Arcanis Rerumpublicarum Dissertatio, Amsterdam 1641 (entspricht Buch 2, Kap. 5 der 1618 erschienenen Politicorum libri duo).

[27] *Besold*, S. 12.

[28] *Hippolithus a Lapide* (Bogislav Chemnitz), Dissertatio de Ratione Status In Imperio nostro Romano-Germanico, (ohne Ortsangabe) 1640 (zum Erscheinungsjahr der Schrift vgl. *Friedrich Weber*, Hippolithus a Lapide, in: HZ 29 (1873), S. 254 ff., 266 Fußnote 1; *Harry Breßlau*, Severinus vonMonzambano, — Klassiker der Politik, Bd. 3 — 1922, Einleitung S. 19), Prolegomena, Sectio III, S. 7, Sectio IV, S. 8.

[29] *Besold*, S. 10; im Anschluß an *Clapmarius*, arcanis, Lib. IV, cap. 21, S. 227; ähnlich *Lapide*, Prolegomena, Sectio IV, S. 8.

b) Innerhalb dieser Schranken aber war der Regent befugt, alles ihm zum Heil des Staates notwendig erscheinende auch wider die Gesetze ins Werk zu setzen. „Hi ... carceres si observentur, nullis ulterius Legibus, quaecunque illae tandem sint, ... Rationem Status alligatam agnoscimus, sed pro lubite, salute Reipubl. id postulante, praeter, et contra Leges disponere posse putamus[31]." Man hatte erkannt: „Nonnumquam in Republica quaedam contra leges fieri, et recte fieri[32]."

Es wird deutlich, daß Staatsraison in Deutschland zunächst und weithin ein *innen*politisch wichtiger Begriff war: Ihre Bedeutung lag in der Überwindung bestehender privater Rechte, ihr Betätigungsfeld waren Vermögen, Handel und Wandel der Untertanen[33].

Schließlich erklärte Hippolythus a Lapide auch das dem Gemeinwohl nicht Notwendige, sondern bloß Nützliche zum Rechtfertigungsgrund für die Durchbrechung von Rechtsschranken. Er ging damit weiter als die meisten anderen Vertreter der Staatsraisonlehre in Deutschland, die nur bei echter Notwendigkeit den Rechtsbruch erlaubten — aber die Entwicklung drängte, da der erste Schritt nun einmal getan war, weiter in diese Richtung; und die Begründung hieß: „hoc etiam casu, merito salus Populi suprema lex est, ultimusque finis, ad quam Leges universae tendunt[34]."

Je mehr der Satz von der „salus populi" als Zweck allen hoheitlichen Handelns betont wurde, desto stärker verloren die Schranken des gesetzten Rechts an Bedeutung. Indem man diesen Satz als hohe Norm natürlichen Rechts begriff, verlieh man ihm die Kraft, einfaches Recht außer Geltung zu setzen.

Damit ist die Grundlage bezeichnet, auf der sich auch die deutschen Regimentstraktate schließlich den Fragen des Staatsinteresses und zweckmäßiger Überwindung von Rechtsschranken nähern konnten: das unangreifbare Gebot, das Gemeinwohl zu fördern.

Schon Oldendorp hatte in seiner christlichen Naturrechtslehre deutlich gesagt, die Berufung auf das gemeine Beste vermöge eine einfache gesetzliche Regelung zu überwinden. Alle geschriebenen Rechte, alle Gewohnheiten und alle Handlungen weltlicher Herrschaft müßten der

---

30 Vgl. insbesondere *Clapmarius,* arcanis, Lib. IV, cap. 1, S. 234 (dort auch der Ausdruck „consilia Machiavellistica") sowie *ders.,* Conclusiones de iure publico (laut *Hegels,* S. 25, und *Meinecke,* S. 157, eine Vorarbeit zu den „arcana"), Amsterdam 1641 (Disputatio I), Thesis XLVII, S. 17.

31 *Lapide,* Prolegomena, Sectio V, S. 14.

32 *Clapmarius,* Conclusiones, Thesis CLXIV, S. 51.

33 Siehe *Kunkel* (ohne Seitenzählung); *Roman Schnur,* „Einleitung", in: Staatsräson (Hrsg. ders.), 1975, S. 11 ff., 18.

34 *Lapide,* Prolegomena, Sectio V, S. 14 f.

Billigkeit weichen[35], und: „Was zu gemeiner Wohlfahrt gedeiht, das ist auch billig“[36], denn: „Es kann ja nichts besser sein, als was vielen Leuten zugute kommt[37].“

Ähnlich lautete es bei Langebek: „Denn weil die Alten gar herrlich und wol gesprochen, Salus populi suprema lex esto, Heil und wolfart der Gemeine, sey das höchste Gesetze. Item, quod optimis auspiciis ea gerantur, quae pro Reipub. salute fiunt. So müssen alle andere Gesetz, demselbigen weichen, auch darnach verstanden, temperirt, und gemessiget werden, können sonst nimer billich und gut sein[38].“

Die Lehre vom Vorrang des gemeinen Besten erlaubte es den deutschen Autoren des 17. Jahrhunderts dann, sich in der Auseinandersetzung um die Staatsraison ausdrücklich von Machiavelli zu distanzieren und dennoch die Zweckmäßigkeit zur Richtschnur allen hoheitlichen Handelns zu erheben.

c) So bringt es beispielsweise Kreps unter Berufung auf das gemeine Wohl fertig, einerseits „Machiavelli deß Atheisten“ sowie auch des Tacitus „abschewliche Lehr“ weit von sich zu weisen, weil sie die „Herrschafften mit einem bösen Gewissen“ fundierten[39], andererseits aber eine „Vermischte Weißheit“[40] oder „Betrug“ auch im „Christlichen Regiment“ gutzuheißen. Wenn er dabei kaum zwischen dem Nutzen des Fürsten und dem des Landes unterscheidet, so ganz offenbar deshalb, weil er beide als Einheit empfindet. Es ist eine Grundüberzeugung seiner Zeit, daß das Interesse des Fürsten — sofern es nur richtig verstanden werde — mit dem Interesse des Landes übereinstimme. Kreps beschreibt das bewußte Abweichen von den ordentlichen Regierungsmaximen, die „ander Weißheit“, den „Betrug“, als Nützlichkeitserwägung, die sich im rechtsfreien Raum durchsetzt. Die Definition lautet: „ein Spitz und kluge Berathschlagung, so weder von tugendt noch gebotten hero fleust, allein den Fürsten unnd dero Land unnd Leuten zuguten[41].“ Aus dieser Umschreibung spricht ein deutliches Empfinden dafür, daß die Besorgung staatlicher Angelegenheiten zuweilen nur von Grundsätzen der Zweckmäßigkeit gelenkt werden könne.

---

[35] *Oldendorp*, Was billig und recht ist, in der Übersetzung von Wolf, S. 12.

[36] *Oldendorp*, Was billig und recht ist, in der Übersetzung von Wolf, S. 16. Im Originaltext: „Wat tho gemeyner wolfarth gedyget, dat ys ock byllick“, S. 28.

[37] *Oldendorp*, Was billig und recht ist, in der Übersetzung von Wolf, S. 16.

[38] *Langebek*, S. 86 links.

[39] *Kreps*, Vorrede, S. 21, 26.

[40] Sie ist ganz im Sinne des Lipsius zu verstehen („prudentia mixta“), allerdings war dieser offen für Machiavelli eingetreten, siehe *Oestreich*, Justus Lipsius, S. 59.

[41] *Kreps*, Cap. XIII, Part. I, S. 260.

Große Schwierigkeiten bereitet Kreps indes die Frage, wo die Grenzen liegen, innerhalb derer sich der Fürst nach dem Zweckmäßigkeitsprinzip richten darf: welches Vorgehen „rathsam, löblich, zulässig oder nicht sey“[42]. Dabei wird der Grund oder Zweck des Vorgehens nicht diskutiert — es wird vorausgesetzt, daß es „caussa Reipublicae“ geschieht — sondern allein die Mittel stehen in Frage. Zunächst prüft Kreps den „geringen Betrug“, dieser ist seiner Meinung nach grundsätzlich „rathsamb und notturftig“[43]. Zweifelhafter ist es um die „mittelmässige Falschheit“[44] bestellt. Zwar ist Kreps überzeugt, daß auch sie „caussa Reipublicae kan verthädingt werden“, doch er ist dabei nicht ganz so sicher, „Was die Heilige Schrifft darvon halt“[45]. Er rettet sich auf das zweifelsfrei sittlich Verbotene: „Aber wichtig, grobe betrügereyen, und Falschheiten seind niemals gelobt noch gerathen, noch auch ersprießlich angelegt worden ...[46].“

Aus alledem wird klar, welche Schwierigkeiten es einem auf „christliches Regiment“ ausgerichteten Autor machte, sich mit dieser „Falschheit“ auseinanderzusetzen, die ihm im Innersten widerstreben mochte, die aber doch „dermassen so kräfftige Ursachen der Nutzbarkeit“ „praetendirte“[47].

Unter Berufung auf den Nutzen des Staates, die „salus publica“, wurden in der Folgezeit einseitig zweckgerichtete Ratschläge für eine ziemlich bedenkenlose Überwindung von Rechtsschranken gegeben.

So liest man bei Grodnow: „Wann man das gemeine Beste befördert, so thut man seine Schuldigkeit: Und des Volckes Heyl ist das allerhöheste Gesetze: Deme gemäß der Fürst alles sein thun und lassen anstellen, und darnach richten soll[48].“ Die Mittel und Wege des hoheitlichen Vorgehens werden kaum noch hinsichtlich ihrer sittlichen Qualität in Frage gestellt: „Zwar ist es nicht erlaubet, daß man der Erbar- und Billigkeit den Rücken kehre, aber wol daß man zuweilen rings-

---

[42] *Kreps*, Cap. XIII, Part. I, S. 260.

[43] *Kreps*, Cap. XIII, Part. II, S. 261.

[44] *Kreps*, Cap. XIII, Part. IV, S. 265 ff.

[45] *Kreps*, Cap. XIII, Part. VI, S. 267.

[46] *Kreps*, Cap. XIII, Part. VII, S. 269.

[47] *Kreps*, Cap. XIII, Part. X, S. 273 f.

[48] *Grodnow*, S. 433. In der Vorrede (ohne Seitenzählung) verteidigt Grodnow die „Politik“, „dero Namen (aber nur durch wahnwitzige Leute) man allenthalben, und sonderlich bey uns Teutschen mit weit offenem Munde verdächtiglich ausschreyet“, in Wirklichkeit sei sie „ihrer Würdigkeit halber eine Königliche Wissenschaft, insgemein Ratio Statûs, und auf gut alt Teutsch des Landes und Regiments Richtschnur genennet wird ...“ Er meint, die Politik sei nur „der durch die fremden zu uns eingeschlichenen, und von bösen Räthen verübenden volltückischen Mißbräuche halber“ in schlechten Ruf gekommen. Zu dem Problem der landfremden Fürstenräte, das sich hier andeutet, *Weinacht*, Staat, S. 149 f.

herumb und an der Seiten gehe[49]." Der Fürst könne durchaus recht darin tun, dem „der Billigkeit ordentlichen Wege, zu seines Landes Versicherung auszuweichen". In derartigen Fällen dürfe man ihn nicht tadeln, „so er etwa einem der ihme im Lande zu groß und mächtig werden wil, unter der Hand die Flügel verstutzen, und die Mittel entziehen muß, ehe er Gelegenheit ihme rechtschaffen auff die Haube zu greiffen bekommen kan: Oder, da er bey des Landes sich ereigneten grossen Noth und Armuth, aus Lands-Fürstlicher Macht, den reichsten und vermöglichsten in den Seckel zu greiffen gezwungen ist: Oder, so er die einem Lande und Fürsten zuwider etwa einer Person, oder einer Gemeine ertheilte Freyheit widerrufet . . .[50]."

Die Fragen, die Grodnow hier anspricht, begannen zu seiner Zeit die Rechtsgelehrten gerade unter solchen Stichworten wie „dominium eminens" und „plenitudo potestatis" zu diskutieren[51]. Grodnow dagegen kümmerte die juristische Natur der Eingriffsbefugnis, die er dem Regenten in Rechte der Untertanen zugestand, nicht; ihm genügte im wesentlichen ein Gesichtspunkt: der gerechte Grund oder — untrennbar damit verbunden — der Zweck des Eingriffs. „Alle diese erzehlte Sachen, seynd zwar an ihme selbst sehr unbillich, doch wird diese Unbilligkeit von der gemeinen Noth, und des Landes Nutzen uberwogen. Die Noth (wie man weiß) hat kein Gesetze: Und ein biß dahin gerathner Fürst, soll nicht allein nach den Gesetzen, sond'n den Gesetzen selbst zu befehlen wissen[52]." Als Mißbrauch dieser fürstlichen Machtbefugnis sieht Grodnow nur den Fall an, daß der Zweck der Maßnahme nicht der rechte ist: „Das allernothwendigste aber ist, daß ihme ein Fürst, bloß aus Ehr- oder Gutgeiz keine Noth selbst ersinne oder erzwinge, dann er würde an statt eines klugen — für einen unbillichen Herrn, und unmenschlichen Tyrannen ausgeruffen werden[53]."

Während Grodnow die Frage nach den gerechten Mitteln völlig zurücktreten ließ gegenüber der Frage nach dem gerechten Zweck, lehnten sich andere Autoren doch entschieden dagegen auf, daß Zweckmäßigkeitsgesichtspunkte — auch wenn sie auf das Wohl der Allgemeinheit zielten — sittliche Grundsätze und individuelle Rechte außer Kraft setzen sollten.

Insbesondere Reinkingk hat noch einmal stark die Beschränkung der Mittel, durch die der gemeine Nutzen verfolgt werden dürfe, in den Vordergrund gerückt[54]. Nach seiner Auffassung ist die Heilige Schrift

---

[49] *Grodnow*, S. 433.

[50] *Grodnow*, S. 436 f.

[51] Vgl. dazu etwa die Übersicht bei *Boldt*, S. 348 ff. Für die weitere Entwicklung wird auf unten Abschnitt D II 2 verwiesen.

[52] *Grodnow*, S. 437.

[53] Ebenda.

„die einige gewisse und unfehlbare Richtschnur"[55] des guten Fürsten, und ausschließlich daraus seien „die rechte Regiments Reguln, oder Regierkunst, zu lernen"[56]. Scharf wendet er sich gegen die Auffassung, der Regent habe ausnahmslos alle Maßnahmen ausschließlich unter dem Aspekt der Zweckmäßigkeit zu beurteilen, „sie seyn Christlich oder Unchristlich, billich oder unrecht, sie seyn auffrichtig oder tückisch, sie seyn warhafft oder falsch, wann nurent dieselbe ihrem Staat[57] vortragen und nützlich seyn können"[58].

Indes muß und will auch Reinkingk Zweckmäßigkeitsgesichtspunkten in der Regierung und Verwaltung Raum zugestehen. Er empfiehlt dem Regenten behutsame und sorgfältige „Beobachtungen, gegenwärtiger und künfftiger Läufte, wollbedächtige Erwegung, worin die momenta rerum bestehen, wie durch billige gerechte Mittel das gemeine Wesen zusichern, dessen Auffnehmen unnd Prosperität zu fördern, bevorstehendes unnd besorgendes Unheyl zeitig abzuwenden ...[59]." Wenn

---

[54] Vgl. z. B. auch *Abraham Benedict Rautner*, Anführung zur Teutschen Stats-Kunst, Darinnen die Lehr von offentlichen und allgemeinen Reichs-Rechten Erzehlungs-Weise vorgetragen und berichtet wird, Nürnberg 1672, Vorrede (ohne Seitenzählung), V: „Ich will auch nicht reden von der ins gemein so genannten Statistereyen, welche nichts anders lehret, als einen jeden Stat nach der jenigen Richtschnur welche bey den Lateinern Ratio Status, ... auf teusch der Stats-Nutzen heisset, es gehe nun recht oder unrecht zu, bey äusserlichem Wohlstand zu erhalten; wiewol diese schädliche Lehre heutiges Tages so gemein ist, daß schier ein jedes Regiment nach derselben geführet wird; manchem Christen zu sonderbarer Schande, daß die Regeln von Nutzen bey ihm mehr gelten als die von der Gerechtigkeit."

Eine aufschlußreiche Darstellung der Machiavellischen „fundamental-Estats-Regul", wie sie das späte 17. Jahrhundert interpretierte, findet sich in dem Buch: „Des in der Europäischen Welt überall zu Hause sich einfindenden, sogenannten Ratio Status, Wegen jetziger Zeit Läufften nachdencklicher, und Politisch-träumender *Schwätz-Gesichter*" (anonym), Nürnberg 1678, 1. Class, 1. Theil, S. 45 f.: „Es könne ein kluger Regent ... den gemeinen Nutzen durch alle zulangende Mittel, Lügen und Warheiten, Recht und Unrecht ... wie es das Aufnehmen erfordere, ohne Unterschied befördern, und wann die Löwenhaut nicht gut thäte, so müste man einen Fuchsbalg anlegen, es wäre beides recht; Kinder betröge man mit Docken und Würffelspielen, aber tapfere und verständige Leute müsse man mit falschen Eydschwüren und falsche Zusagen über das Seilchen werffen, wann es nur zur Verbesserung des gemeinen Nutzens ausschlüge."

[55] *Reinkingk*, S. 5 der „Dedicatio". — Betont christliche Autoren hatten schon zuvor die Ansicht verfochten, die Ausrichtung auf Gott mache weltliche Staatsraison überflüssig, so z. B. *Johann Valentinus Andreae* in seiner utopischen Staatsbeschreibung: „Reipublica Christianopolitanae Descriptio, (Straßburg) 1619, Cap. 21, S. 58: „Cum ad deum omnia Reipub. Christianae referantur, nihil opus est arcanis, aut status rationibus, quibus Satan in regno suo delectatur."

[56] *Reinkingk*, S. 5 der „Dedicatio".

[57] Zu dem komplexen Begriffsinhalt des Wortes „Staat" im 17. Jahrhundert beachte *Weinacht*, Staat, S. 154 ff.

[58] *Reinkingk*, S. 6 der „Dedicatio".

[59] *Reinkingk*, 2. Buch, Ax. XXXVI, S. 239.

diese „Sorgfalt und Beobachtung Status" durch „billiche, bey allen vernünfftigen Völckern, und in Gottes Wort zulässige auffrechte Mittel, unnd ad bonum finem"[60] geschehe, so dürfe man von „justa et vera Status Ratio" sprechen, „und in solchem Verstande kan dieselbe auch wol passiren und gelobet werden"[61]. Beispielsweise hält Reinkingk es für denkbar, daß ein Regent recht handelt, wenn er die Bestrafung eines Verbrechers aus Opportunitätsgründen nicht sofort vornimmt, sondern sie für einen gelegeneren Zeitpunkt aufspart[62].

Der Anerkennung einer „vera et justa Status Ratio" im Sinne guter „Regiments-Reguln" entspricht es, daß Reinkingk im Bereich der mit Rechtsprechung, Verwaltung und Wirtschaft befaßten „Regierkunst" allgemeine Regeln für eine zweckmäßig einzurichtende und agierende Verwaltung formuliert. In diesem Bereich stellt sich auch für Reinkingk nicht die Frage nach den Geboten der Bibel, sondern die Dinge werden beurteilt nach dem Maßstab „vorsichtiger Gouvernirung", berücksichtigend, was im Einzelfall „nutz und gut", „nöthig und nutzlich" sowie „dienlich" sei[63].

Auch darin zeigt sich wieder, daß Organisation und Verwaltung als mehr und mehr anschwellender Teilbereich der fürstenstaatlichen Regierung ohne ein zweckhaftes, auf den Nutzen ausgerichtetes Denken nicht vorstellbar war. Da aber in eben diesem Bereich, in „Verbesserung des Landes", der selbstgewählte geschichtliche Auftrag[64] des deutschen Landesfürstentums lag, ergab sich, daß die dort gültige Denkweise immer weiter um sich greifen mußte.

Trotz Reinkingks grundsätzlicher Warnung vor den Gefahren des radikalen Zweckmäßigkeitsdenkens fanden sich immer wieder christliche Autoren bereit, den Bereich der Mittel, die sie dem Fürsten zur Verfolgung der Staatsinteressen zugestanden, stark auszudehnen.

Das Merkwürdige an einem Buch wie dem des Johann Elias Keßler über die „Reine und unverfälschte Staats-Regul, Christlicher Staats-Fürsten und Regenten ..."[65] ist, daß es — ganz wie Reinkingks Werk —

---

[60] *Reinkingk*, 2. Buch, Ax. XXXVI, S. 234.

[61] *Reinkingk*, 2. Buch, Ax. XXXVI, S. 240.

[62] *Reinkingk*, 2. Buch, Ax. XXXVI, S. 239: „Muß derowegen ein kluger Regent behutsam verfahren und wol erwegen, wo, wen, unnd welchen Buben er gleich straffen, oder umb Sicherung seines Status, und darin umb frommer Unschuldigen demselben eine Zech auff eine Zeit borgen solle und müsse." Das gleiche Thema behandelt z. B. auch *Kreps*, Cap. IX. Er vertritt auch die Ansicht, „Das man aus Notturft etwan einen mehr dann den andern möge straffen", S. 207 ff.

[63] *Reinkingk*, 2. Buch, Ax. XL ff., S. 280 ff.; vgl. dazu auch *Hans Maier*, Ältere Staats- und Verwaltungslehre, S. 169.

[64] *Ebel*, S. 59.

[65] *Johann Elias Keßler*, Detectus ac à Fuco Politico Repurgatus Candor &

mit Worten der Heiligen Schrift argumentiert und vom göttlichen Willen spricht, aber dennoch zu gänzlich anders gearteten Ergebnissen als Reinkingk kommt.

Zwar lehnt auch Keßler die Lehrsätze Machiavellis empört ab[66], nichtsdestotrotz hält er aber fast alle Mittel, die Machiavelli empfahl, für zulässig. Kaum etwas klingt noch an von den Schranken der „religio, pudor et fides", alles wird gerechtfertigt um des Gemeinwohles willen.

Die völlig unterschiedliche Staatsraison-Auffassung zweier Schriftsteller, die beide fest auf dem Boden der Bibel zu stehen vorgaben, ist wohl nur deswegen erklärlich, weil Reinkingk das Prinzip der Zweckmäßigkeit vorrangig von den anzuwendenden Mitteln her beurteilte, während Keßler auf den Zweck schaute. Der Satz „Der Zweck heiligt die Mittel"[67] paßt auf kaum eine politisch-juristische Schrift aus dem Deutschland des 17. Jahrhunderts besser als auf das Buch Keßlers.

Die Staatsraison wird hier selbst als ein „Gott wolgefälliges, und wolbefugtes Wesen" bezeichnet, das seit Anbeginn der Menschheit die Staatsordnungen präge[68]. Sie diene der Erhaltung des „allerköstlichsten Dinges", dessen sich ein Land rühmen könne: der Sicherheit[69]. Diese sei eng verschwistert mit der Macht: „... je grösser und mächtiger ein Reich und Potentat, je glückseeliger und vermehrter auch der Unterthanen Zustand und Glück, indem sie vor angränzender oder benachbarter Gewalt desto bessern Schutz zu hoffen[70]." Solch glückseligen Zustand mit Unterstützung der Ratio Status herzustellen, ist der Regent nach Keßlers Meinung kraft göttlichen und natürlichen Rechts verpflichtet. „Das Mittel aber, diese Rationem statûs zu ergreiffen und ins Werck zu stellen, ist alles zu ermeldtem heilsamen Zwekk abzielendes Vornehmen dessen, was so wol in als ausser einem Staat ... für sich oder für andere mag oder soll mit Recht und Billichkeit, oder so erhei-

---

Imperium indefinitum, vastum & immensum Rationis Status, Boni Principis, das ist: Reine und unverfälschte Staats-Regul, Christlicher Staats-Fürsten und Regenten, ... Nürnberg 1678.

Vgl. dazu *Meinecke*, S. 161.

66 *Keßler*, S. 291, 216.

67 Zu diesem Satz siehe *Büchmann*, Geflügelte Worte, 32. Auflage 1972, S. 602 f.

68 *Keßler*, S. 38. — Im weiteren versteht es Keßler auf eine frappierende Art, seine Ratschläge mit seiner religiösen Überzeugung zur Deckung zu bringen. Er benutzt geschickt biblische Beispiele und schildert den Regenten völlig als Werkzeug Gottes, vgl. S. 489. Sein religiöser Eifer gipfelt in einer breit angelegten Untersuchung, „Ob nicht solche Revolutiones und Veränderungen der Staat und Regimenter dieser Welt, von besonderen Staats-Englen herrühren, und dirigirt werden, und was von diesen Staats- oder Regiments-Englen zu halten", S. 503 ff.

69 *Keßler*, S. 51, 54.

70 *Keßler*, S. 45.

schender Nothdurfft halber, zu seiner oder allgemeiner Wolfahrt und Aufnehmen gereichen mag[71].“ Keßler lehnt es ab, der Ratio statûs feste Schranken zu setzen, weil man „ihren Lauff nicht allerdings und nach allen und jeden Umständen und Begebenheiten umzuschreiben oder zu determinieren weiß, also auf unzehliche Art und Weiß sich darstellig machet, ...“[72]. Darum ist er sogar zu dem unerhörten Zugeständnis bereit, Religions- und Glaubenssachen seien in bestimmten Fällen „dem Gebot dieser allgemein-herrschenden Welt-Göttin, oder Rationis statûs“ unterworfen[73]. Wenn Keßler schon die Schranke der Religion so viel geringer achtet als seine Vorgänger und Zeitgenossen, so muß es ihm selbstverständlich sein, daß „Ratio statûs in weltlichen Dingen noch vielmehr, auch über alle Recht, Gesetz und Ordnungen ihren Gewalt und Oberherrschafft erstrecke“[74]. Selbst die sonst für unüberwindlich gehaltenen Schranken des Naturrechts macht Keßler für die Staatsraison durchlässig. Die Umstände der Zeit und des Ortes haben seiner Meinung nach nicht nur Auswirkungen auf das positive Recht[75] (wie so viele vor ihm sagten), sondern auch das natürliche Recht hält er für „bisweilen veränderlich“[76]. Das trete etwa dann zutage, „wann die gemeine Bürgerliche Gesetz und Ordnungen, die Menschen zu dessen würklicher Observanz nicht alle Zeit antreiben oder verbindlich halten, wann nemlich solches der Unterthanen widrige Seiten, und zu verbessern unmüglicher Humeur, oder ein zu beförchten habendes grössers Übel erfördert, oder aber ein begangenes sonsten von natürlichen Recht straffbares Delictum dem gemeinen Wesen nicht sonderlich zuwider und schädlich befunden wird“[77]. Keßler zieht den Schluß, die Ratio statûs sei „auch einiger massen selbst des natürlichen ... Rechts, seiner Direction zum besten mächtig, und ein kluger Staats-Herr an solches nit so streng gebunden“[78].

Insgesamt steht für diesen Autor fest: „Nimt demnach die Ratio statûs dißfalls kein Gesetz in Acht, welchem das Interesse deß gemeinen Wesens nicht selten, und ohne vieles Bedencken zuwider laufft[79].“ Alles ist bei ihm auf den Zweck hin ausgerichtet: „Es ist aber diese Ratio

[71] *Keßler*, S. 55 f.

[72] *Keßler*, S. 56.

[73] *Keßler*, S. 210 ff. (223). Weit von sich weist Keßler allerdings die Art und Weise, wie Machiavelli sich der Religion zu bedienen rät, „von welcher der blosse bey dem Pöbel ohne dem sehr mächtige Schein gnugsamen Effect mit sich bringe“, S. 216.

[74] *Keßler*, S. 223 ff.

[75] *Keßler*, S. 232.

[76] *Keßler*, S. 230.

[77] *Keßler*, S. 230.

[78] *Keßler*, S. 231 f.

[79] *Keßler*, S. 232.

status, so offt sie dem ordentlichen Gesetz zuwider, blos dem Buchstaben, nicht aber allezeit dem, Krafft ferneren Innhalts, in solchem enthaltenen Verstand und absehenden guten Zweck contrair; welch gutes Absehen, wofern es im gemeinen Wesen noch mehr befördert werden kan, als sonsten Lex simplex intendirt, billich entweder durch gänzliches Abrogiren, anderwärtiges Auslegen, oder ferneres Dispensiren zu suchen[80]."

Keßler war sich wohl durchaus darüber im klaren, daß kaum jemand vor ihm — sei es in der gelehrten Publicistik oder in den Regimentslehren — eine Beschränkung der Regierungsmittel so radikal negiert hatte. Das zeigt sich an seiner Äußerung, es seien „Arcana Politica bereits von vielen beschrieben" worden, zum Unterschied von jenen sei aber sein „gegenwärtiges Vorhaben nicht auf dergleichen Regulair- sondern vielmehr auf die extra-ordinair- und wider-rechtlich scheinende Politic gericht"[81]. Unter Anführung vieler Beispiele führt er den Leser zu dem Ergebnis, „Gut und Bös" stehe „einem Staats-Herrn nach erfordernden Umständen etlicher massen in frey ungebundner Macht und Disposition"[82].

Angesichts dieses Ergebnisses fragt man sich, worin denn noch ein Unterschied zwischen Machiavellis Thesen und Keßlers Ansichten liegen soll. In der Tat betrifft der Unterschied so gut wie gar nicht den Umkreis der für zulässig gehaltenen Mittel, er reduziert sich im wesentlichen auf die Beschränkung des Zwecks. Die Durchbrechung (fast) aller Rechtsschranken gestattete Keßler eben nicht für den Privatnutzen des Fürsten, sondern nur im Hinblick auf das Gemeinwohl. —

Zusammenfassend läßt sich sagen, daß die deutsche Staatsliteratur des 17. Jahrhunderts über den einzig zulässigen Zweck der Überwindung von Rechtsschranken einig war, während die Ansichten über die Frage, welche Mittel rechtlich und moralisch angemessen seien, weit auseinandergingen.

2. Wenn in der Ratio Status- und Arcana-Literatur das Gemeinwohl als Zweck die Rechtfertigung für hoheitliches Handeln darstellte, so ging es dabei grundsätzlich um Fälle, in denen ein Notstand oder ein im Einzelfall sich erweisender besonderer Nutzen — stets also eine außerordentliche Lage — ein außerordentliches Handeln forderten.

Diesen außerordentlichen Fällen wendete dann auch die Staatslehre des 18. Jahrhunderts große Beachtung zu. Sie wurden allerdings kaum mehr unter dem Stichwort Ratio Status behandelt, sondern anhand

---

80 *Keßler*, S. 239.

81 *Keßler*, S. 241.

82 *Keßler*, S. 256.

eines in die rechtliche Ordnung des Staates eingebauten eigenen Rechtsbegriffs gelöst: Man sprach von dominium-, potestas-, imperium-, ius eminens (wobei die Entwicklung der Diktion hier nicht interessiert)[83].

Keßler hat diesen Begriff neben dem der Ratio statûs verwandt in dem Bestreben, die dem Fürsten allein aus Zweckmäßigkeitsüberlegungen zugestandenen Regierungsmittel zusammenzufassen unter dem Gesichtspunkt einer hoheitlichen Befugnis: „Der Grund aber solcher gerechten Irregularität und einem Christlich-gesinnten Staats-Herrn extraordinair-zugelaßnen und erlaubten Disposition, bestehet in einem von GOtt verordneten, über dem unterthänigen Theil, der Welt-Ordnung halber zuständigen oberherrlichen Gewalt, oder von den Publicisten intitulierten Dominio super-Eminenti, etwas ausser der Ordnung Obrigkeitlichen Gewalts im Regiment, entweder aus Noth oder sonst um gemeiner Wohlfahrt willen, über den Leib oder über die Güter der Unterthanen zu disponiren[84]."

Keßler ging nicht nur — wie man sieht — schon über die ursprüngliche Auffassung von dem dominium eminens als eines echten Obereigentums hinaus[85], sondern er ließ in den Begriff den vollen Vorstellungsgehalt der ratio status einfließen.

Wenn das ius eminens in der weiteren Entwicklung zum höheren „Recht der Staatsidee"[86] schlechthin wird, so hat es den Gedanken der Staatsraison in sich aufgenommen: als Inbegriff außerordentlicher Befugnisse[87], den Nutzen des Staates zu verfolgen. Solcherart gilt es nicht

[83] Als Begründer der Lehre vom dominium eminens gilt bekanntlich *Hugo Grotius*, De Jure Belli ac Pacis libri tres, Paris 1625 (Reproduktion der Ausgabe Amsterdam 1646 in: The Classics of International Law, 1913), Lib. II, Cap. XIV, § 7 f.; Lib. III, Cap. XIX, § 7; Lib. III, Cap. XX.

Vgl. zur gesamten Problematik *von Gierke*, Althusius, S. 295 ff. (insbesondere Fußnote 77); *Layer*, S. 126 ff.; *Rolf Stoedter*, Öffentlich-rechtliche Entschädigung, 1933, S. 57 ff.; *Hans Ernst Folz*, Staatsnotstand und Notstandsrecht, 1962, 152 ff.; *Boldt*, S. 350 ff.

[84] *Keßler*, S. 280.

[85] Vgl. dazu die Literaturangaben oben Fußnote 83.

[86] Siehe *Lorenz von Stein*, Die Verwaltungslehre, Teil 7, 1868, S. 164 ff.

[87] Das Moment des Außerordentlichen wird bei der Darstellung des dominium eminens (bzw. der entsprechenden Rechte) gerade in der zweiten Hälfte des 18. Jahrhunderts häufig betont. Vgl. z. B. *Johann Jacob Moser*, Von der Landeshoheit in Ansehung der Unterthanen Personen und Vermögen, Frankfurt und Leipzig 1773, Neudruck 1968 (Neues teutsches Staatsrecht, Bd. 16), 15. Cap., § 2, S. 180: „Die obriste Herrschafft über der Unterthanen Personen bestehet in einer Landesherrlichen Befügniß, um des gemeinen Bestens willen, in Ansehung besagter Personen etwas zu thun, zu lassen, oder zu gestatten, was ausser solchem Fall und ordentlicher Weise nicht erlaubt wäre", und ebenda § 4: „Sothane obriste Herrschafft greiffet nur alsdann Platz, wann ... die ordentliche Mittel nicht hinreichend oder bequem seynd ..." — *Georg Friedrich Lamprecht*, Versuch eines vollständigen Systems der Staatslehre mit Inbegriff ihrer beiden wichtigsten Haupttheile ..., Berlin 1784, § 199, S. 90, definiert den dem dominium eminens

nur als „äußerstes Recht der Staatsgewalt"[88], sondern wird zuweilen mit der „plenitudo potestatis" (die sich in ihm am deutlichsten entfaltet) gleichgesetzt[89]. Die Leitung des Staates ohne Innehabung und Ausübung dieses Rechts erscheint als Unmöglichkeit: „Soll ein Fürst regieren, so muß er die Macht haben seiner Unterthanen Handlungen zu bestimmen, wer wird aber demnach wohl läugnen mögen, daß die Unterthanen ihren Personen nach sowohl als ihrem Vermögen ihrem Regenten unterworfen seyen. Denn wie lässet sich ansonsten ein Regieren gedenken? ... Muß man also einem Fürsten, der regieren soll, ein dominium eminens, oder wie man es nennen mag, zugestehen, so darf auch kein Zweiffel seyn, daß ihme die Macht und Gewalt eben sowohl über die Rechte oder Gerechtsame seiner Unterthanen zukommen müsse, da die Rechte eines Menschen ... den grösten Theil seines Vermögens ausmachen ... Ja, weilen das Regiment einen gemeinschaftlichen Endzweck hat, dieser aber nicht wohl erhalten werden kan, ohne daß die Gerechtsame derer Unterthanen anderst als vorher bestimmt werden, so ist auch keine Regierung leicht möglich, wo nicht diese Macht über derer Unterthanen Gerechtsame würklich ausgeübt werde[90]."

Damit ist die wesentliche Bedeutung des ius eminens angesprochen: Es berechtigt den Fürsten, sich hinwegzusetzen über mannigfache „iura quaesita", die in Gestalt von feudalen Sonderrechten und gewerberechtlichen Monopolen einer planmäßigen Entwicklung des Landes im Wege stehen[91].

Wann der Regent dieses Recht ausübt, soll sich nach „Befinden der Umstände"[92] richten; und der Sorge des Untertanen um den Verlust

---

entsprechenden Begriff „Machtvollkommenheit" dahingehend, daß der Regent „im Nothfall etwas anders, als gewöhnlich ins Werk setzen" dürfe. — *Andreas Josef Schnaubert,* Anfangsgründe des Staatsrechts der gesammten Reichslande, Jena 1787, § 310, S. 206, spricht von „ausserordentlicher Gewalt in Kollisionsfällen". — Vgl. weiterhin *Johann Richard Roth,* Staatsrecht deutscher Reichslande, 2. Theil, Frankfurt und Leipzig 1792, S. 76; *Justus Christoph Leist,* Lehrbuch des teutschen Staatsrechts (1. Ausgabe 1803), 2. Auflage Göttingen 1805, § 102, S. 318. — Eine sehr starke Einschränkung des dominium eminens (als Eingriffsrecht in die Substanz des Privateigentums verstanden) auf „alleräußerste Nothfälle" findet sich bei *Johann Heinrich Gottlob von Justi,* Die Natur und das Wesen der Staaten ..., Berlin, Stettin und Leipzig 1760, §§ 49 ff., S. 80 ff.

[88] *Leist,* § 102, S. 318.

[89] Vgl. etwa *Leist,* ebenda. Siehe dazu auch *Boldt,* S. 350.

[90] *Carl Weitzel,* Philosophisch-Juristische Abhandlung Von der Macht Weltlicher Regenten Wider die Göttliche Rechte Gesetze zu geben, Frankfurt und Leipzig 1749. § 22 f., S. 26 ff.

[91] Vgl. dazu *Dietrich Pirson,* Artikel „Jura quaesita", in: HRG, Sp. 472 ff. Zur Frage des insoweit bestehenden Rechtsschutzes *Wolfgang Rüfner,* Verwaltungsrechtsschutz in Preußen von 1749 bis 1842, 1962, S. 30 ff.; *Hans-Uwe Erichsen,* Verfassungs- und verwaltungsrechtsgeschichtliche Grundlagen der Lehre vom fehlerhaften belastenden Verwaltungsakt und seiner Aufhebung im Prozeß, 1971, S. 73 ff.

seines Eigentums begegnet eine durchaus ernsthaft gemeinte „philosophisch-juristische“ Abhandlung nur mit einem Verweis: „So schreyet ein Geizhalß, nicht aber ein Patriotischer Mitbürger und Unterthan[93].“

Der mit der Überschreitung einzelner Rechtsschranken verfolgte Zweck behält aber für die Berufung auf das „ius eminens“ eine ähnliche Bedeutung, wie er sie schon für die Berufung auf ratio status gehabt hat: Der richtige Zweck ist die eigentliche Rechtfertigung des Eingriffs. Für das ius eminens gilt die richtige Zweckbestimmung des hoheitlichen Eingriffs als ein Merkmal des Rechts zum Eingriff. Das ist eine Fortentwicklung des Zweckgedankens — die zuvor gebrauchten Begriffe „ratio status“ und „arcana“ sind ja an sich zweckunabhängig gewesen und ließen sich grundsätzlich auch dann anwenden, wenn das Streben des Fürsten nach eigenem Nutzen in Rede stand; von Clapmarius bis Keßler hat man die Betonung des Zwecks als ausdrückliche Einengung dieser Begriffe von außen her verstanden; nur darum hat man auch Unterbegriffe wie „vera ratio status“ einerseits und „cattiva ragione di stato“ andererseits gebildet. Vom ius eminens kann man sagen: „In dem Begriffe dieser Befugnis sind auch schon die Einschränkungen derselben enthalten[94].“ Der richtige Zweck gehört unmittelbar zur Definition des Rechtsbegriffs. Eine geläufige Formulierung lautet etwa, die oberste Gewalt dürfe „sich in höchster Noth alles dessen, was die Unterthanen besitzen, zum gemeinen Besten bedienen“[95]. — Daß als richtiger Zweck nur das gemeine Beste in Frage kommt, ist einhellige Meinung. Weniger übereinstimmende Antworten finden sich auf die Frage, ob das gemeine Beste erst dann die Möglichkeit zu einer Beeinträchtigung von „iura quaesita“ und damit zu einer Überwindung von Rechtsschranken eröffne, wenn es unmittelbar gefährdet sei, oder schon im Falle eines sich anbietenden Nutzens. Während die herrschende Lehre einen Nutzen ausreichen läßt[96], sprechen andere von „Notwendigkeit“[97] als Voraussetzung.

---

[92] *Weitzel*, § 24, S. 29.

[93] *Weitzel*, § 24, S. 30.

[94] *Schnaubert*, § 311, S. 207.

[95] *Freyherr von Bielfeld*, Lehrbegriff der Staatskunst (1. Ausgabe des in französischer Sprache verfaßten Originals 1760 - 1772, 1. Ausgabe der deutschen Übersetzung 1761), Aus dem Französischen übersetzt, 3. Auflage Breslau und Leipzig 1777, S. 22. — Zu der Einbeziehung des Zweckes in den Rechtsbegriff vgl. weiter: *Samuel von Pufendorf*, De officio hominis et civis juxta legem naturalem libri duo (1. Ausgabe 1673), photographische Reproduktion der Ausgabe von 1682, 1927, Lib. II, Cap. XV, § 4, „... ad usus publicos“; *Moser*, Landeshoheit in Ansehung der Unterthanen Personen, 15. Cap., § 2, § 4, S. 180; *Johann Stephan Pütter*, Beyträge zum Teutschen Staats- und Fürsten-Rechte, Göttingen 1777, S. 357 ff.; *Johann Ulrich von Cramer*, Wetzlarische Nebenstunden, 13. Teil, Ulm 1759, S. 2 f., 9; *Schnaubert*, §§ 310 f., S. 206 f.; *Roth*, 2. Theil, S. 76 f., insbesondere auch die Anmerkung ebenda S. 77.

[96] So z. B. schon *Grotius*, Lib. III, Cap. XX, VII; vgl. weiter *Moser*,

Daraus ergeben sich natürlich unterschiedliche Auffassungen über die Grenze dessen, was vom Zweck noch gedeckt wird. Einerseits heißt es etwa bei Schnaubert: „Soll mit privat Gerechtsamen dem gemeinen Wohl ein Opfer dargebracht werden: so muß ein wahrer und wirklicher Kollisionsfall vorhanden seyn, d. i. die privat Befugnisse müssen dem gemeinen Besten gefährlich und schädlich seyn. Daß blos durch Hindansetzung und Aufopferung des privat Vermögens für andere mehr Bequemlichkeit, Vortheile erworben, Annehmlichkeit verschaft werden könne, berechtiget den Regenten nicht, in die Gerechtsamen seiner Unterthanen einzugreiffen[98].“ Andererseits vertritt z. B. Pütter die Ansicht, daß privates Eigentum, Privilegien, Servituten und ähnliches nicht nur dann aufgeopfert werden dürften, wenn das Land sonst in die „äusserste Gefahr des Verderbens gerathen würde“, sondern schon, wenn bloß „die Frage davon ist, ... zum Nutzen und zu mehrerer Aufnahme des gemeinen Wesens etwas zu veranstalten“[99]. Der Unterschied beider Auffassungen sollte allerdings — wie es vom heutigen Standpunkt aus vielleicht nahe läge — nicht überschätzt werden, er ist von der Staatslehre des 18. Jahrhunderts anscheinend nicht als besonders schwerwiegend bewertet worden und ist kaum Thema ernsthafter Kontroversen gewesen. Jedenfalls muß man sich die Grenzen zwischen Nutzen und Notwendigkeit, zwischen necessitas und utilitas fließend vorstellen; als kennzeichnend darf das Wort des Cornelius von Bynkershoek gelten, daß „utilitas in necessitatem incidit, ut non facile hanc ab illa distinxeris; quoque alius utilitatem, alius necessitatem appellabit“[100].

Das Bemühen um eine Grenzziehung zwischen dem, was das Gemeinwohl erfordere, und dem, was ihm nützlich sei, wäre auch schon deshalb wenig sinnvoll gewesen, weil der Gemeinwohlbegriff selbst im 18. Jahrhundert alle Konturen verloren hat[101]. Die neue Vorstellung vom Gemeinwohl — auf die sogleich noch einzugehen sein wird — hat ihren sinnfälligen Ausdruck gefunden in der geläufigen Formulierung von

Landeshoheit in Ansehung der Unterthanen Personen, 15. Cap., § 4, S. 180; *Cramer*, 13. Teil, S. 9; *Roth*, S. 76; *Pütter*, Beyträge, S. 358; auch *Lamprecht*, § 123, S. 65, der aber andererseits in § 199, S. 90, von „Nothfall“ spricht.

97 So etwa *Pufendorf*, Lib. II, Cap. XV, § 4; *Christian Thomasius*, Dissertatio Juridica de Praescriptione Regalium Ad Jura Subditorum Non Pertinente (von 1696), Halle 1799, Cap. II, § VII, S. 24; *Schnaubert*, § 311, S. 207; *Bielfeld*, S. 57; *Christian August von Beck*, Kern des Natur- und Völkerrechts zum Unterricht eines grossen Prinzen entworfen (etwa 1754/1755), in: Recht und Verfassung des Reiches in der Zeit Maria Theresias (Hrsg. Hermann Conrad), 1964, S. 141 ff., 264.

98 *Schnaubert*, § 311, S. 207.

99 *Pütter*, Beyträge, S. 357 ff.

100 *Cornelius van Bynkershoek*, Quaestionum Juris Publici Libri Duo, photographische Reproduktion der Ausgabe von 1737, 1930, Lib. II, Cap. XV, S. 292.

101 Vgl. z. B. *Merk*, S. 61 ff.

der „gemeinschaftlichen Glückseeligkeit“[102]. Je uferloser aber der Begriff ist, mit dem man die rechtfertigende Zweckbestimmung eines hoheitlichen Eingriffs umschreibt, desto vielfältigere Maßnahmen müssen als zur Erreichung des Zwecks nicht nur nützlich, sondern notwendig erscheinen.

[102] Siehe z. B. *Christian Wolff,* Vernünfftige Gedanken Von dem Gesellschaftlichen Leben der Menschen Und insonderheit Dem gemeinen Wesen zu Beförderung der Glückseeligkeit des menschlichen Geschlechts (1. Ausgabe 1721), 3. Auflage Frankfurt und Leipzig 1732, insbesondere § 223, S. 165 f.; *Justi,* Natur und Wesen, § 30, S. 45; *ders.,* Grundsätze der Policey-Wissenschaft in einem vernünftigen, auf den Endzweck der Policey gegründetem, Zusammenhange ... abgefasset (1. Ausgabe 1756), 2. Auflage Göttingen 1759, § 390, S. 291; *Gottfried Achenwall,* Die Staatsklugheit nach ihren ersten Grundsätzen (1. Ausgabe 1761), 2. Auflage Göttingen 1763, S. 3.

E. Der richtige Zweck als Rechtsgrundlage hoheitlichen Handelns schlechthin

Die Berufung auf den richtigen Zweck diente nicht nur der Rechtfertigung außerordentlicher Maßnahmen; die zunehmend vernunftrechtlich geprägte deutsche Staatstheorie des 18. Jahrhunderts ließ schlechthin alles hoheitliche Handeln ausdrücklich im Zweck des Staates begründet sein.

I. Wohlfahrt als Staatszweck

Fast ausnahmslos vermitteln die Schriften das Wunschbild eines alle Lebensbereiche des Volkes bestimmenden Staates, in dem das „gute Leben" der Untertanen in unmittelbarer Weise zum Gegenstand obrigkeitlicher Regelung wird[1].

Die Vorstellung von einem derart ausgedehnten Aufgabenbereich des Staates entwickelte sich in engem Zusammenhang mit der eudämonistisch orientierten Philosophie der Epoche[2].

Die Zeit war durchdrungen vom Glauben an die „Aufklärung", die weithin mit Volksbildung in moralpädagogischer Absicht gleichgesetzt wurde[3]. Demgemäß machten auch die Philosophen die „richtige", also sittliche und gesunde Lebensführung der Menschen zu ihrem Anliegen. Dabei herrschte — im Verlauf der Entwicklung verstärkt durch die Einwirkungen des englischen Utilitarismus — die Tendenz, die Aspekte der gesellschaftlichen Zweckmäßigkeit zu betonen[4]. Das Eindringen eines empirisch überprüfbaren Nützlichkeitsmaßstabes in die Ethik führte zu der Auffassung, der sittliche Wert einer Handlung lasse sich an ihrer Auswirkung auf das Gemeinwohl messen[5]. So gründete sich

---

[1] Vgl. auch *Hans Maier*, Ältere Staats- und Verwaltungslehre, S. 197.

[2] Vgl. *Marchet*, S. 138 ff.

[3] Vgl. dazu etwa *Horst Stuke*, Artikel „Aufklärung", in: Geschichtliche Grundbegriffe, Bd. 1, 1972, S. 243 ff., insbesondere S. 255 ff.; *Fritz Wagner*, Europa im Zeitalter des Absolutismus und der Aufklärung, Die Einheit der Epoche, in: Schieder, Handbuch der europäischen Geschichte, Bd. 4, 1968, S. 1 ff., S. 142 ff.

[4] Hierzu und zum folgenden auch *Michael Stolleis*, Staatsraison, Recht und Moral in philosophischen Texten des späten 18. Jahrhunderts, 1972, insbesondere S. 42 ff.

[5] Vgl. etwa *H. Reiner*, Artikel „Eudämonismus", in: Historisches Wörterbuch der Philosophie, Hrsg. Joachim Ritter, Bd. 2, 1972.

auf das Postulat, jeder Mensch habe sowohl sich selbst zu vervollkommnen als auch die Vervollkommnung der anderen Menschen zu fördern, eine Morallehre, deren Ziel die im Hinblick auf das öffentliche und das individuelle Wohl und unter Berücksichtigung des Standes jeweils zweckmäßigste Erziehung des Untertanen war[6].

Die Aufklärung wurde — so verstanden — zum gesellschaftlichen Stabilisationsfaktor, da sie dem Untertanen das „Räsonieren" zu verwehren und ihm „das Vernunftmäßige, das Nützliche in den bestehenden Verhältnissen" vor Augen zu führen bestrebt war[7].

Da man dem seinem Wesen nach unmündigen Untertanen die sittliche Kraft zur Verwirklichung ethischer Werte nicht zutraute, setzte man die Notwendigkeit eines als „Vormund" agierenden Regenten voraus. Die Diskussion der Werte blieb demgemäß gänzlich auf die Ebene der Obrigkeit beschränkt. Der Erziehungswille zielte auf Untertanen, die aus moralischer Einsicht das obrigkeitliche Gebot um seiner selbst willen bejahten. Die „aufgeklärte" Vernunft des einzelnen war erwünscht nur als Instrument eben dieser Einsicht und der daraus folgenden bewußten Unterordnung unter ein Streben nach „gemeinschaftlicher Glückseeligkeit"[8].

Um die allgemeine Wohlfahrt im Sinne dieser „gemeinschaftlichen Glückseeligkeit" zu fördern, mußten die Staatstheoretiker eine übermäßige Ausdehnung der „polizeilichen" Tätigkeiten des Staates befürworten. Der immer mehr um sich greifende Gedanke der Wohlfahrtsförderung sog die alten Staatszwecke vollständig auf. Die einzelnen Aufgabengebiete der Obrigkeit wurden nicht mehr — wie etwa noch bei Seckendorff — den einzelnen Staatszwecken Recht, Friede und Wohlfahrt zugeordnet, sondern die eudämonistisch verstandene „Wohlfahrt" erschien allein als Inbegriff des gemeinen Besten und damit als Ziel hoheitlichen Handelns. Die „Wohlfahrt" wurde zum alles umfassenden Staatszweck.

Das heißt nicht, daß die einzelnen Autoren den Staatszweck nicht durchaus mit unterschiedlichen Begriffen umschrieben hätten.

Manche stellen in ihrer Definition stärker auf Wohlfahrt, andere auf Sicherheit ab[9]; zuweilen werden die Ausdrücke „allgemeine Wohlfahrt"

---

[6] Siehe *Stuke*, insbesondere S. 263.

[7] Vgl. die Beispiele bei Stuke, insbesondere S. 261.

[8] Vgl. *Peter Klassen*, Die Grundlagen des aufgeklärten Absolutismus, 1929, S. 107 ff.; *Hans Maier*, Ältere Staats- und Verwaltungslehre, S. 197; *Stuke*, insbesondere S. 260.

[9] Vgl. z. B. *Christian Wolff*, § 3, S. 3: Wohlfahrt, § 215, S. 163: Wohlfahrt und Sicherheit; *Beck*, 11. Cap., S. 241: Erhaltung, Sicherheit und Wohlfahrt des Staates; *Franz Josef Bob*, Von dem Systeme der Policeywissenschaft und dem Erkenntnißgrundsatze der Staatsklugheit und ihrer Zweige, Freiburg

und „gemeinschaftliche Glückseeligkeit" schlechthin als Inhalt des gemeinen Besten[10], zuweilen als konkretisierungsbedürftige Oberbegriffe[11] dargestellt. An dem tatsächlichen Vorstellungsgehalt des Staatszweckbegriffs ändern solche Definitionsunterschiede im großen und ganzen wenig. Auch wenn z. B. Bob sagt: „Der wesentliche Endzweck des Staates ist Sicherheit"[12], so zieht er damit die „Grenzen der Wirksamkeit des Staates" noch lange nicht im Sinne der bekannten Humboldtschen Jugendschrift[13]; vielmehr läßt er ganz unbefangen ein paar Seiten weiter „Sicherheit und Wohlfahrt" als Staatszweck in Erscheinung treten.

---

im Breisgau 1779, S. 12: innere und äußere Sicherheit, S. 28: auf die Sicherheit gegründete allgemeine Wohlfahrt. Eine ausführliche Stellungnahme findet sich bei *Carl Gottlieb Svarez*, Vorträge vor der Mittwochsgesellschaft, Über den Zweck des Staates (von 1791), in: Vorträge über Recht und Staat (Hrsg. Conrad / Kleinheyer), 1960, S. 639 ff.

[10] Vgl. z. B. *Lucas Langemack*, Abbildung einer vollkommenen Policei, Berlin (ohne Jahresangabe) (1747), S. 3, als Voraussetzung der Glückseligkeit werden aber Ruhe und Frieden ausdrücklich erwähnt, S. 19; *Justi*, Natur und Wesen, § 30, auch § 31, aber auch § 42; *Achenwall*, S. 3, dort werden als „Zweck des Staates" nebeneinandergesetzt: „äusserliche Glückseeligkeit aller und jeder Mitglieder eines Staats, das Wohl des gemeinen Wesens, die Landeswohlfahrt, das gemeine Beste"; *Johann Friedrich von Pfeiffer*, Natürliche aus dem Endzweck der Gesellschaft entstehende Allgemeine Policeiwissenschaft, Neudruck der Ausgabe Frankfurt 1779, 1970, Bd. 1, S. 21; *Lamprecht*, §§ 119 f., auch § 125.

[11] Vgl. z. B. *Joseph von Sonnenfels*, Handbuch der inneren Staatsverwaltung mit Rücksicht auf die Umstände und Begriffe der Zeit, Bd. 1, Wien 1798, § 13, S. 16: „Der Endzweck der bürgerlichen Gesellschaft ist Sicherheit und Bequemlichkeit, aus deren Vereinigung die allgemeine Wohlfahrt entspringt." „Hauptgrundsatz" und „Prüfungssatz aller Vorkehrungen" ist aber konkret die Bevölkerungszunahme, denn: „Die Vergrößerung der bürgerlichen Gesellschaft begreift ... alle untergeordneten einzelnen Mittel, welche in vereinigter Wirkung die allgemeine Wohlfahrt befördern." Siehe auch *Carl Gottlieb Svarez*, Schriftliche Vorträge, Grundsätze des Natur- und allgemeinen Staatsrechts (von 1791), in: Vorträge über Recht und Staat (Hrsg. Conrad / Kleinheyer), 1960, S. 453 ff.

[12] *Bob*, S. 12; ebenda auf S. 28 heißt es, der Endzweck des Staates sei „die auf die Sicherheit gegründete allgemeine Wohlfahrt", auf S. 30 werden als „Mittel zum Endzweck" bezeichnet die „Mittel, wodurch die Sicherheit und Wohlfahrt des Staates gegründet, und gehandhabt wird". Vgl. auch *Svarez*, Über den Zweck des Staates, S. 640 f.

[13] *Wilhelm von Humboldt*, Ideen zu einem Versuch, die Gränzen der Wirksamkeit des Staates zu bestimmen (von 1792), in: Werke (Hrsg. Flitner / Giel), Bd. 1, 1960, S. 56 ff.; der Kernsatz, III, 7, S. 90, lautet: „Der Staat enthalte sich aller Sorgfalt für den positiven Wohlstand der Bürger, und gehe keinen Schritt weiter, als zu ihrer Sicherstellung gegen sich selbst, und gegen auswärtige Feinde nothwendig ist, zu keinem anderen Endzwekke beschränke er ihre Freiheit." — Andere Stimmen, die im letzten Jahrzehnt des 18. Jahrhunderts gegen den allumfassenden Wohlfahrtszweck opponierten, waren weniger radikal, siehe z. B. *K. H. Heydenreich*, Versuch über die Heiligkeit des Staates und die Moralität der Revolutionen, Leipzig 1794, S. 32: „So ist denn Verein zu unwiderstehlicher Erzwingung der Unterlassung des Unrechts, nächster und wesentlicher Zweck der bürgerlichen Gesellschaft", S. 37: „Wenn (der Staat) Handlungen zum Wohle der Mitglieder gebiethen darf, so ist dieß nur in sofern der Fall, als das Wohl der Mitglieder Be-

Immer aber gingen die Autoren von einem für sie gültigen Begriff des Staatszwecks aus, den sie in philosophisch-vernunftrechtlicher Reflexion gewannen und den sie als feststehend betrachteten.

Die Fiktion des Gesellschaftsvertrages, die in all ihren verschiedenartigen Ausgestaltungen die Existenz des Staates vernunftmäßig rechtfertigen sollte[14], gab Anlaß, ein ursprüngliches Ziel der staatlichen Gemeinschaft vorauszusetzen. Für Justi beispielsweise war „nichts ... so ungezweifelt, als dieser Endzweck, den sich die Menschen bey denen bürgerlichen Verfassungen vorsetzen", denn „diejenigen, die ihre Willen vereinigen, müssen alle einen gemeinschaftlichen Hauptendzweck haben, der alle ihre Handlungen leitet"[15]. Ähnlich stellte Svarez seinen Vortrag „Über den Zweck des Staates" unter die beherrschende Frage: „Welches ist der Zweck, zu dessen Erreichung dieser bürgerliche Vertrag geschlossen zu sein angenommen werden muß[16]?"

Daß dieser Glaube an einen allgemeingültig vorgegebenen Staatszweck mit der Theorie des Gesellschaftsvertrages Hand in Hand ging, erhellt auch aus einem Vergleich mit der anders gearteten Auffassung, die sich in Montesquieus „Geist der Gesetze"[17] findet.

Montesquieu lehrt, der Staatszweck sei von Staat zu Staat unterschiedlich. Über das allen gemeinsame Streben nach Selbstbehauptung hinaus habe jeder Staat einen ihm eigentümlichen Zweck. Die Aufzählung dieser partikularen Zwecke reicht von „Vergrößerung", „Krieg" über „Religion" und „Handel" oder „Schiffahrt" bis hin zur „politischen Freiheit"[18].

Es mag sein, daß es einem von Hause aus naturwissenschaftlichen Denker wie Montesquieu[19] widerstrebte, die empirisch erkannten mannigfaltigen Gesetze des politischen Kosmos auf ein einziges Prinzip mit vagem Begriffsinhalt zurückzuführen. Anders als die deutsche Staatstheorie stellte er darum das Zusammenleben der Menschen nicht unter eine ein für alle Mal gegebene Zweckbestimmung, die dann ihrerseits fast unbeschränkt der Ausfüllung durch politische Einzelzwecke offenstand. Statt dessen nahm er das Vorhandensein einer Palette von Staats-

---

dingung des Wohls des Ganzen ist, ..." Vgl. auch *Günther Heinrich von Berg*, Ueber Teutschlands Verfassung und die Erhaltung der öffentlichen Ruhe in Teutschland, Göttingen 1795, S. 385.

14 Siehe etwa *Ernst-Wolfgang Böckenförde*, Gesetz und gesetzgebende Gewalt, 1958, S. 54.

15 *Justi*, Natur und Wesen, §§ 30 f., S. 45.

16 *Svarez*, Über den Zweck des Staates, S. 640; vgl. z. B. auch *Bob*, S. 11.

17 *Charles-Louis de Secondat Montesquieu*, Vom Geist der Gesetze, Buch XI, Kapitel 5, in der Ausgabe von Ernst Forsthoff, 1951, Bd. 1, S. 213 f.

18 Siehe dazu *Georg Jellinek*, Allgemeine Staatslehre, 3. Auflage 1959, S. 233.

19 *Ernst Cassirer*, Die Philosophie der Aufklärung, 1932, S. 62, 280 ff., 325.

zwecken an, aus der jeder Staat in der historischen Situation den ihm gemäßen, nur ihm zukommenden Zweck gewählt habe.

Montesquieu konnte die Staatszweckbestimmung als veränderlich betrachten, weil seine Auffassung von der Staatsbildung ihm die Möglichkeit offenhielt, die Zweckbestimmung aus einer für den individuellen Staat in seiner jeweiligen besonderen Situation gefällten Willensentschließung herzuleiten: Er führte im Gegensatz zur herrschenden Staatstheorie das staatliche Zusammenleben der Menschen nicht auf einen Gesellschaftsvertrag zurück. Da ihm die Staatsbildung nichts weiter war als ein Ausfluß der Gesetzmäßigkeit menschlichen Lebens schlechthin[20], konnte er sich jeder Spekulation über den Zweck dieses Gesellschaftsvertrages enthalten.

Anders die deutschen Staatstheoretiker, die sich das Streben nach der Erreichung eines gemeinsamen Zieles als Grundlage des Gesellschaftsvertrages vorstellten! Für sie war es nur folgerichtig, anzunehmen, daß dieser ursprüngliche Zweck von der menschlichen Vernunft gesucht und gefunden, aber nicht beliebig festgesetzt werden könne. So kam es dazu, daß ihre Definitionen des Staatszweckes gelegentlich in Einzelheiten voneinander abwichen, daß sie aber — jede für sich — formuliert waren als Erkenntnis der dem Staat vorgegebenen Bestimmung. „Dieser Endzweck kann kein andrer seyn als ...“ sagt Justi[21], und allenthalben liest man: „Der Endzweck eines Staates ist ...“[22] — der Gedanke, daß ein gemeinsamer Zweck nicht a priori „ist“, sondern etwa erst durch den Regenten gesetzt werden könne, taucht nicht auf. Nirgends findet sich etwa die Behauptung, der Regent habe in der rechtlichen Ausgestaltung des Staatslebens die Kompetenz inne, ein bestimmtes Interesse zum Staatszweck zu erheben[23].

---

[20] Vgl. *Günter Köchling*, Gesetz und Recht bei Montesquieu, 1975, S. 64 ff.

[21] *Justi*, Natur und Wesen, § 30, S. 45.

[22] So z. B. *Wigulaeus Alois Xaver von Kreittmayr*, Grundriß des Allgemeinen, Deutsch- und Bayrischen Staatsrechtes, München 1770, § 1, S. 3.

[23] Eine moderne Auffassung vom Staatszweck geht vom gegensätzlichen Standpunkt aus, der hier nur angedeutet werden kann:
Adolf Merkl, Staatszweck und öffentliches Interesse, (von 1919), neu gedruckt in: Die Wiener rechtstheoretische Schule, 1968, Bd. 2, S. 1559 ff., 1566: „Immer ist ... die rechtliche Rezeption Erkenntnisgrund des Staatsinteresses, Zeichen, daß ein öffentliches Interesse ins Bereich der Staatszwecke eingegangen ist“, S. 1567: „Die Kodifizierung oder was sonst immer in einem bestimmten Staatswesen der Weg der Rechtserzeugung sein mag, ist also das einzige Mittel, ein öffentliches Interesse dem Staate zu gewinnen, mit anderen Worten: zum Staatszweck zu erheben. Dieses Mittel ist aber selbstverständlich nicht auf das öffentliche Interesse beschränkt. Die Rechtsform ist ebenso geeignet, ein dem öffentlichen Interesse geradezu zuwiderlaufendes privates Interesse dem Staate zu akquirieren.“ — *Thoma*, S. 755: „Die Frage, in den Dienst welcher durch Macht zu erreichender Zwecke die Betätigung der Staatsorgane zu stellen sei, beantwortet der Jurist dahin, daß dies zu entscheiden den geordneten Organen der Staatskörperschaft anheim-

Allerdings war durchaus in der Diskussion, „wer den Ausschlag geben könne, was würcklich das gemeine Beste seye und erfordere", oder wessen „Geschäffte" es sei, „zu überlegen und zu prüfen, was nur den Namen und den Schein oder das Wesen des gemeinen Besten habe"[24]. Dabei ging es aber um die Kompetenz zur inhaltlichen „Findung" dessen, was abstrakt als Staatszweck vorausgesetzt war, es ging um die Konkretisierung und Interpretierung des Gemeinwohlbegriffs in der jeweils aktuellen Situation des Staates. Die Befugnis, den Begriff „gemeines Bestes" auszufüllen und auszulegen, lag allerdings (fast ausschließlich) in den Händen des Fürsten. Wenn er dabei aber eine bewußt „falsche" (z. B. eigennützige) Entscheidung traf, so galt dies theoretisch durchaus als Mißbrauch seiner Kompetenz, und man sagte, dem betroffenen Untertanen widerfahre Unrecht. (Daß dieser sich dagegen kaum wehren konnte und es nach herrschender Meinung nicht einmal durfte, steht wieder auf einem anderen Blatt.)

Selbst der in seinem Buch „Von der Macht Weltlicher Regenten Wider die Göttliche Rechte Gesetze zu geben" dem Regenten alle nur denkbaren Machtbefugnisse einräumende Carl Weitzel geht erkennbar von einem abstrakt feststehenden „gemeinschafftlichen Endzweck" der vom Fürsten und seinen Untertanen gebildeten „Gesellschafft" aus; er legt dessen Bestimmung nicht etwa in das Belieben des Herrschers. Das zeigt sich insbesondere daran, daß er es für denkmöglich hält, daß ein Regent aus Irrtum oder Böswilligkeit „die Handlung seiner Unterthanen anderst bestimmet, als es der gemeinschafftliche Endzweck erfordert", daß der Regent den an sich richtigen, vorbestimmten Zweck also verfehlen kann[25].

1. Durchweg nahm man an, daß aus dem Gesellschaftsvertrag eine Rechtspflicht der obrigkeitlichen Gewalt fließe, die Erreichung des vorgegebenen Staatszweckes zu erstreben[26]. Bei Wolff heißt es beispielsweise: „Es ist demnach zwischen der Obrigkeit und den Unterthanen ein Vertrag, nehmlich die Obrigkeit verspricht alle ihre Kräffte und ihren Fleiß dahin anzuwenden, daß sie zur Beförderung der gemeinen Wohlfahrt und Sicherheit diensame Mittel erdencke, und zu deren Aus-

---

gegeben ist." — *Hans J. Wolff,* Organschaft und Juristische Person, Bd. 1, 1933, S. 469: „‚Staatszwecke' sind also diejenigen menschlichen Zwecke, deren Erreichung mit Hilfe der staatlichen Organisation und der Macht ihrer Träger erstrebt wird." (Ebenso: *Wolfgang Martens,* Öffentlich als Rechtsbegriff, 1969, S. 182 f.) — *Hartmann,* S. 58: „Der Politiker ... setzt den gemeinsamen Zweck."

[24] *Johann Jacob Moser,* Von der Teutschen Reichs-Stände Landen, deren Landständen, Unterthanen, Landes-Freyheiten, Beschwerden, Schulden und Zusammenkünfften, ... Frankfurt und Leipzig 1769, Neudruck 1968 (Neues teutsches Staatsrecht, Bd. 13, 2), 4. Buch, 12. Cap., § 9, S. 1188.

[25] *Weitzel,* § 21, S. 26.

[26] Siehe *Erichsen,* S. 33 ff.

führung nöthige Anstalten mache, ... Weil wir nun verbunden sind einen jeden rechtschaffenen Vertrag zu halten; so ist auch sowohl die Obrigkeit, als der Unterthan schuldig, den zwischen ihnen aufgerichteten Vertrag zu halten, und also muß die Obrigkeit ihr die Sorge für die gemeine Wohlfahrt und Sicherheit angelegen seyn lassen ...[27]."

Allerdings ging man — größtenteils stillschweigend — davon aus, daß die Untertanen keinerlei durchsetzbaren Anspruch gegen den Regenten auf Einhaltung seiner Verpflichtung hätten. Bei Kreittmayr wird dies einwandfrei klargestellt; er schildert die „mutua obligatio et nexus civilis" im Staate als „auf Seiten der Unterthanen vollkommen, auf Seiten des Regenten so weit unvollkommen, daß er von ihnen zu Erfüllung seiner Pflicht niemal mit Gewalt gezwungen werden kann"[28].

Die Untertanen haben — so meint man einhellig — sich jedes Rechts auf Einflußnahme in die Regierung begeben. Zwar hält man allgemein an dem Satz fest, daß der Regent zum Tyrannen werde, „wenn die regierende Person wieder die gemeine Wohlfahrt und Sicherheit mit Vorsatz handelt"[29], doch praktische Folgen leitet man daraus kaum ab. Oft beschränkt sich die Stellungnahme zu diesem Problem vollkommen darauf, daß der bewußt übel regierende Fürst eben als „gottlos" und tyrannisch bezeichnet wird, während die rechtlichen Konsequenzen völlig offen bleiben. Es muß fast als außergewöhnlich bezeichnet werden, wenn Justi den Untertanen wenigstens ein Recht zugesteht, den Regierungsauftrag zurückzuziehen: „Alles, was das Volk vermöge seiner Grundgewalt thun kann, wenn die thätige oberste Gewalt denen Grundgesetzen und dem Endzwecke der Republiken offenbar entgegen handelt, ist, daß es den Auftrag von der Ausübung der obersten Gewalt wieder zurücknimmt; so wie der Gewaltgeber seine Vollmacht unstreitig wieder zurück nehmen kann, wenn der Gevollmächtigte das aufgetragene Geschäft ganz wider seine Absicht führt[30]." Häufiger findet sich wohl die Ansicht, daß wegen der Heiligkeit und Unverletzlichkeit der Obergewalt „sich niemand erkühnen darf, ihr ungehorsam zu seyn, oder sich zu widersetzen; vielweniger sich offenbar wider sie aufzulehnen: indem die Flucht das äußerste Mittel ist, das ein Unterthan begreifen kann, wenn ihm von seinem Oberherrn ein offenbares Unrecht angedroht wird"[31]. In diesem Sinne kann etwa Kreittmayr „Ge-

---

27 *Christian Wolff*, §§ 230, 232; ebenso *Kreittmayr*, § 3, S. 5; *Bob*, S. 14; *Achenwall*, S. 65; vgl. dazu auch *Sonnenfels*, XX. Anmerkung, S. 73.

28 *Kreittmayr*, § 3, S. 6.

29 *Christian Wolff*, § 234; siehe auch z. B. *Weitzel*, § 21, S. 26.

30 *Justi*, Natur und Wesen, § 47, S. 76 f., im gleichen Sinne § 142, S. 238 f. (Republik bezeichnet hier natürlich keine Staatsform, sondern steht für die „res publica".)

31 *Bielfeld*, S. 57.

dult" gegenüber allem obrigkeitlichen Unrecht sogar als Pflicht der Untertanen bezeichnen, weiter meint er: „Glimpfliche remonstrationes dagegen zu machen ist nicht verwehrt; wann aber solche nicht helfen, so bleibt nichts mehr übrig, als daß man Gott und der Zeit alles anheim giebt. Gewalt oder Widersässigkeit darf hierunter nicht gebraucht werden, und die Quästion, ob man einem Tyrann ... widerstehen möge, ist mehr speculativ als practisch[32]." Bezeichnend ist schließlich auch die Art, in der Svarez über eine mögliche „Zerreißung des Bandes der bürgerlichen Gesellschaft" spricht: Er warnt den Regenten, daß es in Auflehnung gegen eine in allzu vielen Punkten eigennützig und wider das Gemeinwohl handelnde Regierung endlich doch einmal zu einer Revolution kommen könne — stellt diese Revolution aber nur als tatsächliche (im Grunde verwerfliche) Reaktion, nicht etwa als Rechtsausübung des Volkes dar[33].

Dem heutigen Leser mag eine Pflicht, die solcherart in jeder Beziehung „unvollkommen" ist, gänzlich bedeutungslos erscheinen — für das 18. Jahrhundert hatte die bloße Vorstellung, dem Regenten obliege eine Pflicht zur Verwirklichung eines bestimmten Staatszwecks, offenbar doch Gewicht. Jedenfalls wurden die Staatsrechtslehrer nicht müde, zu betonen, daß die „Pflicht des Gehorsams bei den Untertanen den Gesetzgeber von seiner Pflicht nicht loszähle, alle seine Verordnungen nach dem Zweck des möglichst allgemeinen Wohlstandes abzumessen"[34].

2. Die Betonung des Staatszweckes als Richtziel hoheitlichen Handelns ließ die Frage nach der Eignung einzelner Maßnahmen für den gedachten Zweck immer stärker in den Vordergrund treten. Darum unterstrich man die Feststellung: „Der Endzweck wird durch die schicklichsten Mittel erreicht"[35] und bewertete die Mittel danach, ob sie „dem Staate angemessen"[36] seien. Für alle Bereiche hoheitlichen Handelns sprach man dem Prinzip der Zweckmäßigkeit wachsende Bedeutung zu. Man verlangte in ganz rationaler Überlegung eine Prüfung jeder Maßnahme unter dem Gesichtspunkt der „Übereinstimmung des gewählten Mittels mit dem vorgesetzten Endzwecke"[37]. Das bedeutete, etwas praktikabler formuliert, daß die „öffentliche Verwaltung" sich „von dem Vortheile des Ausschlages vorhinein zu überzeugen" habe und keinesfalls „auf gerathe wohl handeln"[38] dürfe.

---

[32] *Kreittmayr*, § 35, S. 68 f.

[33] *Svarez*, Grundsätze, S. 587 f.

[34] *Svarez*, Grundsätze, S. 587 f.

[35] *Bob*, S. 25.

[36] Ebenda.

[37] *Sonnenfels*, § 26, S. 90.

[38] Ebenda. Vgl. daneben die zweieinhalb Jahrhunderte ältere Stelle bei *Oldendorp*, Ratschläge, in der Übersetzung von Wolf, S. 33: „Dazu bedenke

Der Natur der Sache nach kam der Zweckmäßigkeit in den Erörterungen über die Grundsätze der Polizeigesetzgebung ein ganz besonderer Stellenwert zu.

Die einschlägigen Erörterungen bauten zumeist mehr oder weniger ausdrücklich auf dem (nunmehr ja seit Jahrhunderten geläufigen[39]) Lehrsatz auf, daß alle Gesetze — ganz besonders aber die Polizeigesetze — „nach Beschaffenheit der Länder, der Zeiten und der Sitten unendlich von einander unterschieden“[40] seien. Aus diesem Umstand ergebe sich, so hob man hervor, die Möglichkeit, notwendig werdende neue Regelungen mit „Klugheit“ zu treffen. „Die Klugheit bestehet eben darin, daß man unter verschiedenen Mitteln und Wegen, die zu einem vorgesetzten Endzwecke führen, die besten erwählet; und da nicht allein an sich selbst gar vielerley Mittel vorhanden sind, die gemeinschaftliche Glückseligkeit einer Republik zu befördern, sondern auch die Verschiedenheit dieser Mittel durch die verschiedene Beschaffenheit der Länder und Zeiten unendlich vergrössert wird; so hat die Gesetzgebende Klugheit ein weites Feld vor sich, sich thätig zu erweisen[41].“

Die Praxis der Gesetzgebung trug dieser Überlegung — wie Schmelzeisen anhand seiner Untersuchung über die Polizeiordnungen gezeigt hat[42] — durchaus Rechnung. Es hatte sich mehr und mehr herausgestellt, daß insbesondere der Bereich der Polizei einer aktuellen, bei jedem praktischen Mißstand sogleich zugreifenden Gesetzgebung bedurfte, so daß Sonderordnungen und Verordnungen in Einzelfragen die alten Formen der Polizei- und Landesordnungen fast völlig verdrängten. Die neuen Gesetze ließen zumeist erkennen, daß der jeweilige Gesetzgeber durchaus bemüht war, sich über das Für und Wider seiner Anordnung klar zu werden. Darum führten sie in der Regel die polizeilich maßgeblichen Gesichtspunkte an und gaben eine eingehende Erläuterung ihres Zwecks.

Da die Staatstheorie davon ausging, daß „Gesetze einer Republik nichts als Mittel sind, den grossen Endzweck der Republik zu erreichen“[43], war es selbstverständlich, daß sie es zur Rechtspflicht des

---

das Ende eines jeden vorgebrachten Vorschlages, was, wenn immer dies oder jenes vorgenommen würde, endlich daraus folgen möchte usw. Denn wiewohl das Ende im Vollzug einer Sache erst ganz zuletzt zustande kommt, so muß es doch aufs erste in Erwägung und Beratung gezogen werden.“

39 Vgl. dazu oben etwa Abschnitt C I 3 a.

40 *Justi*, Grundsätze, § 390, S. 291; vgl. z. B. auch *Pfeiffer*, S. 21; *Johann Georg Schlosser*, Briefe über die Gesezgebung überhaupt, und den Entwurf des preusischen Gesezbuchs insbesondere, Frankfurt 1789, S. 114.

41 *Justi*, Grundsätze, § 390, S. 291; vgl. auch *Pfeiffer*, S. 21, 136 f., 517.

42 *Schmelzeisen*, Polizei- und Landesordnungen, Bd. 1, S. 30 f.

43 *Justi*, Grundsätze, § 390, S. 291.

Regenten rechnete, sich um die Zweckmäßigkeit seiner Anordnungen zu bemühen.

Die daraus sich ergebende grundlegende Maxime der Gesetzgebung des 18. Jahrhunderts hat niemand klarer betont als Svarez: „Hier ist also Zweckmäßigkeit der Gesetze das höchste Ideal der gesetzgebenden Macht im Staat, und sie ist vermöge des bürgerlichen Vertrages schuldig, alle Vorschriften, die sie gibt, nach dieser höchsten Regel der Zweckmäßigkeit einzurichten[44].“

„Zweckmäßigkeit“ bedeutete grundsätzlich ebensowohl die Ausrichtung der hoheitlichen Maßnahme auf den zulässigen Zweck als auch ihre Tauglichkeit für den zulässigen Zweck.

a) Die Ausrichtung auf den richtigen Zweck stellte beispielsweise Justi als Wesenselement eines rechtmäßigen Gesetzes deutlich heraus: „Alle andere Gesetze, die nicht diesen Endzweck haben, sind keine wahren Gesetze[45].“

Ähnlich heißt es — speziell auf den fiskalischen Bereich bezogen — etwa bei Georg Heinrich Zincke: „... alle hohen Rechte der höchsten Gewalt, und alle ihre Verwaltung in Einnahme und Ausgabe muß ... eben diesen Wohlstand ihres Volks zum Zweck haben; ... Alle Anwendung oeconomischer Regeln und Vortheile auf Landes- und Fürstliche Einkünffte, muß daher damit zusammen stimmen; wenn sie anders keine falsche und nichts als eine niederträchtige Privat-Eigennützigkeit ... seyn ... soll[46].“

Daß als zulässiger Zweck nach allgemeiner Auffassung nur das Gemeinwohl in Betracht kam, bedarf hier nicht noch einmal der Hervorhebung.

Interessant mag es allerdings noch sein, zu fragen, wie die Staatsliteratur der Tatsache gegenüberstand, daß auch Machtstreben und wirtschaftliche Interessen des Fürsten nicht zu leugnende Faktoren in der Ausübung hoheitlicher Gewalt bildeten.

Dazu ist zunächst einmal festzustellen, daß die wirtschaftlich („kameralistisch“) orientierten Abhandlungen schon traditionell[47] ihr Bestreben darein setzten, zu erweisen, daß der Nutzen des Fürsten unzertrennlich mit dem des Landes verknüpft sei, „Salus enim Principis in Salute Populi“[48]. Dieser Argumentation schloß sich die Staatsrechtslehre zum

---

[44] *Svarez*, Grundsätze, S. 586.

[45] *Justi*, Natur und Wesen, § 33, S. 49.

[46] *Georg Heinrich Zincke*, Cameralisten-Bibliothek, II. Theil, Leipzig 1751, S. 565 f. — Speziell zum Zweck der Steuern und Abgaben vgl. näher *Wachenhausen*, S. 19 ff., insbesondere S. 103 ff.

[47] Vgl. dazu oben Abschnitt B I 2 a.

[48] *Asche Christoph von Marenholtz*, Fürstliche Macht-Kunst oder Uner-

Teil an, indem sie etwa sagte: „Je mehr auf der einen Seite die Grösse, das Ansehen und die Macht des Regenten wächst, je mehr auf der andern das Wohl der einzelnen Unterthanen zunimmt, je besser wird der Endzweck des Staates erreicht — beider Wohl ist auf innigste in einander verwebt[49]."

Es finden sich indes auch betonte Hinweise darauf, daß der Regent die ihm obliegende Pflicht dann nicht erfülle, wenn er das Wohl des Volkes nur aus wirtschaftlichen Gesichtspunkten berücksichtige und somit bloß zu seinem „Nebenzweck" mache. Vielmehr müsse auch die innere Absicht aller seiner Anordnungen ausschließlich (oder wenigstens in erster Linie) auf das Gemeinwohl ausgerichtet sein[50].

Von wesentlicher Bedeutung ist aber bei alledem, daß man der Verpflichtung des Fürsten auf das Gemeinwohl nicht stets einen personalen Bezugspunkt in der Gesamtheit der staatszugehörigen Untertanen gab[51]. Die Ausfüllungsbedürftigkeit und inhaltliche Unbestimmtheit der Staatszielbestimmung machte es einfach, die Interessen des Herrschers als solche des „Staates", nämlich als solche einer überindividuellen „gemeinen Wohlfahrt" auszugeben. So ließ sich desto leichter begründen, daß das persönliche Wohl einer Vielzahl von Menschen hinter ein „höheres" Interesse zurückzutreten habe.

Angesichts der solcherart ermöglichten Divergenzen in der Auslegung und Ausfüllung des Gemeinwohlbegriffs war ein Mißbrauch der hoheitlichen Machtbefugnisse kaum anders als theoretisch feststellbar. Zwar wurde insbesondere im letzten Drittel des Jahrhunderts verstärkt darauf hingewiesen, daß der Zweck des Staates vom Zweck des Fürsten zu scheiden sei. Mit vernehmlich kritischem Unterton umreißt etwa Pütter die „Bestimmung der Landeshoheit nur zur gemeinen Wohlfahrt" so: „Geschieht es also nicht zur Wohlfahrt, sondern zur Last des Landes, und nur zum Vergnügen des Landesherrn, oder um nur seine persönliche Absichten zu befördern, ... so ist das alles offenbar über die Gränzen, wozu die Landeshoheit jeden Herrn berechtigen kan; — und also unrecht[52]."

Ähnlich heißt es bei Pfeiffer: „Überhaupt ist die wesentliche Eigenschaft gültiger Policeigesetze, daß sie das gemeinschaftliche Beßte des

---

schöpfliche Gold-Grube, Wordurch ein Fürst sich kan mächtig und seine Unterthanen reich machen, hrsg. von Heinrich Boden, Halle 1702, S. 9 f.; ähnlich *Schröder*, §§ 10, 14; vgl. auch *Leib*, Erste Probe, Vorrede.

[49] *Lamprecht*, § 177, S. 81 f.; vgl. auch *Beck*, 21. Cap., § 4, S. 284; *Bielfeld*, 2. Teil, S. 7.

[50] Ausführlich *Justi*, Natur und Wesen, § 36, S. 54; auch *Achenwall*, S. 65; *Christian Wolff*, §§ 234, 249.

[51] Vgl. *Erichsen*, S. 37.

[52] *Pütter*, Beyträge, S. 336; ausdrücklich zustimmend etwa *Schnaubert*, §§ 65, 122.

Staats, und das Wohl seiner einzelnen Glieder beabsichtigen, denn sobald sie einen eingebildeten abgesonderten Vortheil des Regenten, oder den blosen Nutzen irgend einer Unterobrigkeit zum Gegenstand haben, so hören sie auf wahre Policeigesetze zu sein, und verwandeln sich in Tiranney[53]."

Doch half diese Schrankenziehung in der Praxis wenig[54], solange die Konkretisierung der „Wohlfahrt", des „gemeinschaftlichen Besten" für den Einzelfall fast unüberprüfbar[55] in Händen des Landesherrn lag. Nicht allein Schlosser stellte gegen Ausgang des 18. Jahrhunderts resignierend fest: „... wo ich doch hinsehe, finde ich — wenige Fürsten ausgenommen — das gemeine Beste so zum Eigenthum des Regenten gemacht, daß, wann seine Regierung und Cammern sich mit dem Beweiß, den der Privatmann führen muß, nicht auszukommen trauen, sie das gemeine Beste immer vorschieben können[56]." Dem allzu umfassend und damit inhaltsleer gewordenen Begriff ließen sich eben nach Belieben politische Teilzwecke „unterschieben". Die Kompetenz des Fürsten zur Beurteilung der Erfordernisse des gemeinen Besten beraubte seine Bindung an die Staatszielbestimmung ihrer Sanktion[57].

b) Ob auch die Tauglichkeit der angewandten Mittel für den richtigen Zweck als grundsätzliche Voraussetzung der Rechtmäßigkeit einer hoheitlichen Maßnahme erkannt wurde, läßt sich nicht für alle Autoren mit Sicherheit sagen.

Jedenfalls war von dieser Voraussetzung selten ausdrücklich die Rede.

Immerhin betonte Justi: „... dieses erste und höchste Gesetz des Staats ... ist ... die einzige Quelle, woraus alle seine Einrichtungen und Gesetze abfließen. Alle Anordnungen eines Staats, die übel daraus abgeleitet werden, sind fehlerhaft; diejenigen aber, welche diesem ersten und höchsten Gesetz offenbar widerstreiten, sind ganz und gar ungültig, und haben nicht die geringste Verbindlichkeit vor die Bürger der Republik an sich[58]."

---

[53] *Pfeiffer*, Bd. 1, S. 20 f.; beachte aber auch die abgeschwächte Ausdrucksweise, deren sich etwa *Carl Gottlob Rößig*, Lehrbuch der Polizeywissenschaft, Jena 1786, S. 526, bedient: „Alle diejenigen Polizey-Gesetze also, welche die natürliche Freyheit der Bürger ohne Noth und hinreichende Ursache, d. h. ohne daß das wahre Staats-Interesse eintritt, einschränken, sind nachtheilig."

[54] Vgl. dazu auch die beredte Klage bei *Pfeiffer*, Bd. 1, S. 36.

[55] Siehe dazu *Erichsen*, S. 79 ff.

[56] *Schlosser*, S. 31, auch 32 ff.

[57] Vgl. *Erichsen*, S. 81.

[58] *Justi*, Natur und Wesen, § 41, S. 66 f.; ebenso *ders.*, Grundsätze, § 392, S. 293.

Zumeist aber ist die Ansicht, daß ausschließlich die für den Zweck tauglichen Maßnahmen wirklich rechtmäßig angeordnet seien, höchstens aus der Erörterung einer logisch eigentlich nachrangigen anderen Frage zu entnehmen: wenn nämlich die Kompetenz in Rede stand, die Geeignetheit der Mittel für den angestrebten, als richtig vorausgesetzten Zweck zu beurteilen. Die Behandlung dieser Frage läßt darauf schließen, daß man einen Zusammenhang sah zwischen der Tauglichkeit der zur Erreichung des Zwecks gewählten Mittel und der Rechtmäßigkeit der gesamten Maßnahme.

Die Problematik kam nicht zum tragen, weil nach fast einhelliger Meinung allein dem Fürsten die Kompetenz zustand, zu entscheiden, welches Vorgehen zur Erreichung des Zwecks erforderlich, nützlich oder tauglich sei. Der Regent galt zwar als verpflichtet, „zweckmäßige Anstalten zu treffen", aber was zweckmäßig sei, bestimmte in aller Regel[59] er selber. Man hielt es eben für einen „ohnverneinlichen Satz, daß ein Lands-Herr Fug und Macht habe, alles dasjenige absque praejudicio tertii zu unternehmen, was zur Wohlfarth und Aufnahme seines Landes gereichet"[60]. „Obrigkeiten oder regierenden Personen lieget ob, für die gemeine Wohlfahrt und Sicherheit zu sorgen, und demnach alle dazu nöthige Mittel zu erdencken, wodurch der Unterthanen Wohlfahrt auf das bequemeste befördert werden kan, ... Hingegen die Unterthanen sind verbunden, dasjenige zu thun und zu lassen, was sie dazu gut befinden[61]."

Mit aller Deutlichkeit stellt etwa Svarez die Beurteilung der Zweckmäßigkeit, obschon sie „höchstes Ideal der gesetzgebenden Macht" sein soll, allein in das Ermessen eben dieser Macht: „Da aber die Beurteilung, ob ein Gesetz zweckmäßig sei, ihr allein zukommt, so hängt auch der Gehorsam gegen ihre Gesetze von dem Urteile nicht ab, welches der, der gehorchen soll, von Zweckmäßigkeit oder Unzweckmäßigkeit des Gesetzes fällt. Daher kann den Gesetzen des Staats der Gehorsam von den Untertanen bloß aus dem Grunde, weil sie glauben, daß das Gesetz dem Zwecke des gemeinen Wohls nicht gemäß sei, niemals versagt werden[62]."

Es ist dann auch ganz folgerichtig, wenn folgende Unterscheidung getroffen wird: Schlechthin alle — auch die objektiv und erkennbar unzweckmäßigen oder gar zweckwidrigen — Maßnahmen sind recht-

---

59 Vgl. zur Anhörung von Landständen bei der Gesetzgebung zu dem, „was dem Land gut oder schädlich, auch was und wie etwas thunlich seye": *Johann Jacob Moser*, Von der Landeshoheit in Regierungssachen überhaupt, Frankfurt und Leipzig 1773, Neudruck 1968 (Neues teutsches Staatsrecht, Bd. 16, 1), 4. Cap., 531, S. 307 f.

60 *Cramer*, 13. Teil, S. 3.

61 *Christian Wolff*, § 264, S. 200, vgl. auch § 433, S. 460.

62 *Svarez*, Grundsätze, S. 586.

mäßig, wenn sie der Regent — subjektiv — für zwecktauglich hält; erst Vorsatz soll schaden. „Alsdann ist er erst ein Tyrann, wenn er die Handlungen seiner Unterthanen aus Boßheit anderst bestimmet, als es der gemeinschaftliche Endzweck wahrhafftig erfordert[63].“

3. Der Pflicht des Regenten zur Verfolgung des Staatszwecks ließ man sein Recht entsprechen.

Man nahm an, daß sich aus der Aufgabenstellung — die Wohlfahrt des Staates zu fördern — die Ermächtigung ergebe, all jene Maßnahmen im einzelnen zu ergreifen, ohne die das Ziel nicht erreicht werden konnte.

Man gewann diese Auffassung aus der Überzeugung, daß eine Pflicht ohne dazugehöriges Recht schlechthin nicht denkbar sei. Gelegentlich wurde sie in den aus römischem Recht übernommenen Satz gefaßt: „Ius ad finem dat ius ad media[64].“

Über das Verhältnis der Pflichten zu den Rechten der Regierung, gesehen vom Zweck des Staates aus, findet sich z. B. bei Sonnenfels folgende Überlegung: „Die in ein Volk vereinigte Menge sprach zu (ihrem) Oberhaupte: ‚Du *sollst* die Vorkehrungen zu unserer Vertheidigung gegen auswärtige Angriffe veranstalten; *sollst* die Übelgesinnten unter uns im Zaume halten; *sollst* unsern Handlungen die zweckmässige Richtung geben; . . .!‘ *Sollst* sagt aber Verbindlichkeit aus; und so ist die öffentliche Verwaltung . . . der Inbegriff der Verbindlichkeiten, durch deren Erfüllung der gesellschaftliche Zweck erreichet, d. i. gemeinschaftlicher Wohlstand gegründet, und erhalten werden soll. Aber zur Erfüllung dieser Verbindlichkeit sind mannigfaltige Rechte unentbehrlich; und indem diese eingeräumt werden mußten, entstand die oberste Gewalt als Inbegriff aller Rechte, welche nothwendig sind, um diese Verbindlichkeiten in Erfüllung zu bringen. Öffentliche Verwaltung und oberste Gewalt verhalten sich also gegen einander, wie Zweck und Mittel, wovon dieses um jenes, nicht jener um dieses Willen, und nie eines ohne das andere vorhanden ist . . . Im Allgemeinen ist die Auflösung der Aufgabe: Wie weit das Recht der öffentlichen Verwaltung reiche? dadurch ganz vereinfacht: So weit, und auf Alles, was zur Erfüllung ihrer Verbindlichkeit in Ansehung des gemeinschaftlichen Wohlstandes nothwendig ist. Und ebenso in der Anwendung auf einzelne Fälle: Behauptet der Machthaber: daß die öffentliche Verwaltung ein solches, bestimmtes Recht habe: er nenne nur die Verbindlichkeit, zu deren Erfüllung dieses bestimmte Recht erfordert wird, und er hat das Recht für die öffentliche Verwaltung gesichert[65].“

---

[63] So z. B. *Weitzel*, § 21.

[64] *Kreittmayr*, § 7, S. 15; vgl. auch *Svarez*, Über den Zweck des Staates, S. 643.

[65] *Sonnenfels*, XX. Anmerkung, S. 73 ff. (Hervorhebungen im Original).

Unmittelbar aus dem Staatszweck leitete man nun die Rechte des Herrschers ausdrücklich ab: Die iura maiestatica entsprachen den Mitteln, die nötig oder nützlich waren, um den Staatszweck zu verwirklichen. So ergab sich ein Schluß vom Zweck auf die Mittel und von den Mitteln auf die dazugehörigen Befugnisse. Aus der Gedankenfolge: „... der Fürst will durch seine höchste Gewalt den Endzweck des Ganzen befördern, er will deswegen kluge und hinreichende Mittel anwenden, er will also auch die dazu gehörigen Befugnisse besizzen und ausüben" begründete man das Entstehen der Majestätsrechte und folgerte: „... die Majestät ist berechtigt, alle Mittel anzuwenden, ohne welche der Endzweck des Ganzen nicht erreicht werden kan[66]."

Systematisch führte etwa Pütter jedes Regierungsrecht für sich auf die Aufgabe des Regenten zurück, den Zweck der „allgemeinen Wohlfahrt" zu verfolgen. „Alle einzelne Regierungsrechte sind aus dem einzigen und zugleich höchsten Gesetz der allgemeinen Wohlfahrt, als ihrer gemeinschaftlichen Quelle, herzuleiten. So unzählig aber ihre Theile und die Mittel, sie zu erhalten, und zu befördern sind; so unzählbar sind auch die einzelnen Regierungsrechte[67]."

Weiter ausgebaut und vervollkommnet hat schließlich Gönner dieses Prinzip, indem er eine dogmatische „Eintheilung der Regierungsrechte" streng nach dem Gesichtspunkt unternahm, „wie dasselbe zur Erreichung des Staatszwecks bestimmt und eigends wirke"[68].

Erst als sich im Verlauf der späteren Entwicklung die Ableitung der Hoheitsrechte aus einem dogmatisch verselbständigten Begriff der Staatsgewalt durchsetzte, verblaßte die Funktion des Staatszwecks als Rechtsgrund der obrigkeitlichen Befugnisse[69].

II. Die Entstehung der Befugnis aus der Aufgabe (Rückblick)

Unschwer ist zu erkennen, daß die gegen die Wende vom 18. zum 19. Jahrhundert vollkommen durchgeführte Ableitung aller hoheitlichen Rechte aus ihrem Zweck im Kern ganz derjenigen Auffassung entsprach, die — damals unbewußt — den ältesten deutschen Regimentstraktaten des 16. Jahrhunderts zugrunde gelegen hatte.

---

[66] *Heinrich Gottfried Scheidemantel*, Das Staatsrecht nach der Vernunft und den Sitten der vornehmsten Völker betrachtet, 1. Teil, Jena 1770, § 93, S. 149 f.; vgl. z. B. auch *Johann Ulrich Cramer*, Wetzlarische Nebenstunden, 7. Teil, Ulm 1757, S. 81.

[67] *Johann Stephan Pütter*, Anleitung zum teutschen Staatsrechte (Institutiones Juris publici germanici, 1770, übersetzt von *Carl Anton Friedrich von Hohenthal)*, 2. Teil, 1. Band, Bayreuth 1792, S. 1.

[68] *Nikolaus Thaddeus Gönner*, Teutsches Staatsrecht, Landshut 1804, § 273, S. 418.

[69] Siehe dazu *Hespe*, S. 36 f.

Hier wie dort entstanden und begründeten sich die Tätigkeiten des Staates aus dem Gesichtspunkt des erstrebenswerten Zieles. Das wird deutlich, wenn wir uns noch einmal vor Augen halten, wie die frühe Staatstheorie sich zu der Erweiterung des hoheitlichen Aufgabenkreises gestellt hatte.

Das dazu oben Ausgeführte[70] sei kurz wiederholt: In den frühen Phasen des „Policey"-Denkens war die Erkenntnis, daß der „gemein Nutz" die Inangriffnahme bestimmter Aufgaben dringend erforderte, diejenige Kraft, die den hoheitlichen Tätigkeitsbereich zu unmerklicher Ausdehnung trieb. Zwar hatte man die Erfüllung dieser Aufgaben zum Teil als Wiederherstellung alter Ordnung begriffen; doch waren, indem die Ordnung je länger desto mehr zerfiel, wesensmäßig neue Aufgaben hervorgetreten. Die Sicherung des gemeinen Nutzens, die Einführung oder Wiedereinführung „guter Policey" (was immer im einzelnen darunter verstanden wurde) war das Ziel, das es nach dem gemeinsamen Wunsch der Regimentsschriftsteller zu erreichen galt. Da die Wahrung des Gemeinnutzes und alles, was in den Bereich der „guten Ordnung" fiel, indes von alters her in das Aufgabengebiet des Recht und Frieden beschirmenden Fürsten gehörte, wuchsen ihm auch die neuen Aufgaben ohne weiteres zu: Wurden sie doch verstanden als neue Mittel und Wege, den alten Zweck zu erreichen.

Das wünschenswerte Ziel gab die Begründung für die Formulierung einer hoheitlichen Aufgabe ab: Die Obrigkeit sollte die im Einzelfall „nötigen Mittel" zur Wahrung der guten Ordnung, des Gemeinwohls, ergreifen; Recht und Pflicht ergaben sich gleichermaßen aus der Zuständigkeit des Regenten für das Gemeinwohl. Das Erkennen der Aufgabe barg die Entstehung der Befugnis ungeschieden in sich.

Dieser Hintergrund ist sicher nicht ohne Bedeutung für das Verständnis der Tatsache, daß zwei Jahrhunderte später in verfeinerter Argumentation das Gemeinwohl, der Staatszweck, unmittelbar als Quelle staatlicher Befugnisse und Rechtsgrundlage aller hoheitlichen Maßnahmen erscheinen konnte.

---

70 Vgl. Abschnitt B II.

Schluß

Die Entwicklung, die die vorliegende Untersuchung nachzuzeichnen versucht hat, gipfelte in der faktischen Unbegrenztheit staatlicher Befugnisse. Die Begründung hoheitlichen Tätigwerdens aus dem Zweck des Staates mußte zu seiner Schrankenlosigkeit führen, weil gleichzeitig auch die Grenze des Tätigwerdens nur durch den Zweck gekennzeichnet war. Die Ausdeutbarkeit des Staatszweckbegriffs machte es möglich, unter Berufung auf ihn jedes gewünschte Vorhaben in Angriff zu nehmen und jedes mißliebige Hindernis auszuräumen.

Aufgabenstellung und Aufgabenerfüllung wurden gleichermaßen durch den unterstellten, abstrakt für richtig erklärten Zweck bestimmt. Die scheinbare Vorgegebenheit des Zwecks verhinderte ein Nachdenken über Alternativen der Zwecksetzung wie auch über die Kompetenz zur Zwecksetzung und führte zu einer unreflektierten Unterordnung sich aufdrängender Aufgaben (Teilzwecke) unter die ursprüngliche Befriedungsfunktion des Fürsten.

Die Unterstellung eines vorgegebenen Zweckes in dieser — in ihrer Gesamtheit mit der Hinwendung zum liberalen Rechtsstaat diskreditierten — Betrachtungsweise wirkt bis heute nach und erschwert uns eine verrechtlichte Schau der Zweckmäßigkeit. Bei fehlender Klarheit über die Kompetenz zur Zwecksetzung und ohne verbindliche Umschreibung von Zwecken muß „Zweckmäßigkeit" zwangsläufig als etwas der Rechtmäßigkeit entgegengesetztes erscheinen. Wo die Befugnis zur Zwecksetzung unbestimmt und der Zweck vage bleibt, besteht die Gefahr, daß die Lücke durch ein diffuses „Für-gut-halten" des einzelnen ausführenden Organs oder aber durch den unumgrenzbaren Reservezweck der Staatserhaltung[1] ausgefüllt wird.

Wir stehen heute erneut vor einem unerhörten Anwachsen der öffentlichen Aufgaben. Es vermehren sich sowohl die Ordnungsfunktionen der öffentlichen Hand (erinnert sei nur an das Stichwort „Umweltschutz") als auch die Leistungsangebote im weitesten Sinne mit Schwerpunkten in der sozialen Sicherung, in den öffentlichen Einrichtungen und im Bildungswesen[2]. Darüber hinausgehende Erwartungen zielen auf eine noch weitergehende Verbreiterung des Tätigkeitsfeldes und

---

[1] *Leisner*, S. 18.

[2] Vgl. etwa *Thomas Ellwein*, Zur Entwicklung der öffentlichen Aufgaben, in: DÖV 1972, S. 13 ff., 14 f.

der Angebote des Staates. Angesichts des immer noch geringen Maßes an Aufmerksamkeit, der einer rechtsverbindlichen Umschreibung der Verwaltungszwecke und Verwaltungsaufgaben geschenkt wird[3], ist die Besorgnis angebracht, die Rechtswissenschaft lasse das Anwachsen der öffentlichen Aufgaben nahezu unbeobachtet[4].

Vielleicht ist es an der Zeit, zu verdeutlichen, daß die Zweckaufgaben des modernen politischen Systems nicht vorgegeben sind, sondern durch programmierende Entscheidungen gesetzt werden, die im politischen System selbst getroffen werden müssen[5].

Es wird zu den Aufgaben der Verwaltungsrechtswissenschaft gehören, die Formen der Zwecksetzung und die Arten der Bindung an gesetzte Zwecke neu zu durchdenken.

---

[3] Vgl. etwa *Christian-Friedrich Menger,* Die Bestimmung der öffentlichen Verwaltung nach den Zwecken, Mitteln und Formen des Verwaltungshandelns, in: DVBl 1960, S. 297 ff., 297; *Thomas Ellwein,* Einführung in die Regierungs- und Verwaltungslehre, 1966, S. 13 ff.; *Franz Mayer,* S. 27 ff.; *Niklas Luhmann,* Zweckbegriff und Systemrationalität, 1969, S. 66, Fußnote 31; *Ossenbühl,* S. 322, Fußnote 184.

[4] So *Ellwein,* Zur Entwicklung, S. 13, 15.

[5] Dazu *Luhmann,* S. 71.

Literaturverzeichnis

I. Literatur bis zum 1. Jahrzehnt des 19. Jahrhunderts

Achenwall, Gottfried: Die Staatsklugheit nach ihren ersten Grundsätzen (1. Ausgabe 1761), 2. Auflage, Göttingen 1763.

Andreae, Johann Valentin: Reipublicae Christianopolitanae Descriptio, (Straßburg) 1619.

Becher, Johann Joachim: Politische Discurs Von den eigentlichen Ursachen, deß Auff- und Abnehmens der Städt, Länder und Republicken (1. Ausgabe 1668), 2. Auflage, Frankfurt 1673.

von Beck, Christian August: Kern des Natur- und Völkerrechts zum Unterricht eines grossen Prinzen entworfen, in: Recht und Verfassung des Reiches in der Zeit Maria Theresias (Hrsg. Hermann Conrad), Köln—Opladen 1964, S. 141 ff.

von Berg, Guenther Heinrich: Ueber Teutschlands Verfassung und die Erhaltung der öffentlichen Ruhe in Teutschland, Göttingen 1795.

Besold, Christophorus: De Arcanis Rerumpublicarum Dissertatio, Amsterdam 1641.

von Bielfeld, Freyherr: Lehrbegriff der Staatskunst (1. Ausgabe in französischer Sprache 1760 - 1772, 1. Ausgabe der deutschen Übersetzung 1761), aus dem Französischen übersetzt, 3. Auflage, Breslau—Leipzig 1777.

Bob, Franz Joseph: Von dem Systeme der Policeywissenschaft und dem Erkenntnißgrundsatze der Staatsklugheit und ihrer Zweige, Freiburg i. Br. 1779.

Borchholt, Statius: Discursus politicus, De vero justoque principe. Das ist: Ein Discurs, Von der Edlen tewren und werten Kunst, wie ein Fürst sein Land und Leute ... regieren sol. Anfenglich in Italianischer Sprache beschrieben durch ... Fulvius Pacianus ... zu Modena ... übersetzt durch Statium Borchholtem ... (Vorrede), Hamburg 1614.

van Bynkershoek, Cornelius: Quaestionum Juris Publici Libri Duo, Photographische Reproduktion der Ausgabe 1737, Oxford—London 1930

Clapmarius, Arnold: Conclusiones de iure publico, Amsterdam 1641.

— De arcanis rerum publicarum libri VI (1. Ausgabe 1605), Amsterdam 1641.

Cramer, Johann Ulrich: Wetzlarische Nebenstunden, 7. Teil, Ulm 1757, 13. Teil, Ulm 1759.

Doverinus, Hermann: Trinum Secretorum Politicorum. Politische Geheimnussen warinnen Fürsten Herren und Obrigkeiten; dero Räthe, und Officianten; So dann: die Stätte insonderheit sich nutzlichen zuersehen haben, Straßburg 1622.

Ferrarius, Johann: Von dem Gemeinen nutze, in massen sich ein jeder, er sey Regent, ader unterdan, darin schikken sal, den eyen nutz hindan setzen und der Gemeyn wolfart suchen, Marburg 1533.
Tractatus De Republica Bene Instituenda. Das ist: Ein sehr nützlicher Tractat vom gemeinen Nutzen. Darinnen angezeigt wirdt, wie sich so wol die Regenten, als Unterthanen verhalten sollen. Hernachher gebessert durch *M. Abrahamum Saurium*, Frankfurt a. M. 1601.

Flämizer, Johann Nicolao: Politico-Militarischer Staats-Minister, Oder vielmehr: Prudentia Politico-Militaris ..., Nürnberg 1688.

Friedtlieb, Christian Warner: Prudentia politica christiana, Das ist: Beschreibung einer Christlichen, Nützlichen und guten Policey, wie dieselbe beschaffen sein solle, auch mit Gottes hülffe in gutem Zustandt erhalten werden könne. Durch Vergleichung deren mit dem Menschlichen Cörper und dessen vornembsten Gliedmassen und Eigenschafften, Goslar 1614.

Fritius Modrevius, Andreas: (De emenanda republica commentatio libri V), Von Verbesserung des Gemeinen Nutz Fünff Bücher, Das erst, von Sitten, Das ander, von den Gesatzen, Das dritt, vom Kriegen, Das vierdt, von der Kirchen, Das fünfft, von den Schülen, Jetzt newlich verteutscht (aus dem Lateinischen von *Wolfgang Wissenburg*, von demselben auch die Vorrede), Basel 1557.

Gemeyne Stimmen von der Müntz, und ob es dem hause und Fürstentumb zu Sachssen Ehrlicher und zutreglicher sey, die alte gute Müntz zubehalten, odder geringere anzunemen (von 1530), in: Walther Lotz, Die drei Flugschriften über den Münzstreit der sächsischen Albertiner und Ernestiner um 1530, Leipzig 1893, S. 7 ff.

Gönner, Nikolaus Thaddeus: Teutsches Staatsrecht, Landshut 1804.

Grotius, Hugo: De Jure Belli ac Pacis Libri Tres (1. Ausgabe 1625), Reproduktion der Ausgabe 1646, in: The Classics of International Law, Washington 1913.

von Grodnow, Carl Melchior Grottnitz: Teutsch gekleideter Regiments-Rath, Stettin 1647.

Hartmannus, Hartman: Gründtliche, Warhaffte, kurze Beschreibung, auch Trewe, Gutherzige Vermanung, und Warnung, wie und welcher gestalt ein Churfürst, Fürst, oder Herr sein Regiment Gottseliglichen, Nutzlichen und wol anrichten unnd bestellen soll. Allen jungen angehenden Fürsten u. Herren zu gutem, in etliche gewisse Regel u. Lehre, auß langwüriger Erfahrung, verfast, begriffen und gestelt, Heidelberg 1573.

Heumann, Johann: Der Geist der Gesetze der Teutschen, Nürnberg 1761.

Heydenreich, K. H.: Versuch über die Heiligkeit des Staats und die Moralität der Revolutionen, Leipzig 1794.

v. H. (von Hornick), P. W. (Philipp Wilhelm): Oesterreich über alles, wann es nur will. Das ist: Wohlmeynender Fürschlag, Wie mittelst einer wohlbestellten Lands-Oeconomie, die Kayserlichen Erb-Lande in kurzem über alle andere Staate von Europa zu erheben, und mehr als einiger derselben, von denen andern independent zu machen (1. Ausgabe 1684), (4. Auflage), Regensburg 1708.

von Humboldt, Wilhelm: Ideen zu einem Versuch, die Gränzen der Wirksamkeit des Staates zu bestimmen (von 1792), in: Werke (Hrsg. Flitner / Giel), Bd. 1, Darmstadt 1960, S. 56 ff.

Jacobi, Christian: Tractatus de republica, Das ist: Vom Wohlstand und Glückseligkeit einer Stadt oder Regiments, Wie nemblich solches ausm Grunde zuerheben, anzurichten und zu erhalten sey: Aus Ingenierischen und Politischen Gründen dargethan, Jena 1647.

Joannis Boteri Gründlicher Bericht Von Anordnung guter Policeyen und Regiments: auch Fürsten und Herren Stands Sampt Gründlicher Erclärung der Ursachen, wodurch Stätt, zu Auffnemmen und Hochheiten komen mögen, (*Botero,* Giovanni, Della Ragion di Stato Libri dieci, con tre Libri delle Cause della Grandezza, e Magnificenza delle Città, von 1596), auß Italianischer in Teutsche Sprach gebracht, Straßburg 1596.

von Justi, Johann Heinrich Gottlob: Grundsätze der Policey-Wissenschaft in einem vernünftigen, auf den Endzweck der Policey gegründetem Zusammenhange ... abgefasset (1. Ausgabe 1756), 2. Auflage, Göttingen 1759.

— Die Natur und das Wesen der Staaten, als die Grundwissenschaft der Staatskunst, der Policey, und aller Regierungswissenschaften, desgleichen als die Quelle aller Gesetze, Berlin—Stettin—Leipzig 1760.

Keßler, Johann Elias: Detectus ac à Fuco Politico Repurgatus Candor & Imperium indefinitum, vastum & immensum Rationis Status, Boni Principis, das ist: Reine und unverfälschte Staats-Regul, Christlicher Staats-Fürsten und Regenten, Nürnberg 1678.

Der wohl eingerichtete Staat des bisher von Vielen gesuchten aber nicht gefundenen *Königreichs Ophir,* welcher die völlige Kirchenverfassung ... vorstellt, Leipzig 1699.
Vorschlag zu einer Wohl-eingerichteten Landes-Regierung ..., vormahls unter dem Staat von Ophir ans Licht gegeben, Nordhausen 1723.

von Kreittmayr, Wigulaeus Alois Xaver: Grundriß des Allgemeinen, Deutsch- und Bayrischen Staatsrechtes, München 1770.

Kreps, Michael: Teutsche Politick oder Von der Weise wol zu Regieren In Frieden und Kriegszeitten, 1. Teil, Frankfurt a. M. 1620.

Lamprecht, Georg Friedrich: Versuch eines vollständigen Systems der Staatslehre mit Inbegriff ihrer beiden wichtigsten Haupttheile: der Polizei- und Cameral- oder Finanzwissenschaft, Berlin 1784.

Langebek, Detlev: Der ander Teil des Regentenbuchs. De iustitia, iure et aequitate. Von der Rechtfertigkeit, auch was Recht und Billigkeit sey und heiße, Wittenberg 1572.

Langemack, Lucas: Abbildung einer vollkommenen Policey, Berlin (1747).

a Lapide, Hippolithus (Bogislav Chemnitz): Dissertatio de Ratione Status In Imperio nostro Romano-Germanico, 1640.

Lau, Theodor Ludwig (anonym): Entwurff Einer Wohl-eingerichteten Policey, Frankfurt a. M. 1717.

Lauterbeck, Georg: Regentenbuch. Aus vielen trefflichen alten und newen Historien, mit sonderm fleis zusamen gezogen. Allen Regenten und Oberkeiten zu anrichtung und besserung Erbarer und guter Policey, Christlich und nötig zu wissen (1. Ausgabe 1556), Verbesserte und vermehrte Auflagen Leipzig 1559, Leipzig 1567, Frankfurt 1579, Frankfurt 1600.

Leib, Johann George: Von Verbesserung Land und Leuten, und wie ein Regent seine Macht und Ansehen erheben könne. Vier Proben, Leipzig—Frankfurt 1708.

Leist, Justus Christoph: Lehrbuch des teutschen Staatsrechts (1. Ausgabe 1803), 2. Auflage, Göttingen 1805.

Löhneyß, Georg Engelhardt: Aulico-politica, Remlingen 1622.

von Marenholtz, Asche Christoph: Fürstliche Macht-Kunst oder Unerschöpfliche Gold-Grube, Wordurch ein Fürst sich kan mächtig und seine Unterthanen reich machen, hrsg. von Heinrich Boden, Halle 1702.

Montesquieu, Charles-Louis de Secondat: De l'esprit des lois (1. Ausgabe 1748), Vom Geist der Gesetze, (Hrsg. Ernst Forsthoff), Bd. 1, Tübingen 1951.

Moser, Johann Jacob: Von der Landeshoheit in Ansehung der Unterthanen Personen und Vermögen, Frankfurt-Leipzig 1773, Neudruck Osnabrück 1968, (Neues Teutsches Staatsrecht, Bd. 16, 8).

— Von der Landeshoheit in Regierungssachen überhaupt, Frankfurt—Leipzig 1772, Neudruck Osnabrück 1968, (Neues Teutsches Staatsrecht, Bd. 16, 1).

— Von der Teutschen Reichs-Stände Landen, deren Landständen, Unterthanen, Landes-Freyheiten, Beschwerden, Schulden und Zusammenkünfften, ... Frankfurt—Leipzig 1769, Neudruck Osnabrück 1968,. (Neues Teutsches Staatsrecht, Bd. 13, 2).

Nigrinus, Georgius: Regentenkunst, oder Fürstenspiegel. Gründtliche erklärung, welcher massen ein Königreich und jedes Fürstentumb rechtmessig und rühsam könne und solle bestellet und verwaltet werden. Abgetheilt in III Bücher, nach den dreyen fürnemsten und nötigsten Stükken, welche bey jedem ordentlichen Regiment sollen wargenommen unnd fortgesetzt werden. I. Von guten Rähten II. Von der Religion III. Von der Regimentsverwaltung oder Policey. Geschrieben wider den beschreyten Italienischen Scribenten, Nicolaum Machiavellum, Historicum und Secretarium der Statt Florenz. (*Gentillet*, Innozenz, Discours sur les moyens de bien gouverner et maintenir en bonne paix un Royaume ou autre Principauté, ... Contre N. Machiavel Florentin, von 1576), Nun erstmals dem Vatterlandt zu gutem, ... verteutscht, (Vorreden), Frankfurt a. M. 1580.

Obrecht, Georg: Politisch Bedencken und Discurs: Von Verbesserung Land unnd Leut, Anrichtung guter Policey, Und fürnemblich von nutzlicher Erledigung grosser Ausgaben, und billicher Vermehrung eines jeden Regenten und Oberherren Jährlichen Gefällen und Einkommen: Allen hohen und Nideren Oberkeiten, besonders deß Heyligen Römischen Reichs Ständen, in diesen letzten und hochbetrangten Zeiten, zum besten gestellt (geschrieben 1609), dazu: Beylag D, Beylag E, in: Fünff underschiedliche Secreta Politica Von Anstellung, Erhaltung und Vermehrung guter Policey, und von billicher, rechmässiger und nothwendiger Erhöhung, eines jeden Regenten Jährlichen Gefällen und Einkommen ..., biß anhero in geheim gehalten, ... 2. Buch, Straßburg 1644.

Obrecht, Johannes Thomas: Vorrede, in: Obrecht, Georg, Fünff Underschiedliche Secreta Politica .. (wie vor).

Oldekop, Justus: Politischer Unterricht, Für die Rahtsherren in Städten und Communen: Wie dieselbe zu der Ehre Gottes, gemeiner Stadt Wolfahrt, und Erhaltung ihres selbst eigenen respects, ihr Ampt führen sollen, Goslar 1643.

Oldendorp, Johann: Van radtslagende, wo men gude Politie und ordenunge, ynn Steden und landen erholden möghe, Rostock 1530, Photographische Neuausgabe von A. Freybe, Ein Ratmannenspiegel von Joh. Oldendorp, Schwerin 1893.

Von Rathschlägen, wie man gute Policey und Ordnung in Stedten und Landen erhalten möge, Ehmals durch ... Johann Oldendorp ... geschrieben und in Niedersächsischer Sprach außgangen: Jetzt aber allen Christlichen Oberkeiten und sonst menniglichen zu nutz und besten von newen wiederumb auffgelegt, und in Hochteutsch versetzet, von *Conrad Forstenow*, Rostock 1597.

Übersetzung ins Neuhochdeutsche: Was billig und recht ist, Ratsmannenspiegel, in der Reihe: Deutsches Rechtsdenken, Hrsg. Erik Wolf, Frankfurt a. M. 1948, S. 24 ff.

— Wat byllick unn recht ys, eyne korte erklaring, allen stenden denstlick, Rostock 1529, Photographische Neuausgabe von A. Freybe, Was billig und recht ist. Die deutsche Erstlingsschrift des sogenannten Naturrechts, Schwerin 1894.

Übersetzung ins Neuhochdeutsche: Was billig und recht ist, Ratsmannenspiegel, in der Reihe: Deutsches Rechtsdenken, Hrsg. Erik Wolf, Frankfurt a. M. 1948, S. 5 ff.

von Osse, Melchior: Politisches Testament. An herzogk Augustum churfursten zu Sachssen ein unterteniges bedencken, ... Welchergestalt ein cristliche obrikeit ingemein in irem regement mit gots hulfe ein gotselige, weisliche, vornunftige und rechtmeßige justicien erhalten kan. Dorin auch erwenung beschicht von dem regement, gerichtbarkeit und policei der loblichen chur- und furstentum Sachssen, Duringen und Meichssen ... Auf begern S. Churf Gn. geschriben 1555 mense decembri, in: Schriften Dr. Melchiors von Osse (Hrsg. Oswald Artur Hecker), Leipzig—Berlin 1922, S 269 ff.

Prudentia regnativa. Das ist: Ein Nützliches Bedencken, ein Regiment so wol in Kriegs als Friedens Zeiten recht zu bestellen, zu verbessern und zu erhalten: Allen Regenten, dero Räthen und Dienern zu Anordnung ihrer Regierung und guter Policey zuwissen, ... jetzo erst in Truck gefertiget ... Frankfurt 1607.

von Pfeiffer, Johann Friedrich: Natürliche aus dem Endzweck der Gesellschaft entstehende Allgemeine Policeiwissenschaft, Neudruck der Ausgabe Frankfurt 1779, Aalen 1970, Bd. 1.

Philippus de Leyden: De cura reipublicae et sorte principantis (geschrieben zwischen 1355 und 1375), in: De cura reipublicae et sorte principantis, von neuem hrsg. mit der Einleitung von R. Fruin, von P. C. Molhuysen, s' Gravenhage 1915, S. 1 ff.

— Tractatus de formis et semitis reipublicae utilius et facilius gubernandae, in: De cura reipublicae et sorte principantis (wie vor), S. 439 ff.

Pütter, Johann Stephan: Anleitung zum teutschen Staatsrechte (Institutiones Juris publici germanici, von 1770), aus dem Lateinischen übersetzt von *Carl Anton Friedrich von Hohenthal*, 2. Teil, 1. Bd., Bayreuth 1792.

— Beyträge zum Teutschen Staats- und Fürsten-Rechte, Göttingen 1777.

von Pufendorf, Samuel: De officio hominis et civis juxta legem naturalem libri duo (1. Ausgabe 1673), Photographische Reproduktion der Ausgabe von 1682, New York 1927.

Rautner, Abraham Benedict: Anführung zur Teutschen Stats-Kunst, Darinnen die lehr von offentlichen und allgemeinen Reichs-Rechten Erzehlungs-Weise vorgetragen und berichtet wird, Nürnberg 1672.

Reinkingk, Dietrich: Biblische Policey. Das ist: Gewisse, auß Heiliger Göttlicher Schrifft zusammen gebrachte, auff die drey Haupt-Stände: Als Geistlichen, Weltlichen, und Häußlichen gerichtete Axiomata, oder Schlußreden, Sonderlich, mit Biblischen Sprüchen und Exempeln, auch andern bestärcket, in allen Ständen nützlich, dienlich und anmüthig zulesen (1. Ausgabe Frankfurt 1653), Frankfurt 1656.

Rössig, Carl Gottlob: Lehrbuch von der Policeywissenschaft, Jena 1786.

Rorarius, Thomas: Fürsten Spiegel. Christliche und nothwendige vermanung, An alle Evangelische Chur und Fürsten, Stedt und Stende der Augspurgischen Confession, Was die furnemlich in ihrem Regiment teglich betrachten und volbringen sollen, Schmalkalden 1566.

Roth, Johann Richard: Staatsrecht deutscher Reichslande, 2. Teil, Frankfurt—Leipzig 1792.

Ruremundus, Johannes: Mammonia oder Schlüssel deß Reichthumbs. Welcher eröffnet die Rechtmessige, und würckliche Mittel, dardurch eines jeden Stands Geföll und Einkunfften vermehret, auch bestendig erhalten werden mögen, Straßburg 1623.

Scheidemantel, Heinrich Gottfried: Das Staatsrecht nach der Vernunft und den Sitten der vornehmsten Völker betrachtet, 1. Teil, Jena 1770.

Schlosser, Johann Georg: Briefe über die Gesezgebung überhaupt, und den Entwurf des preusischen Gesezbuchs insbesondere, Frankfurt 1798.

Schnaubert, Andreas Josef: Anfangsgründe des Staatsrechts der gesammten Reichslande, Jena 1784.

von Schröder, Wilhelm Freyherr: Fürstliche Schatz- und Rent-Cammer (1. Ausgabe 1686), Leipzig 1721.

Des in der Europäischen Welt überall zu Hause sich einfindenden, sogenannten Ratio Status, Wegen jetziger Zeit Läufften nachdencklicher, und Politisch-träumender *Schwätz-Gesichter,* Nürnberg 1678.

von Seckendorff, Veit Ludwig: Christen-Staat, Worinn von dem Christenthum an sich selbst, und dessen Behauptung wider die Atheisten und dergleichen Leute; Wie auch von der Verbesserung so wohl des Welt- als Geistlichen Standes, nach dem Zweck des Christenthums gehandelt wird (1. Ausgabe 1685), Leipzig 1716.

— Teutsche Reden, an der Zahl Vier und Viertzig Welche er A. 1660 biß 1685 ... abgelegt, Leipzig 1686.

— Teutscher Fürsten-Staat (1. Ausgabe 1656), (Hrsg. Andreas Simson von Biechling), Jena 1737.

Sleydan, Johan: Von Regierung des gemeinen nutzes, und was derselben anhengig, ... aus dem Platone zu Latein verfast, und folgend durch *Georgium Lauterbecken* ins Deudsch gebracht, gantz lustig und nützlich zu wissen, Leipzig 1567.

von Sonnenfels, Joseph: Handbuch der inneren Staatsverwaltung mit Rücksicht auf die Umstände und Begriffe der Zeit, Bd. 1, Wien 1798.

Svarez, Carl Gottlieb: Schriftliche Vorträge, Grundsätze des Natur- und allgemeinen Staatsrechts (von 1791), in: Vorträge über Recht und Staat (Hrsg. Conrad / Kleinheyer), Köln—Opladen 1960, S. 453 ff.

— Vorträge vor der Mittwochsgesellschaft, Über den Zweck des Staates (von 1791), in: Vorträge über Recht und Staat (wie vor), S. 639 ff.

Thomas von Aquin: De regimine principum (geschrieben um 1260), in: Opera omnia, Bd. 16, Parma 1865.

Thomasius, Christian: Dissertatio Juridica de Praescriptione Regalium Ad Jura Subditorum Non Pertinente (von 1696), Halle 1799.

Vischer, Christofferus: Bericht aus Gottes Wort und verstendiger Leut Büchern, Wie man junge Fürsten und Herren dermassen aufferzihen solle, das sie hie nützliche Gefes und heilsame Regenten, und dort in jenem leben Himelsfürsten werden mögen. Auch dem gemeinen Mann zur Kinderzucht nützlich zu gebrauchen, Schmalkalden 1573.

Weitzel, Carl: Philosophisch-Juristische Abhandlung Von der Macht Weltlicher Regenten Wider die Göttliche Rechte Gesetze zu geben, Frankfurt—Leipzig 1749.

Wolff, Christian: Vernünfftige Gedancken von dem Gesellschafftlichen Leben der Menschen Und insonderheit Dem gemeinen Wesen zu Beförderung der Glückseeligkeit des menschlichen Geschlechts (1. Ausgabe 1721), 3. Auflage, Frankfurt—Leipzig 1732.

Zasius, Ulrich: Von wahrer und falscher Jurisprudenz, Aus Schriften, Reden und Briefen 1507 bis 1526, in der Reihe: Deutsches Rechtsdenken, Hrsg. Erik Wolf, Frankfurt a. M. 1948.

Zincke, Georg Heinrich: Cameralisten-Bibliothek, II. Theil, Von der Policeywissenschaft überhaupt, Leipzig 1751.

II. Neuere Literatur

Adelung, Johann Christoph: Wörterbuch der Hochdeutschen Mundart, Wien 1811.

Angermeier, Heinz: Königtum und Landfriede im deutschen Spätmittelalter, München 1966.

Bader, Karl Siegfried: Volk, Stamm, Territorium, in: Wege der Forschung Bd. 2 (Herrschaft und Staat im Mittelalter), Darmstadt 1956, S. 243 ff. — Erstmals (teilweise) in: HZ 176 (1953), S. 449 ff.—

Badura, Peter: Auftrag und Grenzen der Verwaltung im sozialen Rechtsstaat, in: DÖV 1968, S. 446 ff.

— Stichwort „Regierung", in: Evangelisches Staatslexikon, 2. Auflage, Berlin 1975, Sp. 2167.

Baur, Veronika: Kleiderordnungen in Bayern vom 14. bis zum 19. Jahrhundert, München 1975.

von Below, Georg: Die Anfänge des modernen Staats mit besonderem Blick auf die deutschen Territorien, in: Territorium und Stadt, 2. Auflage, München—Berlin 1923, S. 161 ff.

von Below, Georg: Der deutsche Staat des Mittelalters, 2. Auflage, Leipzig 1925. Der deutsche Staat des Mittelalters (Zusammenfassung), in: Vom Mittelalter zur Neuzeit, Leipzig 1924, S. 1 ff.

— Die Neuorganisation der Verwaltung in den deutschen Territorien des 16. Jahrhunderts, in: Territorium und Stadt, 2. Auflage, München—Berlin 1923, S. 194 ff.

— Die städtische Verwaltung des Mittelalters als Vorbild der späteren Territorialverwaltung, in: HZ 75 (1895), S. 396 ff.

— System und Bedeutung der landständischen Verfassung, in: Territorium und Stadt, 2. Auflage, München—Berlin 1923, S. 53 ff.

Berges, Wilhelm: Die Fürstenspiegel des hohen und späten Mittelalters, Stuttgart 1938.

von Bezold, Friedrich: Staat und Gesellschaft des Reformationszeitalters, in: Staat und Gesellschaft der neueren Zeit (Hrsg. Bezold / Gothein / Koser), Berlin—Leipzig 1908, S. 1 ff.

Blaschke, Karlheinz: Wechselwirkungen zwischen der Reformation und dem Aufbau des Territorialstaates, in: Der Staat, 9 (1970), S. 347 ff.

Böckenförde, Ernst-Wolfgang: Gesetz und gesetzgebende Gewalt, Berlin 1958.

— Planung zwischen Regierung und Parlament, in: Der Staat, 11 (1972), S. 429 ff.

Boldt, Hans: Artikel „Ausnahmezustand, necessitas publica, Belagerungszustand, Kriegszustand, Staatsnotstand, Staatsnotrecht“, in: Geschichtliche Grundbegriffe, Historisches Lexikon zur politisch-sozialen Sprache in Deutschland (Hrsg. Brunner / Conze / Kosellek), Bd. 1, Stuttgart 1972, S. 343 ff.

Bornhak, Conrad: Deutsche Verfassungsgeschichte vom Westfälischen Frieden an, Stuttgart 1934.

Breßlau, Harry: „Einleitung“, in: Severinus von Monzambano, Über die Verfassung des deutschen Reiches, (Klassiker der Politik, Bd. 3), Berlin 1922.

Brunner, Otto: Land und Herrschaft, 5. Auflage, Darmstadt 1965.

— Moderner Verfassungsbegriff und mittelalterliche Verfassungsgeschichte, in: Wege der Forschung Bd. 2 (Herrschaft und Staat im Mittelalter), Darmstadt 1956, S. 1 ff. — Erstmals in: MiÖG Ergänzungsbd. 14 (1939), S. 513 ff.; Neufassung 1955. —

— Politik und Wirtschaft in den deutschen Territorien des Mittelalters, in: Vergangenheit und Gegenwart Bd. 27 (1937), S. 404 ff.

Büchmann: Geflügelte Worte, 32. Auflage, Berlin 1972.

Butz, Horst: Bedeutung und Ausprägung von Gnadengewalt und Gnadensachen in der Entstehungsphase des modernen Verwaltungsrechts, Diss. Köln 1975.

Campe, Joachim Heinrich: Wörterbuch der Deutschen Sprache, Braunschweig 1811.

Carsten, F. L.: Die deutschen Landstände und der Aufstieg der Fürsten (Deutsche Übersetzung des Schlußkapitels eines 1959 erschienenen Buches: Princes and Parliaments in Germany. From the Fifteenth to the Eighteenth Century), in: WeltaG Bd. 20 (1960), S. 16 ff.

Cassirer, Ernst: Die Philosophie der Aufklärung, Tübingen 1932.

Conrad, Hermann: Deutsche Rechtsgeschichte, Bd. 1, 2. Auflage, Karlsruhe 1962.

Czermak, Fritz: Was ist Verwaltungsermessen? in: DÖV 1966, S. 750 ff.

Deutsches Wörterbuch (Grimm): 16. Bd., Leipzig 1914.

Dombrowski, Harald: Mißbrauch der Verwaltungsmacht. Zum Problem der Koppelung verschiedener Verwaltungszwecke, Mainz 1967.

Dopsch, Alfons: Der deutsche Staat des Mittelalters, in: Verfassungs- und Wirtschaftsgeschichte des Mittelalters, Wien 1928, S. 101 ff. — Erstmals in: MIÖG Bd. 36 (1915), S. 1 ff. —

— Der deutsche Staat des Mittelalters, in: Beiträge zur Sozial- und Wirtschaftsgeschichte, Wien 1938, S. 187 ff. — Erstmals in: Das Mittelalter in Einzeldarstellungen, Wien 1930, S. 218 ff. —

Diehl, Adolf: Gemeiner Nutzen im Mittelalter, Nach süddeutschen Quellen, in: Zeitschrift für württembergische Landesgeschichte, 1 (1937), S. 296 ff.

Dietze, Hans-Helmut: Johann Oldendorp als Rechtsphilosoph und Protestant, Königsberg 1933.

Dreitzel, Horst: Das deutsche Staatsdenken in der Frühen Neuzeit, in: NPL 1971, S. 17 ff., S. 256 ff., S. 407 ff.

Duden Etymologie: Herkunftswörterbuch der deutschen Sprache, Mannheim 1963.

Ebel, Wilhelm: Geschichte der Gesetzgebung in Deutschland, 2. Auflage, Göttingen 1958.

Ehmke, Horst: ‚Ermessen‘ und ‚unbestimmter Rechtsbegriff‘ im Verwaltungsrecht, Tübingen 1960.

Ellwein, Thomas: Einführung in die Regierungs- und Verwaltungslehre, Stuttgart 1966.

— Zur Entwicklung der öffentlichen Aufgaben, in: DÖV 1972, S. 13 ff.

Erichsen, Hans-Uwe: Verfassungs- und verwaltungsrechtsgeschichtliche Grundlagen der Lehre vom fehlerhaften belastenden Verwaltungsakt und seiner Aufhebung im Prozeß, Frankfurt 1971.

Ermacora, Felix: Allgemeine Staatslehre, 1. Teilbd., Berlin 1970.

Etter, Else-Lilly: Tacitus in der Geistesgeschichte des 16. und 17. Jahrhunderts, Basel—Stuttgart 1966.

Folz, Hans Ernst: Staatsnotstand und Notstandsrecht, Köln—Berlin—Bonn—München 1962.

Forsthoff, Ernst: Deutsche Verfassungsgeschichte der Neuzeit, 4. Auflage, Stuttgart 1972.

— Lehrbuch des Verwaltungsrechts I, Allgemeiner Teil, 10. Auflage München—Berlin 1973.

— Der Staat der Industriegesellschaft, München 1971.

Freybe, A.: „Vorwort“, in: Ein Ratmannenspiegel von Joh. Oldendorp (Hrsg. ders.), Schwerin 1893.

Fuchs, Walther Peter: Das Zeitalter der Reformation, in: Gebhardt, Handbuch der deutschen Geschichte, Bd. 2, 9. Auflage, Stuttgart 1970, S. 2 ff.

Gagnér, Sten: Studien zur Ideengeschichte der Gesetzgebung, Stockholm—Uppsala—Göteborg 1960.

Gerloff, Wolfgang A.: Staatstheorie und Staatspraxis des kameralistischen Verwaltungsstaates, Breslau 1937.

Gernhuber, Joachim: Die Landfriedensbewegung in Deutschland bis zum Mainzer Reichslandfrieden von 1235, Bonn 1952.

von Gierke, Otto: Das deutsche Genossenschaftsrecht, Bd. 1, Berlin 1868, Bd. 3, Berlin 1881.

— Deutsches Privatrecht, Bd. 1, Leipzig 1895.

— Johannes Althusius und die Entwicklung der naturrechtlichen Staatstheorien, 6. Ausgabe, Aalen 1968.

— Naturrecht und Deutsches Recht, Frankfurt a. M. 1883.

Häberle, Peter: Grundrechte im Leistungsstaat, in: Grundrechte im Leistungsstaat, VVDStRL 30 (1972), S. 43 ff.

— Öffentliches Interesse als juristisches Problem, Bad Homburg 1970.

Hamann, Andreas / *Hamann,* Andreas jr. / *Lenz,* Helmut: Das Grundgesetz für die Bundesrepublik Deutschland vom 23. Mai 1949, 3. Auflage, Neuwied—Berlin 1970.

Hartmann, Nicolai: Teleologisches Denken, Berlin 1951.

Hartung, Fritz: Berufsbeamtentum und Staat, in: Zs f Rechtsphil, 5 (1930/31), S. 89 ff.

— Deutsche Verfassungsgeschichte vom 15. Jahrhundert bis zur Gegenwart, 8. Auflage, Stuttgart 1964.

— Herrschaftsverträge und ständischer Dualismus in deutschen Territorien, in: Staatsbildende Kräfte der Neuzeit, Berlin 1961, S. 62 ff. — Erstmals in: Schweizer Beiträge zur allgemeinen Geschichte, Bd. 10 (1952), S. 163 ff. —

Heckel, Martin: Staat und Kirche nach den Lehren der evangelischen Juristen Deutschlands in der ersten Hälfte des 17. Jahrhunderts, München 1968. — Erstmals in: ZRG 73 (1956), Kan. Abt. 42, S. 117 ff.; 74 (1957), Kan. Abt. 43, S. 202 ff. —

Hecker, Oswald Artur: „Einleitung", in: Schriften Dr. Melchiors von Osse (Hrsg. ders.), Leipzig—Berlin 1922.

Hegels, Hermann: Arnold Clapmarius und die Publizistik über die arcana imperii im 17. Jahrhundert, Bonn 1918.

Hennis, Wilhelm: Politik und praktische Philosophie, Neuwied a. Rh.—Berlin 1963.

— Zum Problem der deutschen Staatsanschauung, in: Die Entstehung des modernen souveränen Staates (Hrsg. Hanns Hubert Hofmann), Köln—Berlin 1967, S. 73 ff. — Erstmals in: Vierteljahreshefte für Zeitgeschichte 7 (1959), Heft 1, S. 1 ff. —

Hespe, Klaus: Zur Entwicklung der Staatszwecklehre in der deutschen Staatsrechtswissenschaft des 19. Jahrhunderts, Köln—Berlin 1964.

Humpert, Magdalene: Bibliographie der Kameralwissenschaften, Köln 1937.

von Inama-Sternegg, Karl: Deutsche Wirtschaftsgeschichte, Bd. 1, 2. Auflage, Leipzig 1909.

Jellinek, Georg: Allgemeine Staatslehre, 3. Auflage, Darmstadt 1959.

Jellinek, Walter: Gesetz, Gesetzesanwendung und Zweckmäßigkeitserwägung, Tübingen 1913.

Jesch, Dietrich: Gesetz und Verwaltung, 2. Auflage, Tübingen 1968.

von Jhering, Rudolf: Zweck im Recht I, 3. Auflage, Leipzig 1893.

Kaufmann, Erich: Studien zur Staatslehre des monarchischen Prinzipes (aus der Inauguraldissertation vom 10. 3. 1906), in: Autorität und Freiheit, Göttingen 1960, S. 1 ff.

— Verwaltung, Verwaltungsrecht, in: Autorität und Freiheit, Göttingen 1960, S. 76 ff. — Erstmals in: Stengel-Fleischmann, Wörterbuch des Deutschen Staats- und Verwaltungsrechts, Bd. 3, Tübingen 1914, S. 688 ff. —

Kautz, Julius: Die geschichtliche Entwicklung der National-Ökonomik und ihrer Literatur, Wien 1860.

Kern, Ernst: Moderner Staat und Staatsbegriff, Hamburg 1949.

Kern, Fritz: Gottesgnadentum und Widerstandsrecht im frühen Mittelalter, 6. Auflage (Nachdruck der 2. Auflage von 1954), Darmstadt 1973.

— Recht und Verfassung im Mittelalter, Neudruck Tübingen 1952. — Erstmals in: HZ 120 (1919), S. 1 ff. —

Kewenig, Wilhelm A.: Zur Revision des Grundgesetzes: Planung im Spannungsverhältnis von Regierung und Parlament, in: DÖV 1973, S. 23 ff.

Kimminich, Otto: Deutsche Verfassungsgeschichte, Frankfurt a. M. 1970.

von Kirchenheim, Arthur: Schlaraffia politica — Geschichte der Dichtungen vom besten Staat, Leipzig 1892.

Kisch, Guido: Melanchthons Rechts- und Soziallehre, Berlin 1967.

Klassen, Peter, Die Grundlagen des aufgeklärten Absolutismus, Jena 1929.

Kluge, Friedrich: Etymologisches Wörterbuch der deutschen Sprache, 20. Auflage, Berlin 1967.

Knemeyer, Franz-Ludwig: Polizeibegriffe in Gesetzen des 15. bis 18. Jahrhunderts, in: AöR Bd. 92 (1967), S. 153 ff.

Köbler, Gerhard: Das Recht im frühen Mittelalter, Köln—Wien 1971.

Köchling, Günter: Gesetz und Recht bei Montesquieu, Diss. Kiel 1975.

Kopp, Ferdinand O.: Die Grenzen der richterlichen Nachprüfung wertender Entscheidungen der Verwaltung, in: DÖV 1966, S. 317 ff.

Kraemer, Horst: Der deutsche Kleinstaat des 17. Jahrhunderts im Spiegel von Seckendorffs „Teutschem Fürstenstaat“, in: ZVerThürG, NF., Bd. 25 (1922), S. 1 ff.

Kroeschell, Karl: Deutsche Rechtsgeschichte, Bd. 2 (1250 - 1650), Reinbek bei Hamburg 1973.

Krüger, Herbert: Allgemeine Staatslehre, 2. Auflage, Stuttgart—Berlin—Köln—Mainz 1966.

— Die geistigen Grundlagen des Staates, Stuttgart—Berlin 1940.

Küchenhoff, Günther und *Küchenhoff*, Erich: Allgemeine Staatslehre, 7. Auflage, Stuttgart—Berlin—Köln—Mainz 1971.

Küntzel, Georg und *Hass*, Martin: Die politischen Testamente der Hohenzollern, Bd. 1, Leipzig—Berlin 1911.

Kunkel, Reinhard: Die Staatsraison in der Publizistik des 17. Jahrhunderts mit besonderer Berücksichtigung der deutschen Publizistik, Auszug Diss. Kiel 1922.

Layer, Max: Principien des Enteignungsrechtes, Leipzig 1902.

Leisching, Peter: Der Begriff des bonum commune bei Thomas, in: ZÖR NF. Bd. 11 (1961), S. 15 ff.

Leisner, Walter: Effizienz als Rechtsprinzip, Tübingen 1971.

Lenz, Georg: Zur Lehre von der Staatsräson, in: AöR Bd. 9 NF. (1925), S. 261 ff.

Lohmann, Hans Henning: Die Zweckmäßigkeit der Ermessensausübung als verwaltungsrechtliches Rechtsprinzip, Berlin 1972.

Lüdtke, Wilhelm: Veit Ludwig von Seckendorff, ein deutscher Staatsmann und Volkserzieher des 17. Jahrhunderts, in: Jahrb. d. Ak. gemeinn. Wiss., NF., Heft 54 (1939), S. 39 ff.

Lütge, Friedrich: Deutsche Sozial- und Wirtschaftsgeschichte, 3. Auflage, Berlin—Heidelberg—New York 1966.

— Das 14. und 15. Jahrhundert in der Sozial- und Wirtschaftsgeschichte, in: Studien zur Sozial- und Wirtschaftsgeschichte, Stuttgart 1963, S. 281 ff. — Erstmals in: Jahrb. f. Nat.-Ök. u. Stat. Bd. 162 (1950), S. 161 ff. —

— Die wirtschaftliche Lage Deutschlands vor Ausbruch des Dreißigjährigen Krieges, in: Studien zur Sozial- und Wirtschaftsgeschichte, Stuttgart 1963, S. 336 ff. — Erstmals in: Jahrb. f. Nat.-Ök. u. Stat. Bd. 170 (1958), S. 43 ff. —

Luhmann, Niklas: Zweckbegriff und Systemrationalität, Tübingen 1969.

Macke, Peter: Das Rechts- und Staatsdenken des Johannes Oldendorp, Diss. Köln 1966.

Maier, Hans: Die ältere deutsche Staats- und Verwaltungslehre (Polizeiwissenschaft), Neuwied a. Rh.—Berlin 1966.

— Der Bürger im Obrigkeitsstaat, in: Politische Wissenschaft in Deutschland, München 1969, S. 152 ff. — Erstmals in: Der Mensch in der politischen Institution (Hrsg. F. M. Schmölz), ZÖR NF. Bd. 14 (1964), S. 66 ff. —

— Die Lehre der Politik an den älteren deutschen Universitäten, in: Politische Wissenschaften in Deutschland, München 1969, S. 15 ff.

Marchet, Gustav: Studien über die Entwickelung der Verwaltungslehre in Deutschland von der zweiten Hälfte des 17. bis zum Ende des 18. Jahrhunderts, München 1885.

Martens, Wolfgang: Öffentlich als Rechtsbegriff, Bad Homburg v. d. H.—Berlin—Zürich 1969.

Matz, Ulrich: Thomas von Aquin, in: Klassiker des politischen Denkens (Hrsg. Maier / Rausch / Denzer), Bd. 1, München 1968, S. 114 ff.

Mayer, Franz: Das Opportunitätsprinzip in der Verwaltung, Berlin 1963.

Mayer, Otto: Deutsches Verwaltungsrecht I, Leipzig 1895.

Mayer, Theodor: Die Ausbildung der Grundlagen des modernen deutschen Staates im hohen Mittelalter, in: HZ 159 (1939), S. 457 ff.

Mayntz, Renate und *Scharpf*, Fritz (Hrsg.): Planungsorganisation. Die Diskussion um die Reform von Regierung und Verwaltung des Bundes, München 1973.

Meinecke, Friedrich: Die Idee der Staatsräson in der neueren Geschichte, 3. Auflage, München 1963.

Meisner, Heinrich Otto: Staats- und Regierungsformen in Deutschland seit dem 16. Jahrhundert, in: Die Entstehung des modernen souveränen Staates (Hrsg. Hanns Hubert Hofmann), Köln—Berlin 1967, S. 321 ff. — Erstmals in: AöR Bd. 77 (1951/52), S. 225 ff. —

Menger, Christian-Friedrich: Die Bestimmung der öffentlichen Verwaltung nach den Zwecken, Mitteln und Formen des Verwaltungshandelns, in: DVBl 1960, S. 297 ff.

Merk, Walther: Der Gedanke des gemeinen Besten in der deutschen Staats- und Rechtsentwicklung, 2. Auflage, Darmstadt 1968 (Reprografischer Nachdruck aus: Festschrift Alfred Schultze zum 70. Geburtstag, Weimar 1934, S. 451 ff.).

Merkl, Adolf: Staatszweck und öffentliches Interesse, in: Die Wiener rechtstheoretische Schule, Wien—Frankfurt—Zürich—Salzburg—München 1968, Bd. 2, S. 1559 ff. — Erstmals in: Verw Arch Bd. 27 (1919), S. 268 ff. —

Mitteis, Heinrich: Lehnrecht und Staatsgewalt, Darmstadt 1958 (Nachdruck der 1. Ausgabe von 1933).

— Der Staat des hohen Mittelalters, 8. Auflage, Weimar 1968.

von Mohl, Robert: Die Geschichte und Literatur der Staatswissenschaften, Bd. 1, Erlangen 1855, Bd. 3, Erlangen 1858.

Müller, Horst Joachim: Das Ermessen in der Rechtsprechung des Bundesverfassungsgerichts, in: DÖV 1969, S. 119 ff.

von Münch, Ingo: Verwaltung und Verwaltungsrecht im demokratischen und sozialen Rechtsstaat, in: Allgemeines Verwaltungsrecht (Hrsg. Erichsen / Martens), Berlin—New York 1975, S. 1 ff.

Muth, Heinrich: Melchior von Osse und die deutsche Verfassungsgeschichte, in: Jahrbuch für die Geschichte Mittel- und Ostdeutschlands, Bd. 2, Tübingen 1953, S. 125 ff.

Näf, Werner: Die Epochen der neueren Geschichte, Bd. 1, 2. Auflage, Aarau 1959.

— Frühformen des „modernen Staates" im Spätmittelalter, in: Die Entstehung des modernen souveränen Staates (Hrsg. Hanns Hubert Hofmann), Köln—Berlin 1967, S. 101 ff. — Erstmals in: HZ 171 (1951), S. 225 ff. —

Nielsen, Axel: Die Entstehung der deutschen Kameralwissenschaft im 17. Jahrhundert, Jena 1911.

Odenheimer, Max Jörg: Der christlich-kirchliche Anteil an der Verdrängung der mittelalterlichen Rechtsstruktur und an der Entstehung der Vorherrschaft des staatlich gesetzten Rechts im deutschen und französischen Rechtsgebiet, Basel 1957.

Oestreich, Gerhard: „Vorwort", in: Geist und Gestalt des frühmodernen Staates, Berlin 1969.

— Justus Lipsius als Theoretiker des neuzeitlichen Machtstaates, in: Geist und Gestalt des frühmodernen Staates (wie vor), S. 35 ff, — Erstmals in: HZ 181 (1956), S. 31 ff. —

— Das persönliche Regiment der deutschen Fürsten am Beginn der Neuzeit, in: Geist und Gestalt des frühmodernen Staates (wie vor), S. 201 ff. — Erstmals in: WeltaG Bd. 1 (1935), S. 218 ff., S. 300 ff. —

— Ständetum und Staatsbildung in Deutschland, in: Geist und Gestalt des frühmodernen Staates (wie vor), S. 277 ff. — Erstmals in: Der Staat, 6 (1967), S. 61 ff. —

— Verfassungsgeschichte vom Ende des Mittelalters bis zum Ende des alten Reichs, in: Gebhardt, Handbuch der deutschen Geschichte, Bd. 2, 9. Auflage, Stuttgart 1970, S. 360 ff.

Oncken, August: Geschichte der Nationalökonomie, Bd. 1, Leipzig 1902.

Ossenbühl, Fritz: Verwaltungsvorschriften und Grundgesetz, Bad Homburg v. d. H.—Berlin—Zürich 1968.

Peters, Hans: Geschichtliche Entwicklung und Grundfragen der Verfassung, Berlin—Heidelberg—New York 1969.

Petersen, Peter: Geschichte der aristotelischen Philosophie im protestantischen Deutschland, Leipzig 1921.

Pirson, Dietrich: Artikel „Jura quaesita", in: HRG, Sp. 472 ff.

Posch, Andreas: Die staats- und kirchenpolitische Stellung Engelberts von Admont, Paderborn 1920.

Post, Gaines: Ratio publicae utilitas, ratio status und „Staatsräson", in: WeltaG Bd. 21 (1961), S. 8 ff., S. 71 ff.

von Raumer, Kurt: Absoluter Staat, korporative Libertät, persönliche Freiheit, in: Die Entstehung des modernen souveränen Staates (Hrsg. Hanns Hubert Hofmann), Köln—Berlin 1967, S. 173 ff. — Erstmals in: HZ 183 (1958), S. 55 ff. —

Reiner, H.: Artikel „Eudämonismus", in: Historisches Wörterbuch der Philosophie (Hrsg. Joachim Ritter), Bd. 2, Basel—Stuttgart 1972.

Roscher, Wilhelm: Geschichte der National-Ökonomik in Deutschland, München 1874.

Rüfner, Wolfgang: Verwaltungsrechtsschutz in Preußen von 1749 bis 1842, Bonn 1962.

Rupp, Hans-Heinrich: Grundfragen der heutigen Verwaltungsrechtslehre, Tübingen 1965.

Salomon-Delatour, Gottfried: Moderne Staatslehren, Neuwied a. Rh.—Berlin 1965.

Scheuner, Ulrich: Staatszielbestimmungen, in: Festschrift für Ernst Forsthoff zum 70. Geburtstag, München 1972, S. 325 ff.

— Zur Frage der Grenzen der Nachprüfung des Ermessens durch die Gerichte, in: Verw Arch Bd. 33 (1928), S. 68 ff.

Scheyhing, Robert: Deutsche Verfassungsgeschichte der Neuzeit, Köln—Berlin—Bonn—München 1968.

Schmelzeisen, Gustaf Klemens: Objektives und subjektives Recht. Zu ihrem Verhältnis im Mittelalter, in: ZRG 90 (1973), S. 101 ff.

— Polizei- und Landesordnungen, Bd. 1, Köln—Graz 1968.

— Polizeiordnungen und Privatrecht, Münster—Köln 1955.

— Der verfassungsrechtliche Grundriß in Veit Ludwig von Seckendorffs „Teutschem Fürstenstaat", in: ZRG 87 (1970), S. 190 ff.

Schmidt, Walter: Abschied vom „unbestimmten Rechtsbegriff", in: NJW 1975, S. 1753 ff.

Schmoller, Gustav: Der deutsche Beamtenstaat vom 16. bis 18. Jahrhundert, in: Umrisse und Untersuchungen zur Verfassungs-, Verwaltungs- und Wirtschaftsgeschichte, besonders des Preußischen Staates im 17. und 18. Jahrhundert, Leipzig 1898, S. 289 ff.

Schnur, Roman: „Einleitung", in: Staatsräson (Hrsg. ders.), Berlin 1975, S. 11 ff.

Segall, J.: Geschichte und Strafrecht der Reichspolizeiordnungen von 1530, 1548 und 1577, Breslau 1914.

Seils, Ernst-Albert: Die Staatslehre des Jesuiten Adam Contzen, Beichtvater Kurfürst Maximilian I von Bayern, Lübeck—Hamburg 1968.

Small, Albion Woodbury: The Cameralists, The Pioneers of German Social Polity, Chicago—London 1909.

Sommer, Louise: Die österreichischen Kameralisten in dogmengeschichtlicher Darstellung, Bd. 1, Wien 1920, Bd. 2, Wien 1925.

Spangenberg, H.: Landesherrliche Verwaltung, Feudalismus und Ständetum in den deutschen Territorien des 13. bis 15. Jahrhunderts, in: HZ 103 (1909), S. 473 ff.

von Stein, Lorenz: Die Verwaltungslehre, Teil 7, Stuttgart 1868.

Steinbüchel, Theodor: Der Zweckgedanke in der Philosophie des Thomas von Aquino, Münster i. W. 1912.

Stintzing, Roderich: Geschichte der deutschen Rechtswissenschaft, 1. Abteilung, München—Leipzig 1880.

Stoedter, Rolf: Öffentlich-rechtliche Entschädigung, Hamburg 1933.

Stolleis, Michael: Gemeinwohlformeln im nationalsozialistischen Recht, Berlin 1974.

— Staatsraison, Recht und Moral in philosophischen Texten des späten 18. Jahrhunderts, Meisenheim am Glan 1972.

Stoltenberg, Hans L.: Geschichte der deutschen Gruppwissenschaft (Soziologie) mit besonderer Beachtung ihres Wortschatzes, Bd. 1, Leipzig 1937.

Stolz, Otto: Wesen und Zweck des Staates, in: Festschrift zur Feier des 200-jährigen Bestandes des ... Staatsarchivs (ed. Santifaller), Bd. 2, Wien 1951, S. 94 ff.

Stuke, Horst: Artikel „Aufklärung", in: Geschichtliche Grundbegriffe, Historisches Lexikon zur politisch-sozialen Sprache in Deutschland (Hrsg. Brunner / Conze / Kosellek), Bd. 1, Stuttgart 1972, S. 243 ff.

Tautscher, Anton: Staatswirtschaftslehre des Kameralismus, Bern 1947.

Thieme, Hans: Die Funktion der Regalien im Mittelalter, in: ZRG 62 (1942), S. 57 ff.

Thoma, Richard: Artikel „Staat“, in: Handwörter der deutschen Staatswissenschaften, 4. Auflage, Jena 1926, S. 756.

Treue, Wilhelm: Wirtschaft, Gesellschaft und Technik in Deutschland vom 16. bis zum 18. Jahrhundert, in: Gebhardt, Handbuch der deutschen Geschichte, Bd. 2, 9. Auflage, Stuttgart 1970, S. 437 ff.

von Unruh, Georg-Christoph: Obrigkeit und Amt bei Luther und das von ihm beeinflußte Staatsverständnis, in: Staatsräson (Hrsg. Roman Schnur), Berlin 1975, S. 339 ff.

Verpaalen, Antoine Pierre: Der Begriff des Gemeinwohls bei Thomas von Aquin, Heidelberg 1954.

Voigt, Alfred: Über die Politica generalis des Johann Angelius von Werdenhagen (Amsterdam 1632), Erlangen 1965.

Wachenhausen, Manfred: Staatsausgabe und Öffentliches Interesse in den Steuerrechtfertigungslehren des naturrechtlichen Rationalismus, Berlin 1972.

Wagener, Frido: Öffentliche Planung und zukünftige politische Entscheidung, in: Demokratie und Verwaltung Bd. 50 (1972), S. 571 ff.

Wagner, Fritz: Europa im Zeitalter des Absolutismus und der Aufklärung, Die Einheit der Epoche, in: Schieder, Handbuch der europäischen Geschichte, Bd. 2, Stuttgart 1968, S. 1 ff.

Weber, Friedrich: Hippolithus a Lapide, in: HZ 29 (1873), S. 254 ff.

Wehlen, Wolfgang: Geschichtsschreibung und Staatsauffassung im Zeitalter Ludwigs des Frommen, Lübeck und Hamburg 1970.

Weinacht, Paul-Ludwig: Der Politiker als „Staatsmann“, in: Civitas, Bd. 9 (1970), S. 65 ff.

— Staat, Berlin 1968.

Wieacker, Franz: Privatrechtsgeschichte der Neuzeit, 2. Auflage, Göttingen 1967.

Wiegand, Heinz: Die Staatslehre des Thomas von Aquin und ihre Bedeutung für die Gegenwart, in: Rechtsidee und Staatsgedanke, Festgabe für Julius Binder, Berlin 1930, S. 207 ff.

Wilfert, Hans: Philipp von Leyden, ein Beitrag zur Vorgeschichte des modernen Staats, Stuttgart 1925.

Wolf, Erik: Große Rechtsdenker der deutschen Geistesgeschichte, 4. Auflage, Tübingen 1963.

Wolff, Hans J.: Organschaft und Juristische Person, Bd. 1, Berlin 1933.

Wolff, Hans J. und *Bachof,* Otto: Verwaltungsrecht I, 9. Auflage, München 1974.

Wolzendorff, Kurt: Staatsrecht und Naturrecht in der Lehre vom Widerstandsrecht des Volkes gegen rechtswidrige Ausübung der Staatsgewalt, Breslau 1916.

Wührer, Karl: Der deutsche Staat des Mittelalters, I. Die Fränkische Zeit, Jena 1932.

Zeeden, Ernst Walter: Das Zeitalter der Glaubenskämpfe, in: Gebhardt, Handbuch der deutschen Geschichte, Bd. 2, 9. Auflage, Stuttgart 1970, S. 119 ff.

Zeumer, Karl: Quellensammlung zur Geschichte der Deutschen Reichsverfassung in Mittelalter und Neuzeit, Teil 1, 2. Auflage, Tübingen 1913.

Zielenziger, Kurt: Die alten deutschen Kameralisten, Jena 1914.

Zimmermann, Ludwig: Motive und Grundformen moderner Staatenbildung in Deutschland, in: WeltaG Bd. 5 (1939), S. 97 ff.

Zippelius, Reinhold: Allgemeine Staatslehre, 5. Auflage, München 1975.

Zobel, Carolina: Polizei. Geschichte und Bedeutungswandel des Wortes und seine Zusammensetzungen, Diss. München 1952.

MIX
Papier | Fördert gute Waldnutzung
FSC® C083411

Kolibri 360 GmbH
Ferdinand-Jühlke-Straße 7
99095 Erfurt, Deutschland
produktsicherheit@kolibri360.de

Druck:
CPI Druckdienstleistungen GmbH
im Auftrag der
Kolibri 360 GmbH
Ferdinand-Jühlke-Str. 7
99095 Erfurt